Dominio de la Inteligencia Emocional:

Hackeo Mental y Memoria Fotográfica 3 en 1, Técnicas Secretas de la Terapia Cognitivo-Conductual, Programa de Aprendizaje Acelerado

Table of Contents

Table of Contents 2
Introducción 17
   ¿Qué es el Aprendizaje Acelerado? 21
      Aprendizaje Acelerado: Una Historia 21
      Aprendizaje Acelerado tal como lo conocemos hoy en día 23
      ¿Cómo aplicas el Aprendizaje Acelerado en tu vida? 24
Capítulo 1: Aprendiendo como un Estilo de Vida 27
   Preparando la mentalidad para el crecimiento 27
   Encontrando Motivación 29
   Un enfoque fisiológico para el aprendizaje 31
Capítulo 2: Método DiSSS 33
   Deconstrucción 33
   Selección 34
   Secuenciación 36
   Apuestas 37
Capítulo 3: Mezclando las cosas con la práctica entrelazada 38
   Asegúrate de que las habilidades y disciplinas que entrelaces estén relacionadas 41
   Estudiar de manera no lineal 42
   Incorpora otras estrategias de aprendizaje en tu práctica entrelazada 43
   No te rindas por la falta de gratificación instantánea. 45
Capítulo 4: Método PACER 46
   Prepara tu estado de aprendizaje 46

Adquiere las habilidades y el conocimiento 47

Cementa tu aprendizaje 49

Examinar y abrazar 49

Revisar, modificar y recompensar 50

Capítulo 5: Mapa Mental 51

Enfócate en el Tema Central Principal 53

Sintetizar Todos los Datos 53

Hacer uso de ayudas visuales e imágenes 54

Crear presentaciones visuales 54

Recopila comentarios de otros 56

Capítulo 6: Dispositivos Mnemotécnicos 57

Capítulo 7: El arte de la lectura rápida. 61

Preparación 62

Definiciones y Distinciones del Proceso de Lectura ... 63

Minimizar la duración y el número de fijaciones por línea. 63

Eliminar la regresión y volver a saltar. 63

Aumentar la visión periférica horizontal y el número de palabras registradas por fijación 64

Protocolo 64

Determinar una línea de base 65

Rastreadores y Marcadores 66

Expansión perceptual 67

Calcula tu nueva velocidad de lectura (PPM) 68

Aplicación 69

Capítulo 8: Aprendizaje acelerado a través de la toma de apuntes efectiva 70

El Método Cornell 71

3

Notas 72

Cues 72

Resumen 72

El Método de Mapeo 73

El Método de Subrayado 73

El Método de Gráficos 74

El Método de la Oración 75

Capítulo 9: Luchando contra la procrastinación para acelerar el aprendizaje 76

Establece tu objetivo y date un plazo. 77

Divide tu objetivo en partes más pequeñas. 79

Visualiza tu éxito futuro 79

Transforma tu miedo en algo positivo. 80

Permite que otros te hagan responsable. 80

Recompensa cada hito 80

Sé valiente y comienza hoy 81

Capítulo 10: La técnica de Feynman 82

Identificar el tema principal y escribir todo lo que sabes al respecto. 83

Toma un concepto de tu lista y amplíalo usando tu conocimiento previo. 83

Imagina enseñar o presentar estos temas a otras personas. 84

Identificar las áreas de problema potenciales en las que tienes dificultad para explicar. 84

Vuelve atrás y llena los espacios en blanco y luego repite el Paso 2 y 3. 85

Simplifique aún más su presentación utilizando analogías. 85

Si estás dispuesto, intenta enseñar el concepto a otros. 85

Capítulo 11: Aprendiendo a través de la escucha 87

¿Por qué somos tan malos escuchando? 87

    No escuchas lo que no te interesa. 88

    Criticizas al mensajero, pero no el mensaje. 89

    Tú toleras muchas distracciones. 89

    Intentas eludir temas difíciles y desafiantes 89

    Dejas que tus emociones se apoderen de ti. 90

    Te aferras a un solo punto de vista. 90

¿Cómo mejoramos nuestra capacidad de escucha para acelerar el aprendizaje? 91

    Ve a donde crees que va el orador. 91

    Enfócate en los puntos o argumentos de apoyo. 92

    Toma nota de resúmenes mentales mientras estás escuchando. 92

Capítulo 12: Aprendizaje Experiencial 94

    Razones por las que el Aprendizaje Experiencial es una Forma Transformadora de Aprendizaje 95

    Acelera el aprendizaje 95

    Ofrece un ambiente de aprendizaje cómodo y seguro. 95

    Aumenta el nivel de compromiso de una persona. 96

    Ayuda a cerrar la brecha entre la teoría y la práctica. 96

    Produce cambios drásticos en la mentalidad. 97

    Proporciona un excelente retorno de inversión 97

    Proporciona resultados de evaluación precisos 98

    Permite el aprendizaje personalizado 98

Capítulo 13: El Método de los Lugares - Una Técnica de Memoria 99

    Orígenes 99

    Cómo funciona 100

    Reglas y pautas generales 103

        La ruta que elijas debe ser una con la que estés muy familiarizado 103

        Cada punto de referencia dentro de esa ruta debe ser siempre distinto y único. 103

        Debes seguir el mismo orden de la ruta cada vez. 104

        Sé creativo con tus atribuciones y representaciones 104

Capítulo 14: Estudio eficiente para un examen 105

    Preparar todos los materiales de estudio que necesitas. 107

    Encuentra un lugar con distracciones mínimas donde puedas sentarte durante un período prolongado de tiempo. 107

    Dispénsate del mundo de las redes sociales. 108

    Utilice el Principio 50/10 109

    Recarga tu energía con cafeína 109

    Enfócate en las Grandes Ideas y Reescribe 110

    Recluta todos tus sentidos. 110

    Encuentra un compañero de estudio. 111

    Utilice la técnica de chunking. 111

    Recompénsate 113

    Duerme un poco. 113

Capítulo 15: Aprendizaje colaborativo en un entorno grupal 114

Beneficios del Aprendizaje Colaborativo 114

Ayuda a mejorar el proceso de resolución de problemas. 115

Induce un nivel más elevado de pensamiento crítico. 115

Mejora las habilidades sociales de una persona 116

Fomenta la responsabilidad en el aprendizaje. 116

Desarrolla las habilidades de comunicación de una persona. 117

Fomenta la diversidad y la mentalidad abierta 117

Acelera el aprendizaje 118

Capítulo 16: Sonidos binaurales para estudiar de manera efectiva 119

La mecánica de la mente 120

Los impedimentos de enfoque 121

Llegar a Alpha a través de los Binaural Beats 122

La Ciencia y la Sensación de Escuchar Binaural Beats 123

Capítulo 17: Tarjetas didácticas para estudiar de forma efectiva 125

Errores comunes al usar tarjetas didácticas 126

Las mejores formas de aprovechar las tarjetas didácticas 127

Haz tus propias tarjetas de memoria desde cero .. 127

Incorpora imágenes en tus tarjetas de memoria ... 127

Utilice dispositivos mnemotécnicos. 128

Permanece en un punto por tarjeta. 128

Divide las ideas complicadas en varias tarjetas 128

Habla en voz alta mientras estudias. 129

Estudia tus tarjetas de memoria de forma no lineal. 129

Explora otros métodos de aprendizaje acelerado. 129

Capítulo 18: Un caso para la Repetición Espaciada 131

Cómo construir una pared resistente 131

Los mejores intervalos para la repetición espaciada 132

Usando tarjetas de memoria para repetición espaciada 134

Conclusión 135

Capítulo 1: "Cognitivo" y "conductual" y "terapia" 141

Capítulo 2: El Modelo de TCC 149

Capítulo 3: Conociendo tus pensamientos 159

Capítulo 4: Cambiar tu propia mente 170

Capítulo 5: Distorsiones cognitivas 181

Capítulo 6: Creencias fundamentales 191

Capítulo 7: Regulación de Emociones 201

Capítulo 8: Activación conductual o, ¡simplemente hazlo! 210

Capítulo 10: Conciencia plena 225

Capítulo 11: Aceptación Radical 232

Capítulo 12: Mejorando tus relaciones con las personas 239

Capítulo 13: Utilizando la exposición para contrarrestar el miedo 252

Conclusión 260

Introducción 264

Paso 1: Entrenar tu Memoria General 267

Crear una memoria visual 268

Estudio de caso 269
Técnicas utilizadas para la memoria general: Asociación de palabras 270
Haciendo la información significativa.........................272
Ejemplo...272
Crear un Palacio de la Memoria...................................273
Recuerda usar imágenes...274
Paso 2: Utiliza el Método Militar 276
Descargo de responsabilidad..277
Pasos para Implementar el Método Militar................277
Usando el Método Militar para Ayudar con la Memoria—Ejemplo Práctico: Ron White, Dos Veces Campeón de Memoria de EE.UU. 280
“Cuanto más se suda en tiempos de paz, menos se sangra en tiempos de guerra.”......................280
2. Desarrollar una Mentalidad Positiva: Marco Mental Ganador..281
3. Establece metas pequeñas para tu memorización282
4. Siempre enfrenta las consecuencias de no alcanzar una meta..282
5. Entrena tu memoria todos los días, incluso cuando no tengas ganas..283
Paso 3: Mejorar tu dieta de memoria fotográfica 284
¿Cómo está conectada la memoria a la dieta? 285
Una dieta saludable para el corazón puede ser una dieta saludable para el cerebro..287
Los alimentos y bebidas que recomendamos que pruebes para tener una mejor memoria 288
Café..288
Cúrcuma..289

Brócoli 290

Chocolate Negro 290

Naranjas 290

Huevos 291

Té verde 291

Prueba dietas que incluyan más grasa y menos carbohidratos 291

Jejum intermitente 292

Consumo moderado de alcohol, para que puedas recordar más. 292

Estudio de caso 293

Paso 4: Durmiendo por el bien de la memoria 295

Por qué es importante dormir bien 295

Las teorías detrás del sueño 296

¿Qué hace el sueño por la memoria? 297

Ejemplo de Corea: Escuelas de Cramming, Memorización Mecánica y la Falta de Sueño 300

La privación de sueño tiene consecuencias graves para nuestra memoria. 302

¡Cómo mejorar tu memoria y permitirte recordar: Dormir! 303

Estudio de caso 303

Paso 5: Utiliza dispositivos mnemotécnicos para recordar casi cualquier cosa 305

El Método de los Lugares 307

Acrónimos 307

Creando una Clase de Memoria (Para Maestros) 308

En diferentes culturas: Usa nombres en inglés 309

Rimas 310

¿Cómo memorizas ese poema largo? Crea una imagen de él en tu mente. 310
   Estudio de caso 311
Cómo memorizar líneas para la próxima obra de teatro en la ciudad 312
   Estudio de caso: Jemima 313
   División en trozos y Organización 314
   Estudio de caso: Jason 314
Haz un canto o un baile para recordar las cosas bien. 316
   Estudio de caso 316
Paso 6: Técnicas cotidianas: Usa los sentidos 317
   Cómo hacer que las cosas sean reales: crear imágenes absurdas para recordar 317
     Estudio de caso 319
   Convertir los sonidos de los nombres que aprendemos en imágenes. 319
     Estudio de caso 320
   Utiliza tantos de tus sentidos como sea posible 321
   Cuando se trata de números, usa el mismo método. 321
     Estudio de caso 322
   Utiliza tu memoria sensorial para recrear experiencias. 323
     Estudio de caso 324
   Por qué funciona la memoria sensorial 325
   Cómo usar tu memoria sensorial. 326
   Por qué esta técnica es para actores y para todos. 327
Paso 7: Utiliza técnicas que aumenten la actividad cognitiva y mejoren tu memoria. 328

1. Actividad física: haciendo ejercicio 328
   Estudio de caso 329
2. Mantente abierto a nuevas experiencias. 332
   Estudio de caso 333
3. Utiliza tus habilidades artísticas y creativas. 334
   Estudio de caso 335
4. Conexiones Sociales 336
   Estudio de caso: Frank 337
5. Atención plena y meditación 338
   Estudio de caso 339
6. Reducir la ansiedad y el estrés 340
   Estudio de caso 342
7. Escucha música clásica o toca un instrumento. 343
   Estudio de caso 344

Paso 8: Toma medidas para aumentar la alerta mental. 346
1. Hidratación 346
   Estudio de caso 347
2. Observa la cafeína 348
   Estudio de caso 349
3. Pierde el GPS y Encuentra Otras Formas de Regresar a Casa 350
   Estudio de caso 351
4. Seguir un hobby 353
   Estudio de caso 353

Paso 9: Habilidades de estudio: en qué puedes trabajar ahora para aumentar tu memoria fotográfica 355
1. Repetición Espaciada 355

12

Estudio de caso 357

2. Utilice sus aplicaciones para Smartphone, incluyendo Study Blue y Memrise..........................359

Estudio de caso 359

3. Para clases de idiomas, toma pruebas de vocabulario en línea para autoestudio. 360

Estudio de caso 361

4. Dibuja imágenes de historias y los conceptos que estás estudiando. 361

Estudio de caso 362

5. Recitar un texto para recitales de poesía y otras competencias. 364

6. Usa un gancho mnemotécnico para recordar cosas por lo que rimen con ellas 364

7. Bajar el ritmo de estudio..............................366

Estudio de caso 366

8. Mira un documental sobre el tema que estás estudiando..368

9. Tómate descansos para estudiar..................................368

Estudio de caso: Tracy 369

10. Encuentra nuevos espacios de estudio. 370

Estudio de caso 370

11. Nunca te quedes despierto toda la noche. Nunca. 371

Estudio de caso 372

Y eso es todo...373

Programa de Aprendizaje Acelerado:

21 Técnicas Avanzadas y Estrategias para Hackear la Mente. Domina la Lectura Rápida, Aumenta el CI y Mejora la Concentración. Crea Hábitos Diarios de Atención Plena.

Derechos de autor Robert Clear 2024 - Todos los derechos reservados.

El contenido de este libro no puede ser reproducido, duplicado o transmitido sin el permiso escrito directo del autor o el editor.

En ningún caso se responsabilizará al editor, ni al autor, por daños, reparaciones o pérdidas monetarias debido a la información contenida en este libro, ya sea directa o indirectamente.

Aviso legal:

Este libro está protegido por derechos de autor. Es solo para uso personal. No puedes modificar, distribuir, vender, utilizar, citar o parafrasear ninguna parte, o el contenido dentro de este libro, sin el consentimiento del autor o editor.

Aviso de responsabilidad:

Tenga en cuenta que la información contenida en este documento es solo con fines educativos y de entretenimiento. Se ha hecho todo el esfuerzo para presentar información precisa, actualizada, confiable y completa. No se declaran ni se implican garantías de ningún tipo. Los lectores reconocen que el autor no está brindando asesoramiento legal, financiero, médico o profesional. El contenido de este libro ha sido derivado de diversas fuentes. Por favor, consulte a un profesional con licencia antes de intentar cualquier técnica descrita en este libro.

Al leer este documento, el lector acepta que bajo ninguna circunstancia el autor es responsable de cualquier pérdida, directa o indirecta, que se incurra como resultado del uso de la información contenida en este documento, incluyendo, pero no limitado a, errores, omisiones o inexactitudes.

Introducción

Aprender siempre va a ser un proceso de por vida. Como niño, estás condicionado a aprender los principios fundamentales involucrados en ser un ser humano funcional. Te enseñan a caminar, hablar, correr, saltar, jugar, contar, cantar, bailar, etc. A medida que envejeces, el aprendizaje se vuelve cada vez más complejo y desafiante. Sin embargo, también sabes que no aprender significa no adaptarse. Por eso sigues animándote a hacerlo.

Es algo que debemos incorporar constantemente en nuestra vida diaria si queremos seguir creciendo y desarrollándonos como personas. Es vital que hagamos un hábito el aprender cosas nuevas todos los días si queremos estar siempre preparados para los desafíos que se presenten en nuestro camino. Sin embargo, aprender no siempre va a ser un proceso fácil para algunos. De hecho, para muchas personas, aprender puede ser una experiencia lenta, gradual y agotadora con muchos obstáculos, barreras y desafíos. No todos van a estar equipados con facultades para aprender, y es por eso que algunas personas terminan quedándose rezagadas.

Sin duda, el mundo moderno en el que vivimos es un mundo competitivo. En cualquier industria, las personas están luchando por llegar a la cima de sus respectivos campos. Hay varios vacíos de poder que simplemente están esperando ser ocupados a la izquierda y a la derecha, y solo aquellos que tienen el saber hacer serán capaces de ocupar esos puestos. Todo se trata de ser capaz de equiparse con las herramientas necesarias que podrían necesitar para encontrar éxito en la vida. Eso es exactamente cómo el aprendizaje juega un papel vital en el autodesarrollo y el crecimiento.

Charles Darwin lo explicó mejor en su Teoría de la Evolución. Solo los más fuertes y aptos sobreviven, mientras que los débiles se quedan rezagados. Este es un principio que ha demostrado su autenticidad una y otra vez a lo largo de la historia de la civilización humana. Aquellos de nosotros que somos capaces de adaptarnos a nuestro entorno de manera más rápida y efectiva son los que tienen más probabilidades de encontrar el éxito. Mientras tanto, aquellos que se vuelven un poco demasiado cómodos quedándose donde están serán los que eventualmente flaquearán. A pesar de las circunstancias que uno pueda tener en la vida, las personas siempre tienen la elección de si perseguir o no oportunidades para aprender. A pesar de las circunstancias de las personas, tienen la opción de buscar oportunidades para aprender. Es un terreno de juego nivelado para todos, y todo se reduce a manifestar la voluntad de actuar.

En el estado actual de nuestra sociedad, cada vez es más difícil mantenerte por delante del resto. Aunque la tecnología nos proporciona las herramientas que podríamos necesitar para estar preparados a medida que enfrentamos desafíos cotidianos, también puede servir como una gran barrera. Podrías pensar que la tecnología es algo que facilitaría el aprendizaje y haría que fuera más fácil para las personas adquirir y desarrollar nuevas habilidades. Sin embargo, existe un fenómeno llamado distracción digital. Es probable que todos estemos familiarizados con esto hasta cierto punto. Con la aparición de nuevas tecnologías, no es descabellado asumir que las personas son propensas a distraerse cada vez más. Sin embargo, la tecnología ha evolucionado hasta convertirse en una distracción. Solía ser que las personas gradualmente adoptaban la tecnología en sus vidas. Pero hoy en día, los seres humanos nacen en sociedades dominadas por la tecnología. Están influenciados esencialmente por la tecnología en sus años formativos, y ahora está convirtiéndose en un aspecto muy integral en la vida de muchos.

Pero ¿cómo afecta la distracción digital a la capacidad de aprendizaje de una persona?

Bueno, es necesario poder observar cómo los seres humanos perciben la supervivencia y la existencia hoy en día en comparación con cómo lo hacían en las épocas antiguas. En las primeras etapas de la civilización, los seres humanos se preocupaban principalmente por la caza y la recolección de elementos esenciales como comida, agua, refugio y ropa. Nada más importaba tanto como esas necesidades básicas.

El mundo ya no es así hoy en día. La sociedad ha evolucionado para volverse mucho más compleja. La nueva era de la civilización ha traído consigo una especie que todavía prioriza la recolección de alimentos, agua, refugio y vestimenta, pero también hay un componente completamente nuevo que rige la vida de las personas: la información.

Las personas ya no solo se preocupan por la recolección de alimentos. Las personas están priorizando la recolección de información porque entienden la importancia del conocimiento en esta época. Sin embargo, la adquisición de información también se ha vuelto mucho más compleja debido a las complicaciones que traen las distracciones digitales. A pesar de que la tecnología sirve principalmente como una herramienta para que los seres humanos sean más productivos y realicen el trabajo de manera más eficiente, también se ha convertido en una de las muchas distracciones potenciales que nos impiden enfocarnos en lo que necesitamos hacer.

Por eso, en esta era de la información, es muy importante que podamos reevaluar continuamente la forma en que abordamos el aprendizaje y la adquisición de conocimientos. No es suficiente con tener las herramientas que necesitamos para recopilar información valiosa. Es esencial que podamos optimizar la forma en que procesamos, retenemos y aplicamos todo lo que aprendemos.

Este eBook va a ser una contribución a ese esfuerzo. Hay, de hecho, muchas formas en las que las personas pueden optimizar la manera en que aprenden y mejorar los procesos en los que adquieren información. Sin embargo, irónicamente, no muchas personas van a estar al tanto de estas técnicas. Es una verdadera lástima, especialmente en este día y época. Un concepto común que la gente tiene en estos días es que en la era de la información, la ignorancia es una elección, y es verdad. Es fácil encontrar información con solo unos toques y deslizamientos de tu dedo. Sin embargo, hay muchas personas que eligen permanecer ignorantes y sin saber de las cosas de las que podrían estar al tanto. En la era moderna, vas a necesitar todas las ventajas competitivas que puedas obtener. Si puedes optimizar aún más cómo adquieres y procesas información valiosa, entonces te estás equipando con habilidades que te ayudarán a mejorar como persona.

Aunque el aprendizaje es verdaderamente un proceso de por vida, no debería tomar toda una vida para comprender y aprender conceptos complejos. Sería una terrible pérdida de tiempo y energía si dedicas toda tu vida intentando dominar una disciplina en particular y desatendiendo todo lo demás. Es como tener todo el mundo ahí afuera disponible para que lo veas, y sin embargo, eliges encerrarte en tu habitación toda tu vida. No deberías tener miedo de perseguir el estudio y dominio de diferentes disciplinas y temas. El tiempo no debería ser un obstáculo o una limitación para tu capacidad de aprendizaje. Hay formas en las que puedes acelerar el proceso de aprendizaje para que puedas aprovechar al máximo tu tiempo. Solo puedes dedicar tanto tiempo al aprendizaje después de todo. Por eso querrás aprovechar al máximo cualquier método que te ayude a que ese proceso sea más fácil y más rápido. Considera esto como tu introducción al Aprendizaje Acelerado.

¿Qué es el Aprendizaje Acelerado?

En pocas palabras, el Aprendizaje Acelerado (AL) es una metodología emergente que ofrece un enfoque innovador y completo para aumentar la capacidad de absorber información, evaluar problemas y pensar en soluciones creativas. Es esencialmente una pedagogía de aprendizaje que emplea métodos y técnicas "amigables para el cerebro" que optimizan y agilizan el proceso de aprendizaje en su totalidad. Para comprender mejor de qué se trata este marco teórico, puede ser una buena idea sumergirse primero en su historia y cómo surgió esta metodología de aprendizaje. A partir de ahí, podemos pasar a las técnicas y tácticas comunes que se incluyen en la pedagogía de Aprendizaje Acelerado.

Aprendizaje Acelerado: Una Historia

Todo comenzó con lo que originalmente se denominó como Suggestopedia, un concepto que fue desarrollado por el respetado profesor búlgaro y psicoterapeuta, Dr. Georgi Lozanov, a principios de la década de 1970. El famoso profesor fundó el Instituto de Investigación en Suggestología en Bulgaria en 1966. Fue a través de su trabajo en el campo donde pudo desarrollar una pedagogía de enseñanza revolucionaria que facilitó todo el proceso de aprendizaje, haciéndolo fácil y placentero. Se emplearon varias herramientas innovadoras bajo su nuevo marco con el fin de crear un entorno de aprendizaje más interactivo que incluía música, arte, simulaciones de roles y juegos. Siempre fue alguien que enfatizaba la importancia de cultivar un entorno de aprendizaje optimizado para la transferencia de conocimientos sin problemas. También era opinión de Lozanov que era responsabilidad del profesor crear un entorno de aprendizaje seguro y estimulante que inspirara y motivara a los estudiantes para maximizar la capacidad de aprender y absorber nuevas ideas.

Él enfatizó el punto de que el entorno de aprendizaje físico siempre debe ser uno que invite a los estudiantes a participar e interactuar con los materiales de aprendizaje, facilitadores, moderadores y compañeros de aprendizaje también. Debe ser un espacio de aprendizaje que no solo tenga en cuenta el estado mental de un estudiante, sino también su estado emocional, para ofrecer un enfoque más holístico para el aprendizaje personalizado.

El Dr. Lozanov realmente abogaba por un enfoque renovado hacia el aprendizaje y la adquisición de conocimientos para mantener a la sociedad moderna al mismo ritmo que la rápida tasa de avance tecnológico. Vio que la sociedad estaba evolucionando rápidamente y vio la necesidad de que el ser humano común se adaptara para mantenerse relevante y competitivo. También vio los riesgos potenciales involucrados en la aplicación de pedagogías de aprendizaje ineficientes e ineficaces. Envisionaba una metodología de aprendizaje que permitiera un ambiente de aprendizaje libre de estrés que aliviaría la presión provocada por las instituciones de aprendizaje contemporáneas y los marcos educativos.

El término Sugestopedia se deriva de las palabras

"sugestión" y "pedagogía". Todo gira en torno a cómo las palabras y acciones de un profesor o facilitador pueden ser percibidas por el alumno. En última instancia, el objetivo es que el profesor sugiera que aprender y comprender una nueva idea es divertido y fácil. Además, la idea de "sugestión" ofrece una sensación de inclusividad por parte del alumno, permitiéndoles ofrecer sus ideas sobre cómo podrían aprender de manera más eficiente y efectiva.

Fue en 1976 en los Estados Unidos cuando el nombre Suggestopedia fue cambiado a Aprendizaje Acelerado. El cambio de nombre fue indicativo de las preferencias culturales de la época, y un deseo de construir sobre adaptaciones que surgieron de las ideas originales del Dr. Lozanov que fueron desarrolladas a lo largo de los años. Al mismo tiempo, diversos avances en el campo de la neurociencia y la psicología educativa ofrecieron a la sociedad una mayor comprensión de cómo abordar de mejor manera la dinámica de la enseñanza y el aprendizaje. Numerosas técnicas y enfoques para la enseñanza y el aprendizaje fueron recopilados a lo largo de los años y eventualmente fueron identificados colectivamente como métodos de Aprendizaje Acelerado.

Aprendizaje Acelerado tal como lo conocemos hoy en día

La filosofía de Aprendizaje Acelerado puede distinguirse de otras pedagogías puramente desde sus fundamentos como mecanismo de aprendizaje. Toma en consideración los factores sugestivos que ayudan a influenciar la capacidad de una persona para aprender y absorber información vital pero desconocida. Es una pedagogía que enfatiza fuertemente la importancia del maestro y el facilitador en determinar el proceso de aprendizaje ideal de un estudiante o aprendiz.

El Aprendizaje Acelerado puede proporcionar una verdadera estructura y sistema para que los profesores y facilitadores diseñen módulos de aprendizaje que garantizarían el éxito eventual de un alumno. También puede proporcionar a un alumno un enfoque en el aprendizaje centrado en el estudiante. Existe mucha flexibilidad dentro de la metodología de aprendizaje en sí, para minimizar la necesidad de que un alumno haga ajustes. Todo el proceso de Aprendizaje Acelerado se ha enriquecido y sustentado aún más debido a la comprensión desarrollada por la comunidad científica de la psicología cognitiva, el constructivismo, las inteligencias múltiples, la programación neurolingüística y más. Hay todo tipo de módulos de aprendizaje y actividades que se implementan y se experimentan en diversos entornos de clase, y esto continúa impulsando los principios del Aprendizaje Acelerado hacia adelante.

La idea principal detrás del Aprendizaje Acelerado es ofrecer a cada individuo la oportunidad de aprender cualquier concepto a su propio ritmo y con su metodología preferida. Es un estilo de aprendizaje centrado en el alumno que se enfoca más en los resultados que en el proceso. Elimina por completo la noción de que hay una única forma correcta de aprender un tema en particular. En última instancia, es un paradigma de aprendizaje impulsado y motivado por el éxito del alumno.

¿Cómo aplicas el Aprendizaje Acelerado en tu vida?

Si resulta que eres alguien tan dedicado al aprendizaje como algunas personas, entonces este libro te ayudará en tus esfuerzos. El simple hecho de que leas libros como este es evidencia de tu curiosidad y tu sed de conocimiento. No siempre vamos a tener el conjunto de herramientas que deseamos. Por eso siempre es mejor aprovechar al máximo lo que tenemos. Solo puedes hacer tanto en esta vida si tu capacidad de aprendizaje es limitada. Siempre debes esforzarte por abrir tu mente y liberarte de cualquier limitación intelectual o mental que pueda estar impidiéndote adquirir nuevos conocimientos.

Estudiar más sobre técnicas de aprendizaje acelerado no solo está diseñado para beneficiarte a ti. Si eres un gerente, un CEO, un padre, una madre, un maestro, un mentor, o cualquier tipo de figura influyente que exista, puedes beneficiarte enormemente al comprender mejor cómo funciona la mente humana y cómo puedes iniciar de manera más efectiva la transferencia de conocimientos de tu cerebro al de otra persona. Numerosas organizaciones y grandes empresas en todo el mundo están utilizando técnicas de aprendizaje acelerado para capacitar a sus empleados y garantizar una integración fluida en el sistema de la empresa. Maestros transformadores en diversos campos académicos utilizan módulos de aprendizaje acelerado para agudizar aún más el intelecto y el conocimiento de sus alumnos. Hay un lugar para el aprendizaje acelerado en la vida de cualquiera, ya sea para uso personal o para beneficiar a alguien más.

Como seres humanos, todos vamos a tener nuestras limitaciones personales. Sin embargo, eso no debería servir como un impedimento para nuestra voluntad y deseo de buscar conocimiento. Así que mientras mantengas ese deseo, siempre vas a tener el potencial de ser una fuerza intelectual. Todo se reduce a ser capaz de encontrar el enfoque correcto para aprender cosas nuevas y adquirir nuevos conocimientos. Eso es exactamente lo que este libro va a poder brindarte.

Algunos de los consejos y técnicas que se enumerarán en este libro pueden ser perfectos para ti y te serán de gran ayuda, y algunos de ellos quizás no lo sean. Pero ese es el punto principal del aprendizaje y la educación en primer lugar. Se trata de exponerte con una mente abierta y una actitud preparada hacia el aprendizaje. Si un método funciona, entonces eso es genial. Quédate con él. Si no funciona, entonces aprende de la experiencia y continúa buscando nuevos caminos para aprender. El Aprendizaje Acelerado no está diseñado para ser infalible. Aún así, finalmente dependerá del tipo de personalidad que tengas y de tu paciencia para encontrar la técnica de Aprendizaje Acelerado que mejor funcione para ti. Aprender y autoeducarse es un viaje en el que solo tú puedes embarcarte por ti mismo. Puedes tener mentores y materiales de recursos, pero la voluntad de aprender debe provenir en última instancia desde tu interior. Entonces, has dado ese primer paso. Ahora es el momento de pasar al siguiente nivel.

Capítulo 1: Aprendiendo como un Estilo de Vida

Antes de pasar a las técnicas y metodologías que puedes emplear para recopilar y retener información de manera más eficiente, puede ser importante asegurarse primero de que estás en la capacidad mental y física adecuada para hacerlo. Claro, puedes conocer todas las mejores técnicas de aprendizaje y secretos del mundo. Pero si no tienes un estilo de vida y una actitud que te preparen para el aprendizaje, entonces realmente no estás aprovechando al máximo toda la experiencia de aprendizaje en su conjunto. Por eso este capítulo se va a centrar en los diversos aspectos psicológicos y fisiológicos de tu proceso de aprendizaje, y por qué es tan importante prestar atención a estos aspectos también.

Puede ser muy difícil avanzar cuando realmente no puedes visualizarte alcanzando una cierta distancia en primer lugar. Siempre quieres asegurarte de que crees en tu capacidad para absorber nueva información y desarrollar nuevas habilidades antes de embarcarte en tu nuevo viaje de aprendizaje. Está bien que puedas tener algunas dudas y reservas debido a algunas inseguridades naturales que puedas tener. Sin embargo, siempre es importante que creas que tienes lo necesario -mental, emocional y físicamente- para lograr tus metas.

Preparando la mentalidad para el crecimiento

Tener una mentalidad preparada y lista para el crecimiento y desarrollo siempre va a ser un aspecto importante del aprendizaje. Para que tengas ese tipo de mentalidad, tienes que creer en tu capacidad para adquirir habilidades, conocimiento y perspectivas que quizás aún no tengas. Se trata de tener fe en ti mismo y creer que tienes lo necesario para llegar a donde quieres estar. Es más fácil enfocarse en la tarea en cuestión cuando no estás constantemente siendo arrastrado por tus miedos e inseguridades, y mucho más sencillo si todo lo que tienes que preocuparte es desarrollar un sentido de maestría y competencia en una disciplina en particular en lugar de preocuparte por cómo te verán las personas si fallas.

Eso no significa que esperas recibir comentarios negativos de las personas que te ven en tu viaje. Simplemente significa que estás más abierto a estos comentarios porque entiendes que los comentarios son una herramienta que puedes usar y equiparte una vez te enfrentas a nuevos desafíos y obstáculos. Siempre debes ser capaz de pasar de ser alguien con una mentalidad cerrada y fija a alguien con una mentalidad de crecimiento más abierta y dinámica. Cuando te enfocas más en el proceso real de aprendizaje en lugar de solo en los resultados (ya sean positivos o negativos), es mucho más fácil seguir adelante independientemente del progreso que estés haciendo. ¿Cuántas veces has comenzado un proyecto solo para encontrarte abandonándolo a la mitad porque sientes que no estás avanzando en absoluto? ¿Cuántas veces te has convencido de no terminar una tarea solo porque sientes que las cosas no han salido como habías planeado?

Ese es el problema de tener una mentalidad fija en el aprendizaje. Te dices a ti mismo que tienes que cumplir ciertas especificaciones y pautas en el camino hasta el punto en que te vuelves inflexible e inadaptable. Cuando tu mentalidad está preparada para el crecimiento, no te importará el estrés de cuánto trabajo te queda por hacer, te enfocarás en sentirte orgulloso de cuánto has logrado hasta ahora y en cuánto más puedes ganar con tu trabajo duro y persistencia. Como en cualquier empresa, la persistencia siempre será clave en el aprendizaje. Es posible que ya hayas descubierto que el aprendizaje acelerado no promueve realmente una progresión lineal del crecimiento y del aprendizaje. Es más dinámico y esporádico que cualquier otra cosa. Sin embargo, las personas con una mentalidad saludable para el crecimiento entienden que un pequeño crecimiento es mejor que no tener crecimiento en absoluto.

Este es exactamente el tipo de filosofía que necesitas adoptar y establecer para ti mismo mientras intentas abrirte a nuevas ideas y lecciones. Dominar cualquier habilidad nunca está realmente diseñado para ser fácil después de todo. Si lo fuera, entonces todos serían maestros en todo. Sí, el aprendizaje acelerado ayuda a acelerar el proceso y hace que tus esfuerzos sean un poco más eficientes y efectivos, pero eso no significa que vaya a hacer todo fácil. Todavía tendrás que enfrentarte a una batalla cuesta arriba a medida que avanzas, y es muy importante que no te dejes intimidar por la adversidad cada vez que golpea.

Encontrando Motivación

El trabajo duro equivale al éxito. Probablemente eso es algo que siempre te han enseñado desde el momento en que naciste, y es probable que sea un consejo que vas a transmitir a otros a lo largo de toda tu vida. En realidad, hay mucho sabiduría en este principio, pero no siempre cuenta toda la historia.

Como ser humano, tienes derecho a tener días en los que

sientes que simplemente no tienes la energía para seguir adelante. La motivación intrínseca puede ser algo muy poderoso para permitirte salir y perseguir tus metas y sueños. Sin embargo, tu energía viene y va. La motivación intrínseca no siempre va a estar ahí para ti, y es cierto cuando dicen que la motivación por sí sola realmente no te llevará a ningún lado. Es más importante que puedas actuar en base a tu motivación para manifestar tus sueños en la realidad. Sin embargo, también es innegable el hecho de que una vez que una persona está adecuadamente motivada, todo el proceso de aprendizaje será más sencillo y agradable. Por eso también necesitas prestar atención a lo que te impulsa y motiva como aprendiz.

En primer lugar, podría ser importante que entiendas qué es realmente la motivación y de dónde viene. Muchas personas tienen esta falsa comprensión de la motivación y cómo puede ser convocada a voluntad. Eso no es necesariamente el caso. No puedes simplemente decirte a ti mismo "¡Levántate y trabaja!" todo el tiempo y realmente esperar que funcione. La motivación es muy parecida a una planta en el sentido de que necesita ser cuidada adecuadamente para que dé frutos. Mucha gente es culpable de alimentar sus motivaciones solo para objetivos a largo plazo pero no para tareas a corto plazo. El problema con eso es que son las pequeñas acciones diarias y los esfuerzos repentinos los que nos ayudan a alcanzar nuestros objetivos a largo plazo.

Por ejemplo, es posible que estés motivado para obtener un ascenso en el trabajo. Esto es algo que visualizas para ti mismo todos los días. Justo cuando te despiertas, piensas en obtener un ascenso. Cuando te duermes, piensas en cómo será tu nueva oficina y tu salario más alto. Esto es bueno porque te estás motivando a ti mismo a largo plazo. Sin embargo, también necesitas cultivar el mismo tipo de motivación para objetivos a corto plazo. ¿Qué necesitas hacer para obtener un ascenso? Es posible que necesites aumentar las ventas y los ingresos, mejorar la eficiencia en la oficina, presentar informes de mejor calidad o desarrollar competencia en un campo específico relacionado con tu línea de trabajo. Estos son todos los aspectos más minuciosos que entran en juego para lograr tu objetivo a largo plazo, pero cuando no te das la motivación para hacer estas cosas, se vuelve más difícil alcanzar tu objetivo general. A veces, un pequeño cambio en la perspectiva puede ser suficiente. Intenta motivarte de una manera más concreta y más sintetizada. Puede marcar la diferencia en el logro de tus metas.

Un enfoque fisiológico para el aprendizaje

No es solo aspectos emocionales o mentales de tu carácter que necesitas desarrollar para maximizar tu capacidad de aprendizaje, también debes prestar atención a los factores fisiológicos. Echa un vistazo a tu espacio de trabajo o escritorio de oficina, ¿cuántas distracciones puedes encontrar allí? ¿Te encuentras constantemente navegando por tu teléfono aunque deberías estar concentrado en un documento importante? ¿Intentas a menudo ver un episodio de Breaking Bad mientras intentas memorizar jerga legal al mismo tiempo? ¿Hay un bebé llorando justo al lado tuyo mientras intentas familiarizarte con los fundamentos de la gestión organizacional? ¿Te encuentras teniendo que secarte el sudor cada pocos minutos por la falta de aire acondicionado en tu cuarto? Todos estos son factores dentro de tu entorno físico que afectan tu capacidad fisiológica para absorber nueva información. Primeramente, siempre quieres asegurarte de que el entorno en el que realizarás tu aprendizaje sea propicio. Descubrirás que tener un entorno que bloquee las distracciones siempre será mejor para aprender.

Además de eso, también es posible que desees tomar nota de los siguientes consejos:

> Participa en ejercicio regular. Estudios han demostrado que participar en ejercicio regular puede mejorar la memoria y habilidades de pensamiento de una persona (Godman, 2014).

> - Mantener una dieta saludable y equilibrada. La investigación ha demostrado que tener hábitos nutricionales pobres puede llevar a habilidades cognitivas comprometidas (Spencer, et al., 2017).

> Asegúrate de dormir bien por la noche. Es muy importante que mantengas un patrón de sueño saludable, ya que esto puede ayudarte a tener una buena memoria y asegurarte de que tu cerebro esté funcionando a un nivel óptimo (Potkin & Bunney, 2012).

En última instancia, tú eres el agente del aprendizaje aquí, y una vez que el agente del aprendizaje se ve comprometido, entonces se compromete todo el proceso de aprendizaje en su totalidad. No importa qué tipo de tácticas revolucionarias o técnicas innovadoras puedas estar empleando al intentar dominar una nueva habilidad o disciplina, si no estás en el estado adecuado para aprender, entonces no estarás rindiendo a tu máximo potencial en absoluto.

Capítulo 2: Método DiSSS

Deconstrucción - Selección - Secuenciación - Apuestas o el método DiSSS es un sistema de aprendizaje que fue desarrollado originalmente por Tim Ferriss, un exitoso autor y estrella de televisión. Ferriss ha dedicado su vida al estudio del aprendizaje y sus hallazgos eventualmente llevaron al desarrollo de su pedagogía DiSSS.

Deconstrucción

Intenta pensar en el artículo más difícil de tu lista de tareas en este momento. ¿Podría ser aprender un nuevo idioma? ¿Podría ser dominar el arte del Levantamiento Olímpico de Pesas? ¿Podría ser aprender a programar en computadora? Todos estos son esfuerzos muy admirables y respetables, pero también son habilidades muy difíciles de aprender y dominar. Puedes escuchar a alguien hablar francés con fluidez, y sentirte intimidado por lo difícil que suena todo. Puedes ver a un atleta profesional levantar una barra de 200 libras sobre su cabeza, y sabes que terminarías en el hospital si intentaras hacerlo también. Puedes tener un amigo que ha creado su propio sitio web desde cero mientras luchas por personalizar tu propia página de Facebook. Siempre es intimidante cada vez que te embarcas en un nuevo objetivo y lo observas en su totalidad. Es por eso que la idea de Deconstrucción Conceptual o más claramente, "deconstrucción", es una forma muy efectiva de aprender y lograr algo.

Cualquier habilidad que puedas querer adquirir en la vida o cualquier disciplina que busques dominar va a tener partes, va a tener capas. La persona que ves hablando francés con fluidez no aprendió a hacerlo en un día. Hay aspectos del idioma francés que se pueden desglosar y deconstruir en varias partes como vocabulario, gramática, dicción y más. Todos esos conceptos principales se pueden desglosar aún más. Una vez que solo lo vayas desglosando poco a poco, descubrirás que la hazaña de aprender un nuevo idioma no va a ser tan imposible como podrías haber pensado inicialmente. Cuando termines de deconstruir los aspectos de tu proceso de aprendizaje, entonces puedes proceder a la segunda fase de aprendizaje: Selección.

Selección

Cuando te inscribes en una clase, es probable que el maestro te va a delinear un sílabo realmente largo que vas a tener que seguir de manera lineal para poder completar el curso. Y aún así, no es una garantía de que hayas dominado la habilidad al final. Sin embargo, con el método DiSSS, no siempre tienes que estar aprendiendo una nueva habilidad de manera lineal, especialmente si esa es una metodología que no funciona muy bien para ti. Ya has completado la fase de deconstrucción del proceso de aprendizaje, y ahora es el momento de pasar a la fase de Selección de la misma.

La fase de Selección del método de aprendizaje acelerado DiSSS está diseñada para que seas eficiente con el tiempo y la energía que dedicas a dominar una nueva habilidad. Es posible que no siempre tengas la oportunidad de contar con mucho tiempo que dedicar a aprender una nueva destreza. Por eso, es importante que te mantengas organizado en la forma en que distribuyes tu tiempo. Aquí es donde entra en juego la fase de Selección. Vas a tener que analizar realmente tus objetivos y lo que esperas lograr y aprender a priorizar basándote en tu análisis de la situación. Es importante que primero dediques la mayor parte de tu tiempo y energía a los aspectos de la habilidad que te ayudarían a alcanzar tu nivel deseado de competencia lo más rápido posible.

Para ilustrar aún más este punto, volvamos al ejemplo de dominar el idioma francés. Para la mayoría de las personas, les tomaría un promedio de alrededor de 6-12 meses volverse fluidos en cualquier idioma. Sin embargo, con el método DiSSS, es muy posible que sepas todo lo que necesitas saber sobre un nuevo idioma en aproximadamente 8-12 semanas. ¿Cómo? ¿Por qué hay una disparidad tan drástica? Bueno, todo se trata de la selección. No sabrás tanto como si tomaras 6-12 meses para estudiar el idioma, pero si aprendes a dedicar tu tiempo adecuadamente, vas a saber todo lo que necesitas saber en solo 8-12 semanas. El principio de selección se preocupa más por lo que estás estudiando que por la forma en que lo estás estudiando.

Si te inscribes en una clase típica de idioma francés, es posible que te enseñen el equivalente en francés de palabras como iglesia, padre, escuela, oficina, casa, correr, saltar, caminar, etc. Algunas de estas palabras pueden ser útiles para tu vida diaria, pero otras pueden no serlo. El objetivo principal de la selección es que elijas alrededor de 1,500-2,000 palabras que uses comúnmente a diario y te enfoques en dominar esas palabras. No tiene sentido dominar la totalidad del diccionario francés si no vas a utilizar la mayoría de esas palabras de todos modos. Sería simplemente una pérdida de tiempo y esfuerzo.

Al enfocarse en aspectos específicos de la habilidad que buscas dominar, sería un enfoque más práctico y pragmático para aprender. Te ofrecería un uso más eficiente del tiempo y la energía que dedicas al dominio de esta nueva habilidad.

El aprendizaje siempre es más efectivo cuando se atribuye importancia y valor a las ideas que están siendo absorbidas por el agente. Una persona está mucho más inclinada a aprender algo que pueda aplicar a su vida diaria que algo que solo existe en teoría.

Secuenciación

Una vez que se haya completado la fase de selección en el proceso de aprendizaje, sigue la fase de secuencia. Esto pone de manifiesto la ineficacia de un método lineal prescrito de aprendizaje. No se trata solo de descubrir los aspectos importantes de un tema o disciplina que necesitas aprender. También se trata de averiguar qué debes abordar de inmediato cuando comienzas el proceso de aprendizaje. Aquí es exactamente donde debería entrar en juego una secuencia adecuada.

Tim Ferriss explicó la importancia de poder secuenciar tareas de manera eficiente y efectiva. En El Experimento de Tim Ferriss, se enfrenta a todo tipo de desafíos que giran en torno a intentar aprender nuevas habilidades en un corto período de tiempo. Ha asumido con éxito diversas tareas como aprender a conducir autos de carrera, aprender un nuevo idioma y dominar el ajedrez. El método completo DiSSS es idea suya y así es como describe la fase de "Secuenciación" de la técnica de aprendizaje.

Ferris afirma que poner varias fases y pasos en el orden correcto es crucial para un aprendizaje eficiente y efectivo. Él dice que no siempre tienes que empezar en el "inicio" para dominar una nueva habilidad. Por ejemplo, cuando estaba aprendiendo a dominar el ajedrez de un experto, no comenzaron la lección con los movimientos iniciales que uno emplearía en un juego típico. En cambio, se lanzaron directamente a algunos movimientos muy específicos que la gente tiende a encontrar mucho en el medio de los juegos de ajedrez. Con una adecuada secuencia, no siempre tienes que empezar desde el principio para comenzar las cosas de la manera correcta.

Apuestas

La última fase del Método DiSSS es Apostar. A veces, para añadir un poco más de motivación a una persona para que aprenda algo nuevo en un corto período de tiempo, tienen que haber ciertas apuestas involucradas. Tu pareja no va a dejarte si no puedes aprender a hablar francés. No vas a perder tu trabajo si eres incapaz de vencer a un maestro de ajedrez. Por eso es tan fácil para ti simplemente abandonar una tarea por completo con la mentalidad de que siempre puedes retomar las cosas más adelante. Realmente no tienes un incentivo para dedicar el tiempo y esfuerzo que necesitas para dominar una habilidad en particular.

Por eso podría ser una buena idea para ti incentivarte. Ferriss sugiere lo que más a menudo se llama un "dispositivo de compromiso." Un buen ejemplo de esto sería darle a tu pareja el control de tu tarjeta de crédito para una despilfarro total en caso de que no logres tu objetivo en un periodo de tiempo determinado. Quieres poder sentir la decepción de no alcanzar cierta meta, y a veces, perder dinero puede ser un buen incentivo para que lo intentes más. Realmente es tan simple como eso. Quieres añadir un poco de presión y calor a tu experiencia de aprendizaje para que no te tientes a perder el impulso.

Capítulo 3: Mezclando las cosas con la práctica entrelazada

Los esfuerzos de aprendizaje enfocados son siempre excelentes para muchas personas que quieren ver resultados inmediatos y sentir gratificación instantánea. Aunque esto pueda parecer como si estudiar enfocadamente fuera una gran manera de acelerar el proceso de aprendizaje, resulta que podría no ser necesariamente el caso. Para la mayoría de habilidades, disciplinas y oficios, rara vez va a ser un caso unidimensional. Siempre va a haber capas adicionales para dominar una nueva forma de arte o disciplina. Por ejemplo, aprender geometría no es solo sobre memorizar nombres de formas y figuras. También se trata de aprender fórmulas y aplicaciones matemáticas. Cuando estás aprendiendo sobre el mercado de valores, tienes que familiarizarte con los perfiles e historias de las acciones de las empresas. También debes estar familiarizado con la teoría y aplicación del mercado de valores. También debes aprender sobre proyecciones, alfabetización financiera, tendencias del mercado y otras cuestiones técnicas. El dominio nunca va a ser un asunto unidimensional. Hay varias habilidades y aspectos para dominar una disciplina que deben ser tomados en consideración. Aunque puede ser tentador abordarlo un aspecto a la vez, hay investigaciones que sugieren que sería más efectivo aprender varias habilidades a la vez.

Intuitivamente, podrías pensar que enfocar toda tu energía y atención en una sola habilidad o disciplina va a ser la forma más eficiente y efectiva de desarrollar competencia y maestría. Cuando estás en la escuela, hay un período específico dedicado a Matemáticas, Ciencias, Arte, Música, Inglés, Educación Física, y así sucesivamente. Para cada materia o disciplina específica, van a centrarse en un solo concepto particular dentro de un tiempo especificado. Una vez que ese tiempo ha terminado, los estudiantes pasan a otra clase donde tendrán que enfocar toda su atención en otro concepto y tema individual.

Este tipo de aprendizaje suele ser referido como el "método de bloques" de aprendizaje. Puede tener sentido para mucha gente considerando que es una práctica estándar en arquetipos educativos tradicionales. Sin embargo, hay razones para creer que averiguar cómo espaciar adecuadamente las sesiones de aprendizaje diversificando los materiales y temas de aprendizaje para cada sesión podría resultar ser un método más efectivo de aprendizaje en su totalidad. Esto es a menudo lo que se conoce como "aprendizaje espaciado," y está ganando gran popularidad en varios círculos educativos.

El aprendizaje espaciado es básicamente el retorno constante a un tema particular a intervalos establecidos a lo largo de unas semanas (o meses, dependiendo de la profundidad de lo que estás estudiando). Funciona en contraste con simplemente estudiar un tema en particular durante un período prolongado antes de pasar a otro tema. Este método de distribuir sesiones de aprendizaje y dominio puede parecer muy complejo y agitado considerando que tendrás que estar equilibrando tantas cosas a la vez. Pero hay una forma de hacer este método más eficiente y efectivo que los métodos tradicionales de aprendizaje y estudio.

El proceso de poder espaciar eficientemente tu aprendizaje se llama práctica intercalada, y esa es precisamente la pedagogía de aprendizaje que servirá como el tema central de este capítulo. Cuando puedes intercalar eficientemente diversas disciplinas y prácticas en una sola sesión de estudio, estás cubriendo mucho más terreno en poco tiempo.

Según Benedict Carey, autor del éxito de ventas "Cómo aprendemos: la sorprendente verdad sobre cuándo, dónde y por qué sucede", el enfoque más inteligente para el aprendizaje acelerado sería abordar múltiples facetas de una disciplina específica a la vez (Carey, 2014). Cuando te centras en un aspecto particular del aprendizaje, puede ser fácil hacer un seguimiento de tu progreso en un corto período de tiempo. Por ejemplo, si estás aprendiendo a tocar la guitarra, puede ser muy fácil sentir que estás progresando mucho cuando solo te enfocas en memorizar los acordes. Sin embargo, con este método de aprendizaje, también estás descuidando otros aspectos esenciales de cómo tocar la guitarra, como escalas, patrones de rasgueo, tonos, y más. Puedes dominar un aspecto de tocar la guitarra, pero estás lejos de dominar el instrumento musical en su totalidad. Carey sugiere que sería mucho mejor equilibrar el aprendizaje de diversas habilidades dentro de una sola práctica o sesión de aprendizaje. Aunque el progreso pueda parecer más lento a corto plazo, ofrece un enfoque más holístico del aprendizaje que daría sus frutos a largo plazo. Una comprensión más integral de una teoría o disciplina en particular siempre sería un enfoque mucho más eficiente para el aprendizaje que centrar tus esfuerzos en un aspecto a la vez.

Otro gran ejemplo sería el arte de dominar las artes marciales mixtas o MMA. Esta forma de lucha o entrenamiento atlético incorpora diversas formas de artes marciales y acondicionamiento físico. Vas a querer desarrollar habilidades básicas en golpear y luchar, al mismo tiempo asegurándote de que tienes la fuerza, resistencia, coordinación, velocidad y resistencia que podrías necesitar para tener éxito en el deporte. Durante tus sesiones de entrenamiento o práctica, en lugar de enfocarte en solo un aspecto de MMA por sesión, podría ser buena idea tocar varios aspectos de ello. Podrías sentir que estás progresando de manera sustancial dentro de una sola sesión si dedicas toda la sesión de práctica a tus habilidades de golpear, o podrías sentir mejoras dramáticas después de solo un par de sesiones practicando tus técnicas de golpear. Sin embargo, no estás tomando en consideración el hecho de que estás descuidando todos los demás aspectos de las artes marciales mixtas que son fundamentales para tu éxito. Según la teoría de Carey, sería mucho mejor integrar golpear, entrenamiento cardiovascular, entrenamiento de fuerza y lucha en una sola sesión. Es posible que no veas una mejora instantánea en ninguno de estos aspectos, y el progreso podría sentirse lento, pero en última instancia, estás haciendo mucho más progreso hacia el objetivo mayor. Este método de práctica y aprendizaje se trata más de hacer progresos dentro de un esquema más grande en un corto período de tiempo.

Este método de aprendizaje también refuerza la idea de que el agente humano es capaz de manejar varias habilidades y disciplinas en cualquier momento dado. La capacidad humana de aprendizaje funciona mejor cuando se prueba y se empuja constantemente a sus límites. Pero nuevamente, ¿cómo sabes cuándo estás practicando el entrelazado de manera correcta? ¿Cómo determinas si estás siendo ineficiente con tu práctica o no? Estas son preguntas perfectamente válidas para hacer. De hecho, hay una forma adecuada y eficiente de llevar a cabo la práctica entrelazada. Simplemente asegúrate de recordar estos 4 principios principales:

Asegúrate de que las habilidades y

disciplinas que entrelaces estén relacionadas.

A primera vista, la práctica entrelazada sólo va a parecer caótica porque la idea de incorporar diferentes temas o disciplinas en una sola sesión de estudio suena completamente abrumadora. Sin embargo, el verdadero propósito de la práctica entrelazada no es que intentes meter temas e ideas aleatorios en una sola sesión de aprendizaje y práctica. Siempre tienes que asegurarte de que tus habilidades y disciplinas entrelazadas estén relacionadas entre sí. Por ejemplo, no vas a querer fusionar el estudio de la teoría musical y la práctica del baloncesto en una sola sesión de práctica. Eso simplemente no tendría sentido. Sin embargo, sería mucho más fácil manejar ese "caos" si incorporas armonía, historia de la música, escalas musicales y ritmo en una sola sesión de práctica. Todos estos temas e ideas están interrelacionados, y hay una forma de conectar todos ellos bajo un gran paraguas de aprendizaje.

La práctica entrelazada solo puede parecer desordenada y desorganizada cuando no estás haciéndola de la manera correcta. Sin embargo, si encuentras una manera de relacionar todas las disciplinas entrelazadas que estás incorporando en tu práctica, entonces todo empezará a tener más sentido. Es como tocar múltiples notas al unísono para producir una hermosa armonía.

Estudiar de manera no lineal

Espontaneidad, dinamismo y aleatoriedad organizada, esa es la esencia misma de la práctica entrelazada. Vas a querer deshacerte de un estilo lineal de aprendizaje. No siempre tienes que empezar en el punto A antes de poder llegar al punto B. No siempre tienes que completar cada tarea en el punto C antes de poder comenzar tu viaje hacia el punto D. Con la práctica entrelazada, estás malabareando múltiples habilidades y disciplinas a la vez. Estás en camino al punto B incluso aunque no hayas terminado necesariamente con el punto A. Ya estás avanzando hacia el punto D aunque aún no hayas tocado el punto C. La práctica entrelazada libera tu horario de aprendizaje al permitirte trabajar en diferentes cosas a la vez.

Sin embargo, todavía hay cierto sentido de orden y organización detrás de todo este supuesto caos. Quieres asegurarte de seguir activamente todo el progreso que estás haciendo en varios campos. Idealmente, querrás tener un enfoque holístico hacia el autodesarrollo. Esto significa que, si bien sería ideal que sobresalgas en uno o dos campos diferentes, nunca querrás comprometer o descuidar las otras disciplinas en tu práctica. Se trata de equilibrio. Sí, es posible que seas más competente en un aspecto de tu práctica que en otros, pero tanto como sea posible, querrás asegurarte de desarrollar un sentido de maestría y competencia en todos los aspectos de tu práctica.

Incorpora otras estrategias de aprendizaje en tu práctica entrelazada.

No tengas miedo de incorporar muchas de las otras metodologías de aprendizaje acelerado que leerás en este libro en tu práctica intercalada. Por ejemplo, es posible que desees hacer uso de los binaural beats para enfoque mientras te dedicas a tus sesiones de estudio de práctica intercalada. Es posible que aún no sepas qué son los binaural beats, pero lo harás, siempre y cuando continúes leyendo este libro. El aprendizaje transformador implica ser capaz de desechar los métodos tradicionales de aprendizaje para dar paso a tácticas de aprendizaje revolucionarias. Nunca deberías tener miedo de ser creativo e incorporar prácticas que sirvan mejor a tus hábitos de estudio personales.

La práctica intercalada simplemente sirve como un principio general orientador que puedes seguir a lo largo de tu proceso de aprendizaje. Eso no significa que sea una práctica completamente inflexible que no permita la incorporación de otras técnicas y metodologías de aprendizaje. Puedes querer hacer uso de tarjetas de memoria o dispositivos mnemotécnicos. Estas también son metodologías de aprendizaje acelerado sobre las cuales eventualmente leerás a medida que avances en este libro. En última instancia, hay posibilidades ilimitadas de cambios y adiciones que puedes hacer a la filosofía de aprendizaje de la práctica intercalada. Simplemente debes ser creativo. Piensa fuera de la caja.

No te rindas por la falta de gratificación instantánea.

Uno de los aspectos más desalentadores de la práctica intercalada es que no produce resultados dramáticos de inmediato. Puede ser muy descorazonador para el aprendiz sentir que no se ha avanzado mucho a pesar de manejar múltiples temas e ideas dentro de una sola sesión de aprendizaje cada vez. Es prácticamente una sobrecarga de información durante cada práctica, y la cantidad de esfuerzo y enfoque requeridos para estar completamente comprometido todo el tiempo puede ser abrumadora. Sería más fácil soportar la carga de trabajo si se ven, sienten o experimentan los resultados. Sin embargo, los resultados no siempre llegarán de inmediato. Por eso, puede ser increíblemente tentador renunciar justo al principio.

Pero ese es el tipo de mentalidad que debes desechar si estás comprometido con la práctica entrelazada. Los resultados que buscas no van a ser inmediatos. Sin embargo, tienes que recordarte a ti mismo que no estás jugando a corto plazo aquí. Estás estudiando para el largo plazo. Simplemente debes ser capaz de confiar en el proceso y creer que cada esfuerzo que pongas en tu práctica hoy va a dar sus frutos a largo plazo.

Capítulo 4: Método PACER

Joe McCullough, autor de Aprendizaje Acelerado para Estudiantes: Aprende Más en Menos Tiempo, es un aficionado del Aprendizaje Acelerado cuyas obras han sido utilizadas y seguidas por estudiantes y buscadores de conocimiento en todo el mundo. Aparte de ser un autor publicado, también lleva un blog dedicado a técnicas y metodologías de aprendizaje. En uno de sus posts más populares, destaca el método PACER que desarrolló él mismo. Él afirma que el método PACER es uno que puede ser seguido por cualquiera para cualquier objetivo de aprendizaje y dominio (McCullough, 2013). El método está dividido en realidad en 5 pasos diferentes, los cuales conforman el acrónimo PACER. Aquí están todos los pasos específicos del método PACER:

Prepara tu estado de aprendizaje

Según McCullough, lo primero que debes hacer cuando comienzas a aprender una nueva habilidad o a dominar una nueva forma de arte, es muy importante que primero te prepares mental, emocional y físicamente. Siempre debes asegurarte de colocarte en un estado mental positivo. Necesitas motivarte intrínsecamente, y puede ser muy difícil acceder a esa motivación cuando hay demasiados bloqueos negativos que te impiden hacerlo. Es absolutamente esencial que estés completamente comprometido, concentrado y enfocado en todo lo que tendrás que hacer. A veces dicen que la parte más difícil es encontrar la motivación para empezar. Pero lo que no te dicen es que también debes empezar las cosas de la manera correcta.

Si te embarcas en un nuevo proyecto de aprendizaje con una nota negativa, entonces básicamente te estás predisponiendo al fracaso. ¿No quieres dispararte en el pie justo al empezar, verdad? Un aspecto crucial para encontrar éxito en el aprendizaje es cultivar un ambiente que te prepare para el éxito, pero no mucha gente se da cuenta de que también es igual de importante establecer un estado interno de mente y ser que optimice todo el proceso de aprendizaje en su conjunto. Quieres asegurarte de tener una mentalidad segura, positiva, ingeniosa y abierta antes de embarcarte en tu viaje de aprendizaje.

Adquiere las habilidades y el conocimiento

Una vez que estés en un estado óptimo para aprender, ahora debes adquirir las habilidades y conocimientos necesarios para dominar cualquier disciplina en la que estés interesado. Todo comienza con que primero te enfrentes a lo que es la imagen completa. Primero debes ser capaz de entender el tema completo para poder obtener una comprensión integral de en qué te estás metiendo. Una vez que obtengas una buena comprensión general de un tema, esencialmente le estás dando a tu cerebro una visión del viaje completo en el que está a punto de embarcarse. Es posible que aún no tengas todos los detalles, pero sabes dónde comenzar, a dónde necesitas ir y qué necesitas hacer para llegar allí. Una vez que seas capaz de entender y comprender todas estas cosas, entonces estarás en mejor posición para determinar el mejor enfoque para lograr tus objetivos. Ahora podrás determinar qué estilo de aprendizaje y comunicación te convendría más para la tarea en cuestión.

Los hallazgos en el campo de la Programación Neurolingüística, o PNL, han identificado tres estilos de aprendizaje particulares: visual, auditivo y kinestésico. Es importante tener en cuenta que todos son capaces de aprender y absorber información utilizando los tres estilos. Sin embargo, algunas personas son mejores procesando nueva información y conceptos no familiares con uno o dos estilos particulares. Si comprendes cuál es tu estilo de aprendizaje preferido, querrás confiar en él y realmente adoptar ese método cuando se trata de aprender. Es entonces cuando comienzas a absorber realmente todos los detalles minuciosos que necesitas para adquirir competencia y maestría en la disciplina que estás perfeccionando.

Cementa tu aprendizaje

Una vez que hayas absorbido con éxito toda esta nueva información, es absolutamente esencial que puedas cementar todos estos datos en tu memoria a largo plazo. No tiene sentido dedicar tiempo y energía a aprender todos estos nuevos conceptos solo para olvidarlos más adelante. Sería una pérdida total de tiempo y esfuerzo de tu parte si no logras arraigar permanentemente estas lecciones en tu mente. Por eso, la tercera fase del método PACER es para que cementes tu aprendizaje. Quieres asegurarte de que las lecciones que estás absorbiendo se almacenen en el disco duro interno de tu mente.

Puedes retener mejor tu memoria de estas lecciones y conceptos poniéndolos en práctica de manera práctica. Según McCullough, existen investigaciones que respaldan la idea de que las personas pueden recordar mejor los conceptos si son capaces de aplicarlos a la vida cotidiana. Por ejemplo, si te has propuesto aprender más sobre diseño de interiores, tal vez puedas llevar todos los conceptos teóricos que estás aprendiendo y aplicarlos en tu vida diaria. Dedica un tiempo a aplicar cambios de diseño en tu trabajo o espacios de vida. Si estás aprendiendo teoría musical y actualmente estás estudiando el tema de las escalas, entonces toma un instrumento musical y comienza a practicar esas escalas. Ser capaz de poner estos conceptos en uso práctico te ayudará a memorizarlos a largo plazo.

Examinar y abrazar

Esta fase del método PACER puede estar tomando una página del estilo tradicional de educación formal, pero es importante que puedas evaluarte a ti mismo y medir tu progreso hasta ahora. Esto significa que, además de simplemente poner en práctica lo que has aprendido, vas a querer medir hasta qué punto has avanzado en términos de tu proceso de aprendizaje. El objetivo de esta fase en particular es que te obligues a recordar y recapitular todo lo que has aprendido hasta el momento. Además de eso, también querrás ver si te has perdido algo o si hay lagunas en tu conocimiento. Quieres asegurarte de haber establecido una estructura y una base para tu aprendizaje, pero también quieres asegurarte de que no haya grietas que hayas pasado por alto.

Una vez que te sientas satisfecho con lo que has aprendido hasta ahora, es el momento de aplicarlo todo y hacer uso de ello. Si has estado aprendiendo a tocar el piano, tal vez puedas intentar audicionar para una banda o dar un espectáculo privado para tus amigos. Si has estado dominando el arte de la arquitectura, quizás puedas intentar solicitar un trabajo o una pasantía en una firma de arquitectura. Aprovecha todo el conocimiento que has adquirido y aplícalo a tu vida de manera significativa.

Revisar, modificar y recompensar

Este es ahora el último paso del método PACER: Revisión, Revisión y Recompensa. Debes repasar todo el proceso de aprendizaje en su conjunto y analizar cuán bien (o mal) podría haber funcionado para ti. Al participar en estos métodos de autoevaluación y reflexión, también estás desarrollando tu comprensión del aprendizaje, el crecimiento y el desarrollo. Como probablemente ya habrás descubierto hasta ahora, el aprendizaje no va a ser necesariamente un proceso lineal. Va a requerir mucho análisis, revisión y reagrupación también. No estás avanzando constantemente. Por eso es importante que seas capaz de mirar hacia atrás y detectar cualquier área potencial de mejora mientras sigues aprendiendo en el futuro.

Además, quieres poder celebrar y recompensarte hasta cierto punto. Te fijaste una meta para ti mismo y la lograste. Te comprometiste con una tarea en particular y la llevaste hasta el final. Esto es algo de lo que definitivamente debes estar orgulloso, y no debes tener miedo de celebrarlo.

Capítulo 5: Mapa Mental

El proceso de creación de mapas mentales no es necesariamente uno nuevo. Es una herramienta muy efectiva para organizar los pensamientos de uno de manera que se pueda crear un camino limpio, ordenado y estructurado hacia el aprendizaje. La mente humana tiende a ser muy desordenada, espontánea y caótica la mayor parte del tiempo. Esto puede hacer que el proceso de aprendizaje sea muy difícil, ya que el cerebro solo puede dedicar tanta energía a ideas y conceptos específicos.

En una popular charla de TEDx realizada por Hazel Wagner, Ph.D. en noviembre de 2017, presentó un caso a favor del mapeo mental como una herramienta muy efectiva para el aprendizaje acelerado. La charla completa de TEDxNaperville está disponible para ver en YouTube y ha recibido casi 900,000 visitas hasta la fecha de esta escritura. Wagner ha sido una aprendiz toda su vida y tiene más de 4 títulos, incluyendo un Ph.D. en Matemáticas. En el video, afirma que el mapeo mental la ha ayudado en tareas que requieren comprensión, memorización y retención. Se especializa en la teoría del mapeo mental, y se ha comprometido a enseñar a otros cómo puede ayudar en la mejora de la memoria, la planificación, el estudio y más.

Ella dice que el mapa mental es un método en el cual una persona toma notas mientras refuerza su memoria. Todo el método está diseñado de manera que fomente la función cerebral saludable y el rendimiento cognitivo en lugar de frenarlo. Afirma que el método estándar de tomar notas es contraproducente para el aprendizaje porque es básicamente equivalente a transcribir. Tomar notas nunca es un método efectivo de aprendizaje porque quita el análisis, la comprensión y la absorción eventual de un tema. Las facultades mentales requeridas para participar en la toma de notas quitarían la capacidad de uno de analizar y aprender de manera más efectiva.

El mapeo mental, dice Wagner, es una forma más participativa de tomar notas porque recluta varias partes del cerebro que requieren análisis, absorción y retención. Wagner afirma que el cerebro no almacena párrafos o frases enteras, por lo que sería inútil tomar notas de párrafos y frases completas. En cambio, postula que el cerebro almacena ideas, imágenes y conexiones entre principios, conceptos y lecciones.

No es solo Wagner quien se está desempeñando como un importante defensor del mapeo mental como una herramienta efectiva para el aprendizaje y la adquisición de conocimientos. Los defensores del mapeo mental dicen que cuando te involucras en el proceso de desglosar ideas grandes en conceptos más simples y pequeños para que estudies y analices, se vuelve más fácil para el cerebro entender y retener toda esa información. Para maximizar completamente los efectos del mapeo mental para el aprendizaje acelerado, es posible que desees considerar seguir estos pasos (dependiendo de lo que estés estudiando y cuáles sean tus objetivos, es posible que puedas saltarte uno o más de estos pasos):

Enfócate en el Tema Central Principal

En primer lugar, vas a querer comenzar tu mapa mental con el tema central de lo que quieres estudiar. Tu mapa mental no puede estar compuesto de diferentes conceptos y temas desde el principio. Cada idea que vayas a estudiar y dominar tiene que surgir de una idea principal, y eso es lo que debe servir como el tema central de tu mapa mental. Todo tiene que poder conectarse con lo que va a ser tu tema central. Es la base de tu casa. Es el tronco de tu árbol. Es el lienzo en blanco en el que vas a estar pintando tu obra maestra del mapa mental.

Una vez que puedas establecer cuál es el tema central de tu mapa mental, pasa a los temas secundarios. Asegúrate de que todos tus temas secundarios tengan enlaces directos a los temas centrales. Una vez que sientas que has completado los temas secundarios, pasa a los temas terciarios, y así sucesivamente. Continúa este proceso hasta que sientas que has cubierto todas las bases. Asegúrate de que todas las conexiones y enlaces estén en el lugar correcto antes de pasar a la siguiente fase del mapeo mental.

Sintetizar Todos los Datos

Tu mapa mental todavía podría ser un poco torpe y desordenado en este punto, pero eso está bien. Eso es algo que se espera y es perfectamente normal. Es durante este paso en el que se va a llevar a cabo toda la limpieza de esos datos. Echa un vistazo detenido a tu mapa mental, e intenta evaluar qué ideas son importantes y cuáles no lo son. Intenta tocar cada idea, y si sientes que te está alejando del tema central del mapa mental, entonces simplemente abandónala por completo y pasa a otra. Si sientes que una idea en particular te está ayudando a alcanzar tus objetivos, entonces trata de extraer tanto como puedas de ella. Investiga, y lee todo lo que consideres importante. Aquí es donde descartas todo lo que podría no tener valor y te enfocas en las cosas que sí lo tienen.

Hacer uso de ayudas visuales e imágenes

Para ayudar a retener toda esta información, intenta hacer uso de ayudas visuales e imágenes. No es suficiente con llenar tu mapa mental de palabras y párrafos largos. Para reforzar aún más el mensaje, querrás incorporar ayudas visuales u otras formas de pistas sensoriales que te ayuden a identificar un concepto o una idea de manera más efectiva.

Crear presentaciones visuales

Una vez que sientas que ya tienes un borrador de tu mapa mental, entonces podría ser mejor para ti formalizar todo lo que has aprendido en una presentación visual organizada que podrías mostrar a tus compañeros y colegas. Hay dos razones para este paso en particular: en primer lugar, te obligaría a ver realmente cuánta información has adquirido a lo largo de tus estudios. Y en segundo lugar, tu capacidad para comunicar estas ideas y lecciones a otras personas en forma visual mediría qué tan bien entiendes un tema o disciplina en particular. Cuando crees tu presentación visual, recuerda tener en cuenta lo siguiente:

- Resuma todo el proceso de aprendizaje.
- Siempre basa tus aprendizajes en información precisa.
- Desarrolla tus propios pensamientos e ideas sobre los materiales de aprendizaje que utilizaste.

Recopila comentarios de otros

Por último, es posible que desees considerar recopilar comentarios de otras personas. Un aspecto clave de aprender cualquier cosa en la vida es saber que no siempre vas a poder ver las cosas desde todas las perspectivas. No siempre vas a tener la respuesta. Por eso siempre habrá un valor inherente en buscar la perspectiva y los pensamientos de otras personas. No tengas miedo de presentar tu mapa mental a alguien a quien pudieras considerar tu superior o mentor en el campo. Una vez que seas lo suficientemente abierto y humilde como para poder recibir retroalimentación externa, estarás mejorando aún más tu capacidad para aprender y asimilar nueva información que podría ser valiosa para ti en el futuro.

Capítulo 6: Dispositivos Mnemotécnicos

Hay ciertas cosas que son más fáciles de recordar desde el fondo de tu mente que otras. Por ejemplo, es fácil recordar un comentario negativo que hizo hace varias semanas un superior en el trabajo sobre tu rendimiento en la oficina. Pero al mismo tiempo, vas a tener dificultades para hacer un seguimiento de todos los detalles importantes que se discutieron en la reunión de la oficina esta mañana. ¿Por qué es eso así? ¿Por qué una memoria es tan vívida mientras que la otra no lo es? Esto no es realmente una ocurrencia rara en las personas. De hecho, sucede a menudo y hay una razón para ello. La verdad irónica de todo esto es que es mucho más difícil recordar las cosas que quieres recordar sobre recuerdos aleatorios en tu cerebro que simplemente no puedes eliminar. Probablemente te has encontrado en apuros en medio de una reunión tratando de recordar una pieza de información valiosa que ayudaría a tu presentación. Sin embargo, luego no tienes problemas para recitar líneas de un poema que leíste cuando estabas en la escuela primaria. Todo esto está sucediendo por diseño, y no hay nada de aleatorio en absoluto. Hay una razón muy específica por la que puedes recordar ciertas cosas y por qué olvidas otras.

Aquí es precisamente donde entran en juego las mnemotécnicas, y este capítulo se va a dedicar al arte de utilizar dispositivos mnemotécnicos para ayudar a mejorar la memoria y retención de conocimientos. En pocas palabras, un dispositivo mnemotécnico es básicamente cualquier palabra, imagen, frase o sonido que puedas atribuir a una idea en particular. Todo el sistema mnemotécnico se basa en el principio de que atribuyas un detalle complejo y difícil de recordar a un concepto familiar que sea más fácil de comprender. Un dispositivo mnemotécnico muy popular que se utiliza ampliamente hoy en día está diseñado para enseñar a los niños el orden correcto de los planetas en el Sistema Solar:

Mi Muy Excelente Madre Acaba De Servirnos Nueve Pizzas

Si tomas la primera letra de cada palabra en esa oración muy distintiva y fácil de recordar, entonces podrías recordar fácilmente el orden correcto de los planetas en el Sistema Solar:

Mercurio, Venus, Tierra, Marte, Júpiter, Saturno, Urano, Neptuno y Plutón

De acuerdo, dicen que Plutón ya no es realmente un planeta, pero captas el punto del dispositivo mnemotécnico. Esta frase mnemotécnica se considera un mnemónico acróstico en el que se utilizan las primeras letras de las palabras para representar las pistas de lo que estás tratando de recordar. Sin embargo, no todos los dispositivos mnemotécnicos están diseñados de esta manera. Por ejemplo, al enseñar a los niños pequeños a escribir por primera vez, este dispositivo mnemotécnico se utiliza a menudo para diferenciar entre la minúscula "b" y la "d" mientras se escribe:

"B" significa brillante, así que coloca el círculo a la derecha.

Este dispositivo mnemotécnico, en particular, incorpora el uso de rima e imaginería visual para ayudar a enfatizar el punto. También hay otras imágenes visuales que las personas pueden imaginar en sus mentes que pueden ser utilizadas como dispositivos mnemotécnicos. Por ejemplo, al tratar de recordar cómo deletrear correctamente la palabra "necesario", uno solo tiene que recordar la imagen de una camisa. En una camisa regular, solo hay un cuello y dos mangas. En la palabra "necesario", solo hay una "C" y dos letras "S".

Los dispositivos mnemotécnicos pueden ser útiles cuando intentas aprender términos muy técnicos que quizás no uses a diario todavía. También ayuda si eres capaz de establecer una conexión entre el dispositivo mnemotécnico y la información que estás tratando de recordar en tu mente. Un buen ejemplo sería si estuvieras estudiando religión y tuvieras que recordar los primeros cinco libros del Antiguo Testamento. El dispositivo mnemotécnico resaltado en este ejemplo va a establecer una conexión entre sí mismo y los temas del tema que estás intentando aprender.

Dios es Luz, no Tinieblas podría ayudarte a recordar que los primeros cinco libros del Antiguo Testamento son Génesis, Éxodo, Levítico, Números y Deuteronomio.

Una de las cosas geniales de los dispositivos mnemotécnicos es que no necesariamente tienes que ser creativo con ellos si no quieres. Si estás estudiando un campo académico relativamente común o popular, es probable que haya un dispositivo mnemotécnico que te ayude con tus estudios. Incluso una simple búsqueda en internet sería suficiente para ayudarte a encontrar algunos dispositivos mnemotécnicos geniales que puedes incorporar a tu rutina de estudio. Sin embargo, los mnemónicos son siempre más efectivos cuando tomas el tiempo de construirlos por tu cuenta. Aunque esta técnica quizás no te resulte natural al principio, es algo a lo que eventualmente podrás acostumbrarte.

Si tienes más inclinación por la música que la mayoría de las personas, también podría ser una buena idea usar canciones o música como dispositivo mnemotécnico. Podría ser más fácil atribuir o asociar ciertos términos e ideas complejas con canciones que ya te resulten familiares. Tal vez estudiar un tema complejo con una canción en particular de fondo te ayude a recordar esas ideas mejor simplemente recordando la canción con la que las has asociado. Por ejemplo, reemplazar palabras clave en la estructura lírica de una canción que conoces de memoria puede ayudar en la memorización.

Capítulo 7: El arte de la lectura rápida.

Los libros siempre van a jugar un papel constante en los medios de comunicación y en la academia. A pesar de la revolución tecnológica que ha llevado al uso de computadoras, tabletas y teléfonos, los libros todavía ocupan un lugar importante como fuente de información. Claro, siempre puedes hacer una rápida búsqueda en Google cuando quieras saber más sobre cierto tema. Puedes ver un corto video de YouTube para resumir los eventos que tuvieron lugar durante la Revolución Francesa o la Guerra Fría. Sin embargo, las personas siempre van a gravitar naturalmente hacia la lectura de libros para aprender tanto como puedan sobre un tema específico que despierte su interés.

Sin embargo, el problema con los libros es que pueden ser muy difíciles de leer de un solo tirón. ¿Alguna vez te has encontrado abriendo un libro y leyendo la misma oración una y otra vez durante cinco minutos seguidos? ¡No es una manera muy eficiente de estudiar, ¿verdad? Bueno, este es un problema común que muchas personas enfrentan, y no deberías sentirte mal al respecto. Este capítulo va a ayudarte a ti y a todos los que tienen problemas para leer de manera más efectiva. A medida que avanzas en este capítulo, aprenderás cómo acelerar el tiempo que te podría llevar leer un libro, y también te ayudará con técnicas comunes de retención que puedes usar para recordar lo que lees.

Hay un argumento a favor de la lectura rápida como la habilidad más importante que debes aprender y desarrollar si realmente quieres aprovechar al máximo tu potencial de aprendizaje. Cuanto mayor sea la velocidad con la que puedas absorber información, más eficiente serás con el tiempo y el esfuerzo que dedicas al aprendizaje. Según un informe sobre lectura rápida de la revista Forbes, estudios muestran que el adulto promedio lee alrededor de 300 palabras por minuto (Nelson, 2012). A ese ritmo, a las personas les tomaría aproximadamente entre 3 y 4 horas leer un libro de no ficción de longitud promedio. Si estás buscando leer uno o dos libros a la semana, esto podría resultar problemático ya que es muy difícil para un adulto trabajador en el mundo moderno encontrar tiempo adicional en el día para dedicar a la lectura. Aquí es exactamente donde entra en juego el arte de la lectura rápida.

Haciendo referencia a más trabajos de Tim Ferriss y su investigación sobre el aprendizaje y la productividad, él afirma que la técnica de lectura rápida puede aumentar la velocidad de lectura de una persona en hasta un 300% (2009). Él describe su técnica de lectura rápida en un módulo llamado El Proyecto PX, que se puede completar en un lapso de 3 horas y está diseñado para aumentar drásticamente la velocidad de lectura de una persona. En este capítulo se destacan las distintas fases del Proyecto PX y los pasos que debes seguir para mejorar tu velocidad de lectura personal.

Preparación

Lo primero que vas a necesitar para llevar a cabo este proyecto es un libro que nunca hayas leído antes. Idealmente, debería ser un libro de no ficción y tendría al menos 200 páginas. También deberías tener listo algún tipo de cronómetro o temporizador de cuenta regresiva.

Definiciones y Distinciones del Proceso de Lectura

Ahora que tienes las herramientas físicas necesarias para llevar a cabo el proyecto, es importante que primero te familiarices con las definiciones básicas y las distinciones que realmente conforman el proceso de lectura.

Minimizar la duración y el número de fijaciones por línea.

Contrariamente a la creencia popular, no necesariamente tienes que leer una oración de manera lineal tomando una palabra a la vez. De hecho, puedes leer de manera saltarina, saltando de un segmento de una línea a otro. Estos son llamados sacadas o movimientos sacádicos. Después de cada sacada que realizas, te detienes temporalmente y haces una captura mental de dónde se encuentran fijos tus ojos. Cada fijación estándar va a durar alrededor de 0.25-0.5 segundos. Con el fin de leer más rápido, vas a querer minimizar la duración y el número de fijaciones que tienes por línea.

Eliminar la regresión y volver a saltar.

Para los lectores no entrenados, la regresión y el retroceso son malos hábitos consistentes que ocurren mientras se lee. La regresión es el acto de releer conscientemente una sola línea o frase una y otra vez. El retroceso es la fijación errónea en lugares ya cubiertos en la página. No mucha gente se da cuenta de que esto realmente puede añadir tiempo a la lectura de una persona. De hecho, incluso puede llegar a ocupar hasta un 30% del tiempo total de lectura de una persona.

Aumentar la visión periférica horizontal y el número de palabras registradas por fijación

Para el lector no entrenado, es común emplear un enfoque central sin hacer uso de la visión periférica horizontal al leer. Esto puede dejar fuera hasta el 50% de las palabras dentro de una sola fijación.

Protocolo

Con el protocolo, se le informará sobre la técnica adecuada para la lectura, las aplicaciones adecuadas de estas técnicas a través del condicionamiento, y los métodos de prueba adecuados para medir su eficiencia y comprensión en la lectura.

Estas metas y facetas del protocolo son todas diferentes y necesitas enfocarte en cada una de ellas de forma individual. Si estás trabajando en la velocidad de tu lectura, entonces no deberías preocuparte por la comprensión. Para obtener los mejores resultados posibles, querrás practicar la lectura a alrededor de 3 veces la velocidad de tu velocidad de lectura objetivo. Por ejemplo, es posible que actualmente estés leyendo a 300 palabras por minuto y esperas aumentar tu velocidad a 800 palabras por minuto. Entonces eso significa que tendrás que practicar la lectura a una velocidad de 2400 palabras por minuto. Se discutirán dos técnicas principales en esta introducción:

- Marcadores y rastreadores, para abordar la

fijación prolongada, regresión y retroceso en la lectura.

- Ampliación perceptual, para abordar la fijación del enfoque central.

Determinar una línea de base

Para que puedas determinar tu velocidad actual de lectura, toma el libro que has preparado antes del inicio de este proyecto y cuenta el número total de palabras en 5 líneas y luego divídelo por 5. El cociente debe ser el número promedio de palabras por línea.

Entonces, si tienes 65 palabras después de 5 líneas de escritura, entonces tendrías que dividir 65 por 5. La respuesta que obtendrías es 13. Por lo tanto, tienes un promedio de 13 palabras por línea. Después de eso, cuenta el número total de líneas en 5 páginas, y luego divide el número total por 5 para obtener tu número promedio de líneas por página. Si hay 155 líneas después de 5 páginas, entonces tu número promedio de líneas por página sería 31. Después de eso, multiplica el número promedio de palabras por línea y el número promedio de líneas por página.

En este caso, tendrías que multiplicar 13 por 31. La respuesta que obtendrías es 403. Esa sería la cantidad promedio de palabras por página.

Una vez que hayas terminado con todos los cálculos, puedes comenzar a probar tu velocidad de lectura. Configura tu temporizador de cuenta regresiva por 1 minuto y procede a leer como lo harías normalmente. No leas rápido. Lee con comprensión adecuada. Después de un minuto, multiplica el número de líneas totales que has leído por el promedio de palabras por línea para determinar tu tasa de lectura base de palabras por minuto.

Rastreadores y Marcadores

Como se mencionó, los rastreadores y marcadores se utilizan para abordar los problemas que tienes con las fijaciones prolongadas, regresiones y saltos hacia atrás. La importancia del rastreador se va a enfatizar a medida que profundices en lo que puedes hacer para mejorar realmente tu velocidad de lectura. Piensa en cuando estabas contando el número de palabras y líneas en tu libro. ¿Utilizaste algún tipo de puntero como un dedo o un bolígrafo?

Si lo hiciste, entonces esa es esencialmente la explicación de por qué un rastreador es importante. Necesitas una ayuda visual para ayudar a determinar la precisión y eficiencia de tus patrones de fijación. Para que te puedas condicionar a leer más rápido, es importante que puedas deshacerte de las cosas que hacen que tu proceso de lectura sea ineficiente en su totalidad.

Para los propósitos de este ejercicio, debes usar un bolígrafo. Dibuja una línea invisible debajo mientras lees cada línea manteniendo el punto de tu fijación justo en la parte superior del bolígrafo. Este punto dinámico actúa como tu rastreador y corrector para ayudarte a mantener una velocidad constante mientras lees.

Primero, querrás trabajar en la técnica. Para la fase de seguimiento, debes deshacerte de la necesidad de comprender lo que estás leyendo. Lo importante es que tu fijación pueda moverse sin problemas a través de la línea en no más de un segundo. Utiliza el bolígrafo como tu rastreador y tu guía mientras lees cada línea. Nuevamente, asegúrate de que cada línea no tome más de un segundo en leer. Haz esto durante aproximadamente 2 minutos seguidos.

A continuación, vas a querer aumentar un poco el ritmo. Realiza la misma tarea de seguimiento como se explicó anteriormente sin prestar atención a la comprensión. Concéntrate completamente en la velocidad. Excepto que ahora, debes leer la línea completa en menos de medio segundo. Así es. Medio segundo. Y vas a querer hacerlo durante toda la duración de 3 minutos. Realmente céntrate en el ejercicio en cuestión y no te detengas hasta que suene la alarma.

Expansión perceptual

Ahora es el momento de trabajar en tu expansión perceptual. Intenta mirar al centro de tu pantalla de computadora o de tu teléfono. Concéntrate en el centro exacto de la pantalla. Si estás enfocando en el área correcta, aún podrás percibir y registrar los lados de la pantalla. Esto se llama tu visión periférica, y muchas veces, la visión periférica se pasa por alto al leer. Si realmente quieres aumentar tu velocidad de lectura, tendrás que maximizar tu visión periférica en tu técnica de lectura también.

Nuevamente, para que puedas entrenar esta habilidad adecuadamente, es posible que quieras contratar los servicios de un bolígrafo como rastreador.

Para la fase de técnica de esta habilidad, vas a querer usar un bolígrafo para marcar el ritmo de tu lectura a no menos de una línea por segundo. Comienza leyendo una palabra desde la primera palabra de cada línea, y termina una palabra después de la última palabra de cada línea. Nuevamente, en esta fase, querrás omitir la comprensión. Ese no es el punto del ejercicio en este momento. Asegúrate de no exceder la duración de un segundo por cada línea. Haz esto durante un minuto seguido.

Para la segunda parte de la fase técnica, haz lo mismo que en la parte anterior, excepto que aumenta el número de palabras. Entonces, en lugar de comenzar con una palabra adentro y terminar con una palabra afuera, querrás hacerlo con dos palabras. Sin embargo, es importante que aún mantengas una velocidad de lectura de no más de una línea por segundo. Haz esto durante un minuto seguido.

Para la fase de velocidad de esta habilidad, ahora querrás comenzar 3 palabras adentro de cada línea y terminar 3 palabras afuera de cada línea. Repite la misma técnica sin exceder más de 0.5 segundos por línea. Haz esto durante 3 minutos seguidos.

Es probable que no vayas a comprender nada durante toda esta fase de la práctica. Sin embargo, en realidad no es el punto de este ejercicio por ahora. Simplemente estás trabajando en tu técnica y tu velocidad. La comprensión llegará una vez que logres ganar destreza en tu técnica. Asegúrate de mantenerte siempre concentrado en lo que estás leyendo y no permitas que tu mente divague.

Calcula tu nueva velocidad de lectura (PPM)

Ahora, es hora de calcular tu nueva velocidad de lectura y ver cómo has progresado hasta ahora. Como hiciste al principio de este ejercicio, configura tu temporizador por un minuto y comienza a leer a tu velocidad de comprensión más rápida. Al final del minuto, multiplica el número de líneas que leíste por lo que previamente determinaste como tu promedio de palabras por línea. El producto de esto va a ser tu nueva velocidad de lectura o palabras por minuto.

Aplicación

Si has sido disciplinado y comprometido en tu práctica de lectura rápida, entonces habrás desarrollado habilidad para ello. Si practicas lo suficiente para lograr triplicar tu velocidad de lectura, entonces ahora es el momento para aplicar tu nueva habilidad en tus hábitos de estudio. Sin embargo, ¿hay una forma correcta de hacerlo?

Bueno, sí. Tu lógica podría sugerir que dado que ahora eres capaz de leer tres veces más rápido de lo que solías ser capaz, eso significa que serías capaz de leer tres capítulos enteros en la misma duración que solía tomar leer solo un capítulo. Sin embargo, este enfoque no sería realmente bueno para el aprendizaje y la retención. Digamos que solías tardar una hora en leer un capítulo. Ahora que tu velocidad de lectura ha mejorado, no deberías intentar encajar tres capítulos enteros en esa una hora. Lo que quieres hacer es leer ese mismo capítulo tres veces. Este tipo de repetición va a ayudar con la retención y memorización.

Capítulo 8: Aprendizaje acelerado a través de la toma de apuntes efectiva

Tu cerebro solo puede absorber tanta información en un corto período de tiempo, y por eso es casi un proceso instintivo para las personas tomar notas durante una sesión de aprendizaje. Puedes ver por ti mismo cada vez que observas a estudiantes en salones de clase o trabajadores de oficina en reuniones de empresa. Sin embargo, no muchas personas se dan cuenta de que la forma en que toman sus notas es muy ineficiente y en realidad contraproducente para un aprendizaje rápido. Eso no significa que tomar notas en sí mismo sea una técnica de aprendizaje defectuosa. Simplemente, hay maneras adecuadas de hacerlo para promover un aprendizaje y absorción de conocimientos optimizados. Eso es exactamente lo que este capítulo intentará resaltar. Vas a contar con un sistema adecuado de toma de notas que te ayudará a crecer y desarrollar tu conocimiento.

Antes de centrarnos en las cosas que necesitas hacer para optimizar el proceso de toma de notas, podría ser bueno que seas consciente de las cosas que estás haciendo mal. Una gran mayoría de personas que se dedican a tomar notas cometen el error de simplemente escribir notas puramente con la razón de poner palabras en papel. La mayoría de las veces, las personas lo hacen para tener una referencia a la que volver en el futuro cuando están estudiando. Sin embargo, esta es una forma completamente incorrecta de tomar notas. En primer lugar, es prácticamente imposible anotar todo textualmente lo que un profesor o un jefe pueda estar dictando en una clase o en una reunión. Es probable que estés escuchando una conferencia de 2 horas o una reunión de 30 minutos. No hay forma de que puedas escribir todo. Además, con este método de toma de notas, no estás invirtiendo activamente en el material que estás escribiendo. Simplemente estás poniendo el bolígrafo en el papel. El proceso es en su mayoría mecánico y es casi una actividad completamente automática. Realmente no tienes la oportunidad de analizar las ideas que estás escribiendo y no logras implantarlas en tu mente.

La forma más efectiva de tomar apuntes sería mantener siempre un cerebro pensante. No todo puede ser garabatos sin sentido de palabras aleatorias en una hoja en blanco. No eres un transcriptor. Eres un aprendiz. Mientras prestas atención a una fuente de información como un audiolibro, un video educativo, una conferencia o algo por el estilo, querrás prestar atención a los conceptos de alto nivel dentro de ese material fuente que sientas que realmente te ayudarán como aprendiz. Está bien que descartes casualmente los detalles que puedan no ser importantes para tu proceso de aprendizaje. Aquí hay cinco métodos eficientes y efectivos de tomar apuntes recomendados por el sitio web 'Oxford Learning' ("Cómo Tomar Apuntes de Estudio: 5 Métodos Efectivos de Tomar Apuntes", 2017).

El Método Cornell

El método Cornell es una técnica común de toma de notas para las personas que les gusta revisar sus apuntes más tarde. Es una forma muy limpia y estructurada de tomar notas que la hace más conveniente para futuras referencias. Todo el método Cornell de toma de notas está diseñado para organizar tus notas en resúmenes cortos que son fáciles de entender.

Con el método Cornell, deberás dividir el papel en el que estás tomando notas en tres secciones separadas. Una sección grande en la parte inferior del papel debe estar dedicada al resumen. Una porción más pequeña en el lado izquierdo del papel debe estar dedicada a las pistas, mientras que una parte más grande en el lado derecho del papel está dedicada a las notas en sí.

Notas

Mientras tomas notas en clase o en una reunión, esta es la sección donde querrás resaltar todas las ideas principales y conceptos que fueron mencionados. Concéntrate solo en los conceptos más importantes.

Cues

Justo después de que la clase o la reunión hayan terminado, repase las notas que tomó y añada indicaciones específicas que pueda desarrollar más una vez que tenga recursos adicionales. Agregue algunas preguntas guía específicas o referencias potenciales que puedan ayudarle a comprender algo mejor.

Resumen

En la sección de resumen de tus apuntes, es donde querrás proporcionar una visión general de todo lo que has aprendido. Concéntrate solo en los conceptos más importantes y destaca los puntos importantes que quieras resaltar.

El Método de Mapeo

Si eres más de tomar notas visuales, entonces este método podría ser el mejor para ti en lo que respecta a la toma de notas. El método de Mapeo está diseñado para que crees una ayuda visual que te ayudará a retener la información que recopilas durante una clase, conferencia, presentación o reunión. También es un gran método para cuando te ves obligado a relacionar múltiples temas entre sí dentro de una sola sesión de toma de notas.

El método de mapeo también puede considerarse como una especie de formato de pirámide. Tienes que comenzar con el tema principal en la parte superior de tus notas. Luego, te ramificas lentamente en diferentes subtemas a medida que avanza la clase o la conferencia. Por cada subtema que produzcas, escribe los puntos importantes o notas que necesitas recordar o estudiar más tarde. Repite este proceso durante toda la sesión.

El Método de Subrayado

El método de esquematización es uno que promueve una presentación muy organizada y legible de puntos y temas importantes que servirán como referencias para estudios posteriores. Esto es especialmente efectivo como un medio de tomar apuntes en sesiones de aprendizaje o conferencias que detallan temas complejos. Funciona de manera similar al método de mapeo pero se hace de una manera menos visual con un gran énfasis en las palabras escritas.

Para poder hacer un uso efectivo del método de esquematización, primero necesitas empezar escribiendo el tema principal en la esquina superior izquierda del papel. Luego, coloca el primer subtópico justo debajo del tema principal con una ligera sangría hacia la derecha. Bajo el subtópico, haz otra sangría para cualquier punto clave o detalles que consideres importantes y que puedan complementar el subtópico. Repite este proceso para cada subtópico que se discuta en la conferencia o reunión.

El Método de Gráficos

El método de toma de apuntes con gráficos incorpora el uso intensivo de columnas para estructurar y organizar de manera ordenada la información valiosa. También es un uso efectivo de la toma de apuntes para conferencias o conceptos que tienen conexiones y relaciones complejas con varios subtemas.

Para estructurar adecuadamente un documento para el método de gráficos, vas a querer dividir tu documento en varias columnas. En algunos casos, es posible que necesites utilizar hojas adicionales para dar cabida a más categorías que caen bajo el tema principal. Cada vez que el profesor o el material de recursos mencione una nueva categoría, entonces dedica una nueva columna a esa categoría. Una vez que se mencione un detalle importante o una pieza de información relacionada con una categoría específica, entonces colócala en la columna correspondiente.

El Método de la Oración

Este método de toma de apuntes puede ser un poco más intensivo y puede requerir más esfuerzo que los demás, pero también está diseñado para ser más centrado en la información. Va a ser mucho más detallado y cubrirá mucha datos rápidamente. Sin embargo, también va a usar varias hojas de papel porque cada tema va a necesitar su propia página específica.

Para utilizar este método correctamente, etiqueta la parte superior del papel con una categoría específica o la idea principal. Una vez que el material de recurso muestre información vital sobre ese tema o categoría, procede a escribir ese punto en forma de una oración completa en la página correspondiente.

Capítulo 9: Luchando contra la procrastinación para acelerar el aprendizaje

La gran mayoría de las personas en el mundo no saben qué necesitan hacer para aprender nuevos conceptos de la manera más eficiente y efectiva posible. Es muy raro que las personas sepan de inmediato cuál técnica de estudio va a funcionar mejor para ellos sin probar primero varias. Sin embargo, sería imprudente pensar que las personas no están maximizando su capacidad de aprendizaje solo porque desconocen diversas técnicas y prácticas. Más bien, una de las razones más comunes por las que las personas no exploran diferentes técnicas de aprendizaje es la procrastinación.

Una herramienta clave que necesitarás para ser productivo y eficiente con tu tiempo mientras adquieres nuevas habilidades y disciplinas es tu habilidad para combatir la procrastinación. Muchas personas son culpables de postergar de vez en cuando sin darse cuenta. Eso es parte de la batalla; ser capaz de reconocer cuando estás perdiendo el tiempo en lugar de ponerte a trabajar de inmediato. Incluso cuando estés equipado con todas las técnicas de aprendizaje acelerado más efectivas del mundo, si no sabes cómo combatir la procrastinación, entonces no podrás encontrar mucho éxito en tus metas y esfuerzos.

Tienes que entender que si solo trabajas cuando te apetece, entonces no llegarás demasiado lejos. Si solo sales a correr en los días que te apetece, entonces pasará bastante tiempo antes de que estés listo para correr un maratón de verdad. Si solo practicas escribiendo en los días en los que te sientes inspirado, entonces probablemente no publicarás esa novela pronto. Claro, puedes utilizar diversas técnicas de aprendizaje acelerado para optimizar el proceso de aprendizaje. Sin embargo, si no abordas el problema de la procrastinación en tu vida, entonces todavía te estás impidiendo alcanzar todo tu potencial como aprendiz.

Según Margie Warrell, autora exitosa y conferencista, la procrastinación puede ser muy perjudicial para el bienestar general de una persona, y si no se aborda, podría significar problemas sustanciales en la vida personal de alguien (2013). En un artículo publicado por la revista Forbes, Warrell destacó la importancia de siempre poder abordar los desencadenantes de la procrastinación y comprender por qué puede ser tan tentador posponer el trabajo para una fecha posterior. Hay una serie de determinantes y factores que podrían influir en la decisión de una persona de procrastinar. Gran parte de ello tiene que ver con la inseguridad, el estrés, la ansiedad, la pereza y tal vez incluso la desmotivación. Sin embargo, ella dice que hay una manera de combatir la procrastinación, y es tan simple como seguir estos pasos fáciles:

Establece tu objetivo y date un plazo.

Solo tienes que establecer tu objetivo primero. Aquí es donde todo va a derivar finalmente. A veces, muchas personas procrastinan y no logran comenzar simplemente porque no saben hacia dónde se supone que deben dirigirse. Por eso, querrás poder establecer direcciones claras para ti mismo. Quieres asegurarte de tener un camino que puedas seguir hacia el logro y el éxito eventual.

Además de eso, también vas a querer ponerte una fecha límite. Esto es para que puedas motivarte a seguir adelante. Es muy fácil retrasarse cuando sabes que realmente aún no hay un sentido de urgencia. A veces, simplemente crear ese sentido de energía, incluso si es solo para ti mismo, sería suficiente para ponerte en marcha.

Divide tu objetivo en partes más pequeñas

Ahora que sabes cuál va a ser el destino final, ahora es importante que determines cuáles deben ser tus paradas para el viaje. Divide tu meta principal en pasos más pequeños y simples. Esto puede hacer que la tarea completa sea menos intimidante para ti. Tómalo paso a paso si es necesario. Recuerda que un pequeño progreso sigue siendo progreso. Cada paso que des hoy será un paso más lejos de donde estabas ayer. Nunca subestimes el valor de pequeños esfuerzos.

Visualiza tu éxito futuro

Cada vez que sientas que quieres rendirte, siempre es agradable pensar en la felicidad futura de la que te estarías privando si simplemente eliges descuidarte. Es muy posible que las apuestas no sean tan altas con tu aprendizaje. Tu carrera o vida personal puede no depender de si decides o no tomarte el tiempo y el esfuerzo de aprender algo nuevo o desarrollar habilidades. Puede ser muy fácil renunciar y decir que lo intentarás de nuevo en un momento más conveniente. Pero también sabes que no serás tan feliz ni tan realizado como lo serías si realmente te tomaras el tiempo y dedicaras esfuerzo en dominar estas disciplinas. Nunca querrás que la versión exitosa de ti mismo exista solo en un mundo de ensueño o en un escenario ideal. Deberías visualizar el éxito para ti mismo y desear hacer todo lo posible para manifestar esa visión en la vida real.

Transforma tu miedo en algo positivo.

El miedo puede ser una causa muy común para que las personas se involucren en la procrastinación. Muchas veces, las personas temen intentar algo y fracasar. Así que recurren a nunca intentar nada en absoluto. Sin embargo, esa puede ser una forma muy poco saludable de canalizar tu miedo. Tal vez, sería mejor pensar en lo mal que te sentirías unos meses después si no pusieras el trabajo.

Permite que otros te hagan responsable.

Comunica tus metas a tus amigos y colegas. Asegúrate de que estén ahí para mantenerte motivado. Es muy fácil simplemente renunciar a algo cuando sabes que solo te estás decepcionando a ti mismo. Pero, si tienes otras personas contando contigo para cumplir, puede ser más fácil encontrar la motivación para seguir adelante y avanzar. Permite que otras personas te hagan responsable de tus metas. Si dices que quieres dominar el arte de tocar la guitarra, entonces comprométete a interpretar una canción en la fiesta de cumpleaños de tu amigo. Esta es una excelente manera de motivarte a aprender.

Recompensa cada hito

No tengas miedo de recompensarte a ti mismo. Si sabes que has hecho un trabajo sustancial, entonces date un premio con algo agradable. No tiene que ser algo exagerado. Solo quieres asegurarte de poder marcar cada hito para crear ese diálogo interno positivo dentro de ti para seguir avanzando. Cuando te esfuerzas por premiarte a ti mismo por hacer un buen trabajo, revitalizas tu espíritu e inspiras a seguir haciendo más de lo mismo.

Sé valiente y comienza hoy

Como dice el refrán, no tiene sentido esperar para hacer algo mañana cuando puedes hacerlo hoy. A veces, habrá días en los que la motivación será difícil de conseguir. Habrá días en los que tus inseguridades serán mucho más fuertes que tu voz interior de confianza en ti mismo. Sin embargo, en esos días, simplemente tendrás que luchar aún más. Ponte a trabajar. Siempre la parte más difícil es empezar. Una vez que establezcas un ritmo, será difícil detenerte.

Capítulo 10: La técnica de Feynman

Richard Feynman es considerado como uno de los mayores científicos del siglo XX, y es en quien en realidad se inspira el método de aprendizaje acelerado. Aunque este módulo de aprendizaje acelerado en particular lleva su nombre, es una herramienta de aprendizaje relativamente popular que muchos de los grandes pensadores del mundo (incluido Albert Einstein) han incorporado en sus propios hábitos de estudio personal.

"Si no puedes explicarlo de manera sencilla, entonces no lo entiendes lo suficientemente bien."

Este es un refrán que comúnmente se atribuye a Einstein, aunque algunos podrían decir que nunca lo dijo o escribió en ningún lugar. Sea cual sea el caso, esta es esencialmente la temática central que conforma la técnica de Feynman. En realidad, es una herramienta de aprendizaje diseñada para que el aprendiz no solo domine un tema o disciplina específicos, sino también para dominar la enseñanza de esta habilidad o disciplina a otra persona. Básicamente, es obligarse a uno mismo a aprender algo en profundidad para poder comunicarlo efectivamente a otra persona.

¿Cómo funciona todo esto? Bueno, este capítulo estará dedicado a enseñarte el arte de aprender a través de la enseñanza. Esto es precisamente de lo que se trata la técnica Feynman. Es un método de aprendizaje diseñado para ayudar a mejorar tu capacidad de recordar conceptos complejos y memorizar puntos importantes. Te ayudará a organizar y estructurar tus pensamientos de manera ordenada y a desarrollar tu autoconciencia para que puedas identificar mejor las lagunas en tu lógica y tu comprensión de cierto tema. También es una forma muy práctica y satisfactoria de aprender algo nuevo.

La técnica de Feynman se puede cumplir básicamente en solo 7 simples pasos:

Identificar el tema principal y escribir todo lo que sabes al respecto.

Esta es la primera cosa que querrás hacer porque realmente querrás probar tus conocimientos sobre el tema de primera mano. No quieres adoptar un enfoque lineal para aprender algo si ya sabes mucho sobre este tema. Si estás construyendo una casa y ves un problema con el suelo del segundo piso, eso no significa que necesites derribar todo el primer piso también. El objetivo de esta primera fase es que veas lo que sabes para así tomar conciencia de lo que no sabes.

Toma un concepto de tu lista y amplíalo usando tu conocimiento previo.

Una vez que hayas puesto todo sobre la mesa, entonces puedes proceder a ampliar realmente las ideas principales y conceptos aún más. Toma un enfoque paso a paso centrándote en un solo concepto a la vez. Apunta cada punto o pieza de información que puedas tener en tu mente que podría ayudarte a reforzar tus conceptos principales. Aquí es donde realmente entras en detalle sobre todo lo que puedas saber en relación con el tema principal.

Imagina enseñar o presentar estos temas a otras personas.

Una vez que sientas que has agotado todo tu conocimiento por escrito, entonces tal vez sea hora de realmente simular que estás enseñando este tema a una audiencia imaginaria. Intenta presentar todo lo que sabes a las paredes de una habitación privada donde solo estás tú y un grupo de personas imaginarias. Haz que sea una presentación lo más legítima posible. Realmente pon todo tu esfuerzo en ello. Haz que parezca que tu audiencia imaginaria realmente anhela aprender más sobre este tema de ti y está confiando en ti para cumplir en ese aspecto.

Identificar las áreas de problema potenciales en las que tienes dificultad para explicar.

Si aún no eres realmente un maestro del tema, es probable que encuentres muchas lagunas en la lógica y áreas problemáticas que requerirán corrección. Esto es esencialmente el aspecto de encontrar problemas en el proceso de aprendizaje. Querrás descubrir dónde están todos tus puntos débiles para que sepas en qué áreas tendrás que concentrarte en mejorar en tu proceso de aprendizaje. Ahora es la parte en la que estás buscando grietas en la pared, filtraciones en el techo y fallas en el cableado de tu hogar.

Vuelve atrás y llena los espacios en blanco y luego repite el Paso 2 y 3.

Una vez que haya identificado con éxito las áreas problemáticas, es hora de actuar. Consulte cualquier material fuente confiable o busque la ayuda de un mentor para que pueda cubrir esas brechas y sentirse más seguro con su conocimiento sobre un tema en particular. Refine su presentación aún más repitiendo los pasos 2 y 3 del proceso siempre que sea necesario.

Simplifique aún más su presentación utilizando analogías.

Cuando estás seguro de todo el conocimiento que has adquirido y de la investigación que has realizado para ser un maestro en este campo particular de estudio, es ahora el momento de simplificar aún más tus pensamientos e ideas. La razón por la que quieres simplificar tus pensamientos es porque quieres asegurarte de que comprendes estos conceptos en su forma más simple. Si eres capaz de incorporar analogías en tu presentación de ideas, entonces eso es una mayor confirmación del sólido dominio que puedas tener sobre estos puntos e ideas.

Si estás dispuesto, intenta enseñar el concepto a otros.

Este último paso no es realmente necesario, pero si te

sientes lo suficientemente valiente, puedes seguir adelante y realmente intentar enseñar a otras personas sobre el tema. Siempre es agradable cuando puedes exponerte y realmente poner a prueba tus conocimientos. Esta también es una oportunidad para recopilar comentarios valiosos de otras personas que puedan darte una perspectiva externa sobre la forma en que presentas tus ideas. Si ven algún punto débil potencial, entonces podrías defenderlo o tomarlo como una oportunidad de aprendizaje. De cualquier manera, fortaleces aún más tu comprensión del tema.

Capítulo 11: Aprendiendo a través de la escucha

Una vez más, cada vez que alguien quiere aprender más sobre un tema en particular o campo de estudio, es completamente normal que uno se incline hacia un libro de texto o algún tipo de material de lectura. Sin embargo, también es muy común que la gente asista a conferencias o escuche presentaciones en un esfuerzo por adquirir conocimientos sobre un campo de interés específico. Puede que seas un empresario que se haya ido a una conferencia en un esfuerzo por aprender más sobre técnicas de venta o tácticas de gestión. Puede que seas un estudiante universitario que está asistiendo a una clase magistral con un profesor que no utiliza diapositivas o ayudas visuales. Es durante situaciones como estas donde realmente tendrás que depender de tus habilidades de escucha para acelerar tu aprendizaje dentro de estos escenarios específicos.

Según Lee y Hatesohl de la Universidad de Missouri, los estudios indican que de todo el tiempo dedicado a la comunicación que una persona asigna en un día, el 45% de ese tiempo se dedica exclusivamente a escuchar (1993). Sin embargo, los estudios también muestran que la técnica de escucha promedio de los seres humanos es defectuosa e ineficiente.

¿Por qué somos tan malos escuchando?

Me estás escuchando, pero no estás prestando atención. Esa

es una frase que se dice muy a menudo. Esa es básicamente la raíz del problema. Solo porque escuches a alguien decirte un montón de palabras, frases y oraciones, no significa necesariamente que estés realmente escuchando. Eso es exactamente en lo que se enfocará este capítulo. Vas a aprender más sobre por qué tu forma de escuchar es incorrecta, y por qué no estás aprendiendo de manera eficiente con tu método de escucha. Además, aprenderás sobre técnicas de escucha adecuadas que puedes adoptar como uno de tus hábitos de aprendizaje personal.

Sin embargo, antes de poder averiguar qué es lo que necesitas hacer para mejorar la manera en que escuchas a los demás, es importante que primero entiendas qué es lo que estás haciendo mal en primer lugar.

No escuchas lo que no te interesa.

Imagina esta situación por un momento. Eres un estudiante universitario, y sabes que odias las matemáticas. Te esfuerzas por evitar las especialidades que puedan requerirte resolver problemas matemáticos. Optas por una carrera en artes liberales o música en su lugar. Pero luego, cuando ves tu plan de estudios, notas que hay algunas unidades de matemáticas que necesitas tomar.

Entonces, vas a clase a regañadientes y tratas de escuchar mientras tu profesor de matemáticas explica fórmulas, ecuaciones y más. Sin embargo, no puedes parecer entender nada, porque realmente no ves el valor de aprenderlo en primer lugar. Te adentras en el proceso de aprendizaje con una disposición tan negativa que prácticamente te estás limitando a ti mismo y a tu capacidad de aprender. A veces, simplemente tienes que hacer un esfuerzo para escuchar algo aunque no estés completamente interesado en ello.

Criticizas al mensajero, pero no el mensaje.

No pierdas de vista el propósito completo de la conferencia o clase en la que te encuentras. Estás allí para aprender sobre un tema en particular. No estás allí para aprender sobre el hablante o el conferenciante en sí mismos. Si estás demasiado centrado en lo que el conferenciante está vistiendo o en la forma en que hablan, entonces corres el riesgo de distraerte por completo del verdadero objetivo de asistir a la conferencia en primer lugar. A veces, puedes desviarte demasiado por tu percepción del conferenciante hasta el punto de que el mensaje real de la conferencia se vuelva completamente irrelevante. Asegúrate siempre de que cuando estés escuchando, presta atención al mensaje y no al mensajero.

Tú toleras muchas distracciones.

Ponga su teléfono celular en modo de vibración y asegúrese de mantenerlos guardados en su bolso hasta que termine la conferencia. Si alguien que le resulte atractivo está sentado justo a su lado, considere simplemente moverse a otro asiento si siente que no puede evitar distraerse. A veces, puedes sobreestimularte con cosas que no tienen nada que ver con la conferencia en sí y terminas perdiendo algunos puntos valiosos o información importante. Realmente tienes que asegurarte de mantenerte enfocado en la tarea en cuestión. Tu cerebro solo puede manejar tantos estímulos a la vez.

Intentas eludir temas difíciles y desafiantes

Si solo prestas atención a las personas que tienen cosas agradables y fáciles de entender que decirte, entonces realmente no vas a aprender mucho escuchando en absoluto. El punto entero de aprender aceleradamente a través de la escucha es exponerte a temas difíciles o desafiantes de los que quizás no sepas mucho. Esa es la esencia del aprendizaje en cualquier medio. Así que, no te cierres a escuchar a alguien solo porque sabes que te resultará difícil de entender. Siempre aprovecha cada oportunidad de aprendizaje que puedas y trata de sacarles el máximo provecho.

Dejas que tus emociones se apoderen de ti.

Hay muchas ocasiones durante el transcurso de un discurso o una conferencia donde el orador puede conectar con los sentimientos o emociones del público. Aunque pueda ser tentador dejar que tus emociones saquen lo mejor de ti y permitir que te dejes llevar por la energía o carisma del orador, debes resistir esa tentación. No puedes permitir que tus sentimientos comprometan el nivel de aprendizaje que podría estar teniendo lugar. Siempre trata de mantener un punto de vista lo más objetivo posible. No dejes que tus sentimientos nublen tu juicio o análisis de un punto.

Te aferras a un solo punto de vista.

No es suficiente que estés haciendo un esfuerzo por escuchar a la persona que está hablando justo frente a ti. También es igual de importante que hagas un esfuerzo por mantener la mente abierta. Es posible que no necesariamente creas o estés de acuerdo con lo que la persona está diciendo, pero el punto principal de escuchar es intentar aprender algo nuevo de alguien. Esto significa que estás obligado a escuchar algunas cosas que podrían no resonar con tu propio sistema de creencias. Reserva tu juicio para el final. Podrías perderte un punto muy importante y valioso porque estás demasiado absorto en tus propios pensamientos y sistemas de creencias.

¿Cómo mejoramos nuestra capacidad de escucha para acelerar el aprendizaje?

Afortunadamente, hay una forma en la que puedes mejorar la forma en que escuchas a la gente. Todo se reduce a aplicar al menos una o una combinación saludable de las tres técnicas la próxima vez que estés escuchando a alguien dar una presentación o un discurso. Es cierto cuando dicen que la gente habla demasiado en este mundo, pero no escucha lo suficiente. Recuerda que cuando estás hablando, básicamente te estás reafirmando a ti mismo y a otras personas lo que crees que ya sabes. Pero cuando te tomas el tiempo para escuchar, te estás brindando la oportunidad de ampliar tu visión del mundo y tu perspectiva sobre las cosas. Por eso, un buen oyente será más hábil para aprender que un buen hablante.

Ve a donde crees que va el orador.

En lugar de ser reactivo con tu escucha, intenta ser un oyente proactivo en su lugar. ¿Qué significa esto? Por lo general, cuando estás escuchando a alguien hablar, es posible que tengas tendencia a participar en una escucha pasiva. Esto significa que dejas que hablen y simplemente absorbes y reaccionas a lo que te transmiten. Pero con la escucha proactiva, en realidad estás intentando anticiparte a ellos. En lugar de esperar a que el hablante te dé el punto principal en bandeja de plata, intenta llegar allí tú mismo antes de que ellos tengan la oportunidad de hacerlo. Este método proactivo de escucha realmente involucra tu mente y la prepara para poder absorber nuevos conceptos e información mejor.

Enfócate en los puntos o argumentos de apoyo.

Cuando alguien te dice que reducir el consumo de carne roja va a ser bueno para ti, no es realmente un punto interesante que te compeliría o persuadiría. Sin embargo, si alguien te dice que el consumo de carne roja es bueno para ti porque ayuda a reducir los niveles de colesterol y presión arterial en tu cuerpo, entonces el punto se vuelve inmediatamente más convincente. ¿Por qué? Es porque el punto principal se refuerza aún más con un punto o argumento de apoyo. Cuando estás escuchando a alguien, no te enfoques en un punto principal. En cambio, presta atención a todos los puntos y argumentos de apoyo. Una vez que puedas sustentar un punto principal, será mucho más fácil entenderlo, memorizarlo y comunicarlo a otros más adelante.

Toma nota de resúmenes mentales mientras estás escuchando.

Si estás escuchando a un orador o conferenciante, es muy improbable que vayan a seguir hablando sin parar o con pocas pausas aquí y allá. Estas pausas pueden no ser muy largas, pero aún así van a servir como oportunidades para que hagas breves resúmenes de lo que acaban de decir. Es una excelente manera de entender lo que el orador está tratando de transmitir, y también es una forma efectiva de lograr retención y recordación de estos temas y conceptos particulares.

Capítulo 12: Aprendizaje Experiencial

Solo con mirar su nombre, el método de aprendizaje experiencial debería ser realmente autoexplicativo. Esencialmente, es una técnica de aprendizaje acelerado que refuerza la idea de aprender a través de la experiencia real. Los afamados y exitosos psicólogos John Dewey y Jean Piaget suelen ser acreditados como los padres del aprendizaje experiencial. Pero, muchos personajes clave en la comunidad científica coincidirán en que fue el trabajo de David A. Kolb, un teórico educativo y profesor de Comportamiento Organizacional, el que realmente llevó el tema del aprendizaje experiencial al ámbito principal.

Muchos científicos, teóricos y educadores han hecho uso de este método transformador de educación y aprendizaje a través de varios experimentos, pruebas y aplicaciones reales en el aula. En definitiva, es una forma muy inmersiva de educación ya que se basa en gran medida en la experiencia real del aprendiz con un concepto o una idea, y no solo en una comprensión teórica de la misma. Todo este capítulo estará dedicado a promover la idea del aprendizaje experiencial como una gran herramienta para acelerar la comprensión o absorción de una tarea o idea compleja. Se le informará sobre las diversas razones por las que el aprendizaje experiencial es en realidad una excelente manera de aprender. También se le dará una visión práctica de cómo puede hacer uso del aprendizaje experiencial para acelerar su desarrollo y dominio de una disciplina en particular.

Razones por las que el Aprendizaje Experiencial es una Forma Transformadora de Aprendizaje

Rajiv Jayaraman, el CEO y fundador de la empresa de soluciones de desarrollo de empleados KNOLSKAPE, compartió sus pensamientos sobre el aprendizaje experiencial y su valor en el desarrollo humano en una publicación de blog. Afirmó que el aprendizaje experiencial es la mejor manera de combatir la creciente probabilidad de deficiencia de atención e desinterés o desapego personal en el estudiante contemporáneo. En el artículo que escribió, destacó 8 razones específicas por las cuales el aprendizaje experiencial es en realidad una forma revolucionaria de aprendizaje (2014).

Acelera el aprendizaje

El aprendizaje experiencial es una forma mucho más eficiente y efectiva de lograr que una persona realmente aprenda algo. El aprendizaje repetitivo o el método de aprender mediante la pura repetición ha demostrado ser muy ineficiente y simplemente aburrido para muchas personas. Con el aprendizaje experiencial, el aprendiz se siente realmente motivado a participar en el pensamiento crítico, la resolución de problemas y la toma de decisiones. La experiencia inmersiva e intuitiva acelera aún más el proceso de aprendizaje.

Ofrece un ambiente de aprendizaje cómodo y seguro.

El aprendizaje experiencial es una forma realmente excelente de ofrecer a un aprendiz la oportunidad de aprender realmente y poner en práctica habilidades valiosas para la vida en un entorno seguro y controlado. Por ejemplo, al enseñarle a un niño pequeño los conceptos básicos de la mecánica del cuerpo humano, puedes llevarlo a un pequeño parque infantil para que realmente use su cuerpo para atravesar varios terrenos y obstáculos. El niño tiene la oportunidad de aprender cómo usar su cuerpo a través de la experiencia real, pero aún se le ofrece seguridad, protección, comodidad y supervisión.

Aumenta el nivel de compromiso de una persona.

Simplemente hay un nivel más alto de enfoque, compromiso y colaboración cuando un aprendiz se ve obligado a someterse a una lección experiencial. Los sentidos se agudizan y la mente de uno se afila y se prepara para participar en una experiencia de aprendizaje inmersiva como resultado de la sobrecarga sensorial. También hay un nivel más alto de inversión emocional por parte del aprendiz cada vez que se comprometen completamente con la tarea o desafío en cuestión. Ser lanzado directamente al centro de la experiencia es sin duda algo revelador, y puede requerir el enfoque y la atención total de uno.

Ayuda a cerrar la brecha entre la teoría y la práctica.

En métodos de aprendizaje más tradicionales, sería el maestro, mentor o conferenciante explicando conceptos e ideas en forma teórica. Sin embargo, el aprendizaje experiencial es capaz de cerrar la brecha entre la formalidad de la educación teórica y la aplicación práctica. El aprendiz ya no se queda solo para comprender pensamientos e ideas sin tener realmente la oportunidad de experimentarlos de primera mano. Con el aprendizaje experiencial, se produce una fusión saludable de ambos procesos de aprendizaje.

Produce cambios drásticos en la mentalidad.

Siempre que un ser humano experimenta una experiencia impactante o dramática, realmente puede desencadenar un cambio drástico en la mentalidad de uno. Los efectos del aprendizaje por experiencia son mucho más profundos que solo aprender teoría. No es que escuchar una conferencia que cambie la vida de un orador de clase mundial no produciría resultados dramáticos o cambios en la mentalidad. Simplemente que esta forma de aprendizaje dependería en gran medida del contenido de la conferencia y del propio conferencista. Con el aprendizaje experiencial, los cambios dramáticos vienen como resultado directo del módulo o metodología de entrenamiento.

Proporciona un excelente retorno de inversión.

El acto de enseñar y aprender es una inversión. Como profesor, estás invirtiendo en el estudiante. Como estudiante, estás invirtiendo en el material de aprendizaje y en ti mismo. Por eso siempre querrás asegurarte de que estás haciendo las inversiones adecuadas en las metodologías correctas. El aprendizaje experiencial ofrece un gran retorno de la inversión debido al crecimiento y desarrollo que un estudiante obtiene de toda la metodología de entrenamiento.

Proporciona resultados de evaluación precisos.

Con el aprendizaje teórico, puede ser muy difícil medir o evaluar el crecimiento y desarrollo del aprendiz. Las pruebas teóricas solo pueden proporcionar evaluaciones teóricas que no necesariamente se traducirán en la aplicación en la vida real. Sin embargo, con el aprendizaje experiencial, puede ser mucho más fácil medir con precisión el progreso y desarrollo de un aprendiz. Por ejemplo, probar la capacidad de un estudiante de programación para recordar varios algoritmos y comandos es completamente diferente a tener un estudiante construir un programa completo desde cero con especificaciones establecidas. El aprendizaje experiencial se centra más en la aplicación de las teorías que solo en las teorías en sí mismas.

Permite el aprendizaje personalizado

El aprendizaje experiencial siempre ofrece una experiencia de aprendizaje personalizada para el estudiante. Realmente nunca es una metodología de aprendizaje única para todos, ya que cada persona tiene diferentes preferencias, gustos, disposiciones y personalidades. El aprendizaje experiencial entiende que todos aprenden de formas muy diferentes. Esto significa que es importante evaluar, diseñar, derivar, guiar y mentorizar a cada estudiante de una manera muy personalizada. Esto es algo que el aprendizaje experiencial va a poder proporcionar tanto al estudiante como al mentor.

Capítulo 13: El Método de los Lugares - Una Técnica de Memoria

El método de las loci no es necesariamente un método revolucionario de aprendizaje o memorización, ya que es una técnica que ha existido durante siglos. Esencialmente, es una técnica de memorización que consiste en asociar puntos de interés particulares a rutas familiares que se toman de manera consistente. Este es un método de aprendizaje o memorización que es particularmente efectivo para personas que necesitan memorizar listas largas con las que típicamente podrían no estar familiarizadas. Este capítulo entero te dará un breve resumen sobre la historia de los orígenes del método junto con algunos consejos y trucos sobre cómo puedes usar el método en tu vida diaria.

Orígenes

Es muy difícil determinar los orígenes exactos del método de los lugares como en verdad es una de las técnicas de memoria más antiguas en la historia de la civilización. Sin embargo, se cree ampliamente que fue en el 'De Oratore' de Cicerón donde el concepto fue plasmado por primera vez de manera formal. En su obra, Cicerón atribuyó la invención del método de los lugares al filósofo y poeta griego Simónides. En su relato de la historia, Cicerón afirma que Simónides logró escapar de un edificio en llamas que albergaba una fiesta lujosa para las personas más adineradas y destacadas de la época en esa zona. Simónides se dedicó a intentar identificar los cuerpos de las víctimas quemadas después de la tragedia, y así inventó el método de los lugares en un esfuerzo por recordar quiénes eran esas personas.

En lugar de analizar los cadáveres calcinados en sí mismos, Simonides intentó recordar dónde estaban sentadas y ubicadas ciertas personas durante la fiesta para identificar dónde habían terminado sus cuerpos quemados. La leyenda dice que así es como nació el método de las loci. Por eso el método de las loci es más conocido comúnmente como el palacio de la memoria o el palacio mental, que ha sido mencionado a menudo en la adaptación televisiva de la BBC del clásico Sherlock Holmes.

Cómo funciona

Básicamente, para que puedas utilizar el método de los lugares en tu propia vida, primero debes visualizar una ruta, habitación o ubicación familiar que conozcas de memoria. Quizás puedas imaginar tu propia habitación, toda tu casa, tu campus universitario o incluso tu ruta diaria al trabajo. Sea cual sea la ruta que elijas, es importante asegurarte de que siempre será la ruta que utilices cada vez que emplees esta técnica. Una vez que hayas elegido una ruta, debes identificar importantes hitos o puntos en la ruta que puedan servir como representaciones de las ideas o conceptos que deseas memorizar. Si has elegido tu habitación como tu palacio de la memoria, entonces puedes considerar tu cama como el primer hito, tu televisor como el segundo, y luego tu estantería como el tercero, y así sucesivamente... La idea es establecer un orden secuencial al que puedas volver consistentemente.

Si se te asigna la tarea de memorizar a los primeros cinco

presidentes de los Estados Unidos, entonces debes asignar a cada personaje a los primeros cinco hitos o puntos de ruta que has establecido para ti mismo en tu palacio de la memoria. Para hacerlo, primero debes investigar y leer sobre quiénes son los primeros cinco presidentes:

George Washington - John Adams - Thomas Jefferson - James Madison - James Monroe

Digamos que utilizas tu casa como tu palacio de la memoria para este ejercicio en particular. Ahora debes determinar qué puntos de referencia de tu casa vas a utilizar. Idealmente, querrás designar tus puntos de referencia en un orden intuitivo y secuencial. Dado que te despiertas en tu dormitorio todas las mañanas, el primer punto de referencia de tu casa podría ser tu dormitorio, y tal vez tienes la costumbre de ir directamente al baño tan pronto como te despiertas. El baño podría ser el segundo punto de referencia. Después de usar el baño, tal vez tengas que bajar a la cocina usando las escaleras para desayunar. Las escaleras podrían ser el tercer punto de referencia. Antes de entrar en la cocina, debes pasar por la sala de estar. La sala de estar puede servir como el cuarto punto de referencia. Por último, la cocina puede servir como el quinto y último punto de referencia. Por lo tanto, el orden de tus puntos de referencia sería el siguiente:

Dormitorio - Baño - Escaleras - Sala de estar - Cocina

A medida que te visualizas a ti mismo navegando por tu casa, tienes que atribuir cada punto de referencia al presidente que debes memorizar. Cuando te imaginas en tu habitación, piensa en George Washington estando allí. Cuando entres en tu baño, piensa en John Adams, y así sucesivamente. Idealmente, querrás asociar a cada personaje con algo que se relacione con ellos dentro de cada punto de referencia. En tu habitación, podrías tener un libro sobre la vida de George

Washington allí en algún lugar que puedas usar como enlace. En el baño, puedes pensar en John, que es una forma británica de referirse al baño. No es necesario que uses técnicas de memoria como esta, pero ayuda a retener información vital.

Reglas y pautas generales

Por muy sencillo que pueda ser el método de los lugares, todavía hay ciertas reglas o pautas que querrás seguir para sacarle el máximo provecho a esta metodología.

La ruta que elijas debe ser una con la que estés muy familiarizado.

El método de los lugares no funcionará si no estás familiarizado con la ruta que elegirás para tu palacio de la memoria. Tiene que ser una ruta o una ubicación que conocerías prácticamente de memoria. Si tienes problemas para recordar los detalles de la ruta o ubicación que elijas, entonces probablemente comprometería toda la metodología en su conjunto.

Cada punto de referencia dentro de esa ruta debe ser siempre distinto y único.

Es muy importante que cada hito designado o parada en la ruta sea único y distinto. Esto se debe a que si dos o más puntos en la ruta son bastante similares e indistinguibles, hay una posibilidad de que termines confundiéndote al intentar recordar las atribuciones y representaciones adecuadas que estableciste en tu mente. Por ejemplo, si utilizas tu campus universitario como tu ruta designada para tu palacio mental, entonces puede que no sea una buena idea designar dos aulas idénticas como puntos separados en la ruta. Asegúrate de mezclarlo utilizando oficinas, bibliotecas, gimnasios, laboratorios, y demás.

Debes seguir el mismo orden de la ruta cada vez

Tienes que pensar en tu memoria como un músculo. Cuanto más consistentemente trabajes tus músculos y los pongas en uso, más fuertes se volverán. Así es exactamente como funciona el método de loci. Cuanto más uses esta metodología como un medio para memorizar algo, más hábil te volverás en memoria y retención de información. Por eso siempre es ideal que hagas uso de la misma ruta y puntos de referencia cada vez que intentes usar este método. Recuerda que la consistencia genera eficiencia.

Sé creativo con tus atribuciones y representaciones

Cuanto más esfuerzo pongas en ser creativo en cómo representas ciertos personajes, objetos o ideas, más fácil te resultará recordar estas cosas. Esto se debe a que te estás sumergiendo e invirtiendo cada vez más en la técnica de la memoria, lo cual significa que estás activando tu mente de manera más eficiente.

Capítulo 14: Estudio eficiente para un examen

Cuando estás en la escuela, siempre te dicen que es una mala idea estudiar de golpe para tus pruebas, exámenes y proyectos. Tu profesor te dice que siempre tienes suficiente tiempo para prepararte para un examen, y que debes aprovechar al máximo ese tiempo en su totalidad. No deberías esperar hasta el último minuto antes de comenzar el proceso de preparación. Constantemente te recuerdan que debes mantenerte al día con tu trabajo para que nunca tengas que ponerte al día con tus tareas y proyectos. Sin embargo, no se puede negar que muchos de nosotros hemos procrastinado en algún momento u otro. De hecho, muchos de nosotros recurrimos a la procrastinación solo cuando se nos asignan tareas. Este capítulo estará dedicado a las personas que constantemente se encuentran teniendo que estudiar de golpe para un examen o prueba.

Concedido, es importante comenzar el resto de este capítulo recordando que siempre es importante darse tiempo suficiente para prepararse para un examen. La mejor manera de acelerar tu aprendizaje es asegurarte de darte el tiempo para hacer las cosas correctamente. Idealmente, seguirías queriendo hacer todo lo posible para evitar ponerte en situaciones de apuros y apresurar el proceso de preparación. Sin embargo, es comprensible que haya ocasiones en las que no tengas tiempo para hacer las cosas con mucha antelación. Puede que tengas demasiadas cosas en tu plato y por eso debas priorizar el estudio. En esos casos, puede ser útil usar las técnicas que se destacarán en este capítulo. Pero nuevamente, es importante usar el apuro como último recurso. No debería ser tu método preferido para prepararte para exámenes y pruebas. Es posible que no obtengas las mejores calificaciones de tu clase con este método, pero podría marcar la diferencia entre sacar una calificación aprobatoria o una reprobatoria.

En este capítulo, vamos a hacer referencia a varias figuras clave que han escrito valiosos materiales de recursos sobre el tema. El blogger y experto en aprendizaje David Pierce, escribió extensamente en una publicación de blog para GearFire sobre la mejor manera de abordar la memorización la noche antes de un examen. También vamos a tocar puntos hechos por Skylar Anderson en un artículo que escribió para el sitio web StudyRight. Nuevamente, ambos escritores de recursos enfatizan que la memorización solo debe ser utilizada como último recurso en una situación de emergencia. No debería ser una práctica consistente para cualquier persona que quiera lograr altas calificaciones. Aquí tienes algunos consejos que querrás considerar para ser realmente eficiente en la forma en que memorizas.

Preparar todos los materiales de estudio que necesitas.

No hay tiempo para que vayas de un lado a otro entre la biblioteca y tu casa en busca de libros u otros materiales que puedas necesitar al empezar el proceso de estudio intensivo. Antes siquiera de comenzar, debes asegurarte de que ya cuentas con todos los materiales que necesitas. Esto significa que debes preparar todos los libros, referencias, tu calculadora, regla, bolígrafos, lápices, papeles, laptop y todo lo necesario incluso antes de sentarte a estudiar. Una vez que comiences con el proceso de estudio intensivo, no querrás levantarte constantemente a buscar algo. Prepárate para estar sentado durante un período prolongado, lo que nos lleva al siguiente consejo...

Encuentra un lugar con distracciones mínimas donde puedas sentarte durante un período prolongado de tiempo.

Nuevamente, una vez que te sientes, espera permanecer allí hasta que termines. No hay tiempo para seguir trasladándote de un lugar de estudio a otro. Decide en un lugar y quédate con él. Asegúrate de elegir un lugar que tenga distracciones mínimas. Puedes optar por encerrarte en tu estudio o en tu habitación. Puedes ir a una biblioteca que te alojará durante muchas horas. Puedes visitar una cafetería que no cerrará sus puertas en breve. Sea cual sea el caso, asegúrate de elegir un lugar del que no tengas que levantarte y moverte durante toda la duración del proceso de estudiar de último momento.

Dispénsate del mundo de las redes sociales.

Las redes sociales se han demostrado ser una de las mayores distracciones del siglo XXI. Sí, hacen un gran trabajo conectando a las personas entre sí, y realmente es un gran recurso para la colaboración y la interacción social, pero no tienes lujo de tiempo para dedicarte a las redes sociales en este momento. Querrás minimizar las distracciones tanto como sea posible. Si tienes que desactivar temporalmente tus cuentas de Facebook, Instagram y Twitter por el momento, entonces deberías hacerlo. Solo deberías usar realmente internet para recopilar más información sobre un cierto tema.

Utilice el Principio 50/10

Solo porque se mencionó que vas a estar sentado durante un período prolongado de tiempo no significa que debas estar estudiando durante varias horas seguidas sin parar. Sí, estás bajo presión de tiempo en este momento, pero tienes que entender tus limitaciones. Tu cerebro solo puede manejar y procesar tanta información a la vez. Incluso puede llegar a un punto en el que tu cerebro esté sobrecargado y tu estudio se vuelva lento e ineficiente. Por eso es una buena idea darte pausas de vez en cuando para reiniciar y refrescar tu cerebro. Una práctica común que la gente utiliza al estudiar a última hora es el principio 50/10. En un lapso de 60 minutos, querrás pasar 50 minutos estudiando puramente, y usar los últimos 10 minutos para hacer lo que quieras solo para refrescar tu cerebro. Repite este proceso todo el tiempo que sea necesario.

Recarga tu energía con cafeína

Muchas personas van a ser escépticas sobre la cafeína debido a sus potencialmente efectos dañinos en el cuerpo humano, pero también habrá quienes defiendan el valor de la cafeína especialmente durante las sesiones intensivas de estudio. Sin embargo, cuando estés en el proceso de estudio intensivo, tu noción de salud quizás deba pasar a segundo plano con el propósito de prepararte. Un poco de cafeína no te va a causar un daño sustancial. Vas a querer hacer todo lo posible para mantenerte alerta, despierto y enfocado durante un tiempo prolongado sin comprometer completamente tu salud. Esto es exactamente lo que la cafeína puede hacer por ti. El uso constante de cafeína podría potencialmente ser perjudicial para la salud de una persona, especialmente cuando se trata de condiciones cardíacas. Sin embargo, el consumo ocasional de cafeína debería estar bien, especialmente cuando necesitas la energía extra para lograr algo.

Enfócate en las Grandes Ideas y Reescribe

No tienes mucho tiempo en este punto. Esto significa que realmente no puedes entrar en detalles al revisar o leer tus apuntes. Solo tendrás tiempo suficiente para concentrarte en las ideas principales. Esto debería ser suficiente para obtener una calificación aceptable. La mejor manera de recordar estos puntos importantes es reescribirlos en un nuevo conjunto de apuntes que puedas usar más adelante para revisión o referencia. Cuando te tomes el tiempo para comprender y reescribir estos conceptos importantes en un nuevo conjunto de apuntes, estarás reforzando tu comprensión de estos conceptos. Para obtener más ayuda sobre cómo tomar apuntes mientras estudias intensivamente, no dudes en volver al Capítulo 8 de este libro.

Recluta todos tus sentidos.

Correr el riesgo de sonar y lucir loco para las personas que te rodean, vas a querer emplear el uso de todos tus sentidos mientras estás estudiando intensivamente. Una sobrecarga sensorial es una forma excelente y efectiva de sumergirte por completo en lo que estás haciendo. Eso significa que si aprovechas al máximo todos tus sentidos mientras estudias, estás invirtiendo más de tu mente y energía en lo que estás haciendo. Al leer un concepto importante, intenta decirlo en voz alta para ti mismo. Incorpora gestos físicos y movimientos de manos mientras resaltas puntos importantes. Estas técnicas pueden ayudar en tu habilidad para retener y recordar información.

Encuentra un compañero de estudio.

El aprendizaje colaborativo siempre va a demostrar ser un método más eficiente de aprendizaje en comparación con el estudio individual. Según Career Step, una plataforma en línea para educación y entrenamiento centrados en la carrera, tener compañeros de estudio compatibles siempre demostrará ser más beneficioso para un aprendiz que estudiar solo (2014). Ben Hartman, Director de Admisiones en Career Step, dice que tener un compañero de estudio es una forma más enriquecedora y gratificante de mejorar la experiencia de aprendizaje en su totalidad. Si estás haciendo un atracón de estudio, te podría beneficiar reclutar la ayuda de alguien que esté estudiando para el mismo examen. Pueden ayudarse a probarse mutuamente y la camaradería les da un impulso adicional para estudiar más duro.

Utilice la técnica de chunking.

Intenta memorizar los primeros 10 dígitos de pi:
3.141592653

No es tan fácil, ¿verdad? ¿Pero qué tal si intentas segmentarlo de esta manera:

3.14 - 159 - 26 - 53

En lugar de memorizar el valor completo de pi como un todo, puedes intentar descomponerlo en diferentes fragmentos para que puedas memorizarlo mejor. Esta es la técnica de memorización comúnmente conocida como 'chunking'. Toma un concepto grande o una idea y divídelo en fragmentos más pequeños que son más fáciles de absorber. Desglosar tu plan de estudios también será menos intimidante que tener que absorber todo de una vez.

Recompénsate

Recompénsate de vez en cuando. Puede ser muy desalentador saber que tienes tanta información que necesitas absorber en un corto período de tiempo. Sin embargo, si te refuerzas positivamente en forma de incentivos y recompensas, puede ser muy fácil encontrar la motivación que necesitas para seguir adelante hasta que hayas terminado. Tal vez te puedes recompensar con un mordisco de tu barra de chocolate por cada capítulo que termines de leer. A veces, solo necesitas incentivarte de formas simples para mantener la motivación.

Duerme un poco.

Por último, vas a querer asegurarte de dormir. No tiene sentido pasar toda la noche estudiando si tu cerebro estará demasiado cansado el día del examen para poder recordar todo lo que has memorizado. Dormir es una excelente manera para que tu mente se repare y se recupere de una sesión intensiva de estudio. Quieres que tu mente esté extremadamente alerta el día del examen. Por eso necesitas reservar tiempo para dormir.

Capítulo 15: Aprendizaje colaborativo en un entorno grupal

En pocas palabras, el aprendizaje colaborativo es una teoría de aprendizaje que propone la idea de que el aprendizaje en grupo es una metodología más eficiente que el estudio solitario. Es un entorno de aprendizaje que fomenta los esfuerzos colaborativos de varias personas que comparten un objetivo único. Es donde los aprendices están diseñados para trabajar juntos en un esfuerzo por comprender un concepto específico o resolver un problema compartido. Este capítulo va a adentrarse más en cuáles son los beneficios del aprendizaje colaborativo en comparación con otros métodos tradicionales de aprendizaje. También te informará sobre las formas adecuadas de abordar el aprendizaje colaborativo para obtener el mayor rendimiento posible de la inversión.

Beneficios del Aprendizaje Colaborativo

Un sistema de aprendizaje colaborativo es aquel que fomenta el esfuerzo académico conjunto por parte de múltiples partes interesadas. Cada aprendiz puede tener motivaciones únicas y específicas que los impulsan a aprender o estudiar un tema en particular. Sin embargo, todos comparten los mismos objetivos en el dominio y desarrollo final de una habilidad o disciplina particular.

Algunos de los beneficios del aprendizaje colaborativo incluyen:

Ayuda a mejorar el proceso de resolución de problemas.

El aprendizaje colaborativo se sabe que mejora las capacidades de resolución de problemas de una persona. En un entorno de aprendizaje colaborativo, los estudiantes se unen por un objetivo compartido que ellos mismos establecen. Esto significa que estos estudiantes también van a compartir desafíos, obstáculos y problemas similares en su camino hacia el logro de sus metas. Cuando hay una mayor colaboración en la discusión, análisis y enfoque hacia la resolución de estos problemas, ayuda a desarrollar la capacidad individual de superar la adversidad y los desafíos también. Muchas veces, los aprendices solitarios pueden sentirse derrotados y desanimados al enfrentar la adversidad, pero con el apoyo de un grupo detrás de ellos, puede ser más fácil sentirse seguro al abordar ciertos problemas y temas.

Induce un nivel más elevado de pensamiento crítico.

Siempre habrá una mayor presión para analizar, deconstruir, aclarar o reforzar ciertos temas y materias cuando estás en un entorno de aprendizaje colaborativo. Tus sentidos siempre estarán más alerta y sobrecargados debido a la mayor estimulación provocada por tus compañeros de aprendizaje. Esto significa que acabarías prestando más atención y dedicando más esfuerzo al análisis de los temas que se están discutiendo. Ya estás preparando tus sentidos para participar en niveles intensos de pensamiento crítico y análisis siempre que haya un elemento grupal en ello.

Mejora las habilidades sociales de una persona

El aprendizaje solitario está bien, especialmente si las personas pueden encontrar un éxito sustancial en él. Sin embargo, hay una habilidad valiosa de la que típicamente se privan cuando se dedican al mero aprendizaje solitario en lugar del aprendizaje colaborativo: el desarrollo social. En la vida, no se puede escapar del valor de haber desarrollado habilidades sociales. Por eso, el aprendizaje colaborativo es un enfoque más holístico para aprender o dominar un cierto tema o campo. Nunca niega el aspecto social del aprendizaje, por lo que termina siendo un enfoque más completo para el aprendizaje en su totalidad.

Fomenta la responsabilidad en el aprendizaje.

Mantenerse responsable de tu aprendizaje no siempre va a ser tan convincente como cuando otras personas te mantienen responsable. Puedes establecer una fecha límite para aprender a tocar la guitarra por ti mismo, pero puede ser muy fácil simplemente abandonar esa fecha límite cuando la única persona a la que tienes que rendir cuentas eres tú mismo. Al final del día, solo terminas decepcionándote a ti mismo, y puede ser muy fácil reiniciar tus esfuerzos con consecuencias mínimas. Sin embargo, es una historia completamente diferente cuando otras personas te hacen responsable.

Digamos que eres un miembro de una banda, y a todos se les asigna la tarea de aprender a tocar una canción en particular con sus propios instrumentos específicos. Este es un entorno de aprendizaje colaborativo donde todos comparten un objetivo unificado de desarrollar su habilidad y dominio para una canción en particular. Si fallas en hacer tu parte, entonces básicamente estás decepcionando e invalidando los esfuerzos de tus compañeros de banda en el proceso. Tener un grupo de personas que te hagan responsable de tus esfuerzos puede ser muy efectivo para motivarte a esforzarte más en tu práctica.

Desarrolla las habilidades de comunicación de una persona.

Muchas veces, tu dominio de un cierto concepto o idea es tan bueno como tu capacidad para comunicarlo de manera efectiva a otras personas. No tiene sentido que domines el arte del liderazgo empresarial y la gestión organizacional si no puedes comunicar estos puntos a las personas que más se beneficiarían de ello. Por eso, el desarrollo de tus habilidades de comunicación será tan importante como tu dominio en conceptos complejos y temas especializados. Cuando te ves obligado a aprender una disciplina en el contexto de un grupo, también te verás obligado a desarrollar tus habilidades de comunicación. Este será un aspecto de tu aprendizaje que no podrás descuidar.

Fomenta la diversidad y la mentalidad abierta

Una de las características más importantes que una persona necesita desarrollar para maximizar su capacidad de aprendizaje es la mente abierta. Esta es una cualidad que se enfatiza y toma el centro de atención en un entorno de aprendizaje colaborativo. Cuando estás estudiando por tu cuenta, solo tienes tu propia perspectiva y comprensión para trabajar. Si estás trabajando dentro de los límites de un grupo, tienes el lujo de poder consultar las comprensiones y perspectivas de otras personas para afilar aún más tu propia comprensión de un tema.

Acelera el aprendizaje

Ese es todo el punto de este libro, ¿verdad? Se trata de acelerar el aprendizaje de uno, y eso es exactamente lo que el aprendizaje colaborativo podría regalar a sus estudiantes. Muchas veces, los estudiantes solitarios pueden encontrar algunos bloqueos mentales e obstáculos intelectuales que pueden ralentizarlos e impedir su progreso. Es posible que ya hayas encontrado este problema en el pasado con tus propias experiencias de estudio. Te encuentras leyendo un segmento de un libro de texto una y otra vez porque no puedes parecer entenderlo. Si estás estudiando como parte de un grupo, probablemente haya alguien dentro de tu grupo que tenga una mejor comprensión de un concepto. Entonces podrían ayudarte a entender algo mejor, y minimizaría los efectos negativos de experimentar bloqueos mentales.

Al mismo tiempo, si sabes que tienes un buen entendimiento de un tema complejo con el que otra persona en el grupo está teniendo dificultades, tendrás la oportunidad de reforzar aún más tu comprensión de ese tema al explicárselo a tu compañero de estudio. De cualquier manera, puedes beneficiarte en gran medida al poder colaborar con otra persona mientras estudias o dominas una nueva disciplina.

Capítulo 16: Sonidos binaurales para estudiar de manera efectiva

Recuerda las muchas veces en tu vida en las que te sentaste en un escritorio listo para trabajar y aprender algo nuevo. Abres la página de un libro de texto o vas a un sitio web con materiales de recursos valiosos. Un par de líneas más adelante, estás bien, pero de repente, tu mente se desvía aleatoriamente hacia pensamientos e ideas diferentes que no tienen nada que ver con lo que estás tratando de aprender y estudiar. Todo esto te confunde, y estás frustrado contigo mismo. Tratas de seguir adelante y lees la página entera de principio a fin. ¿Qué tienes para mostrar? Nada. No recuerdas ni entiendes absolutamente nada. Así que te encuentras empezando de nuevo desde arriba.

¿Nunca te has preguntado por qué te sucede esto? ¿Nunca has pensado en por qué tu cerebro simplemente se niega a cooperar a veces? Bueno, la respuesta es bastante simple y directa. La razón por la que encuentras que tu mente se va a lugares a los que no quieres que vaya es porque no la has preparado para un aprendizaje enfocado.

Piensa en tu mente como la caja de cambios de un coche. Puedes poner tu mente en punto muerto, en marcha, en estacionamiento o en reversa. Si quieres que tu mente se enfoque en una tarea específica, es importante que primero puedas ponerla en la marcha correcta. Al igual que un coche, tu mente necesita estar en la marcha adecuada para hacer lo que tú quieres que haga. No puedes esperar que tu coche avance si pones la marcha en punto muerto. Es exactamente la misma situación con tu mente. No puedes esperar que tu mente se enfoque en aprender si está atrapada en la vagancia y la exploración.

Entonces, ¿cómo exactamente pones tu mente en la marcha correcta? No es como si hubiera un botón en particular que puedas presionar para ponerlo en modo de aprendizaje, ¿verdad? Bueno, resulta que podría ser muy posible.

Aquí es donde entra en juego el concepto de los binaurales. Este capítulo se va a centrar en cómo los binaurales pueden ayudar a poner tu mente en el espacio mental adecuado para aprender de manera eficiente y efectiva. Sin embargo, antes de poder hacerlo, es importante que primero adquieras una comprensión simple de cómo funciona tu cerebro.

La mecánica de la mente

Necesitas ser capaz de pensar en tu cerebro como una máquina muy compleja que está compuesta por una red muy complicada de células que se conocen como neuronas. Las neuronas en tu cerebro son principalmente responsables de transmitir datos e información hacia y desde las distintas partes de tu cerebro. Cuando tus neuronas están funcionando correctamente, producen un cierto nivel de energía eléctrica dependiendo de la etapa de su actividad.

Cuando tu cerebro está funcionando a pleno rendimiento y se vuelve hiperactivo, entra en lo que se llama el estado Beta. Es cuando tus neuronas muestran altos niveles de actividad. Gradualmente, a medida que los niveles de actividad en tu cerebro disminuyen y tus neuronas se vuelven más sosegadas, tu cerebro entra en su estado Alfa. Finalmente, cuando el cerebro se apaga y entra en un modo de baja funcionalidad, como el que experimentas al quedarte dormido, se le conoce como estado Delta.

Esa es la extensión de tu comprensión requerida de las funciones craneales para que entiendas cómo funcionan los beats binaurales. Solo debes saber que tu cerebro no aprende bien cuando está en su estado hiperactivo o Beta. También es prácticamente incapaz de absorber información cuando está en su estado de baja potencia o Delta. Tu cerebro está más preparado para el aprendizaje cada vez que entra en su estado Alpha.

Los binaurales son básicamente una herramienta que puedes usar para inducir a tu cerebro a entrar en un estado Alfa.

Los impedimentos de enfoque

¿Por qué es que a menudo encuentras tu cerebro en un estado Beta y cómo puedes hacer la transición a un estado Alpha en su lugar? Bueno, hay muchos factores que determinan si tu cerebro está en un estado Beta o no. Sin embargo, en última instancia, la respuesta radica en el nivel de estrés y ansiedad que tienes en tu vida. Cuanto más ansioso te sientas en un momento dado, más estarás alimentando el estado Beta de tu cerebro. Por eso siempre es mucho más difícil para ti concentrarte en tus estudios o aprendizaje cuando estás en un estado de ansiedad o estrés. Tu cerebro está en un estado hiperactivo, lo que puede hacer que sea desafiante absorber y almacenar nueva información.

Poner tu cerebro en un estado Beta va a requerir mucha energía, y por eso tu cerebro puede sentirse muy agotado cada vez que te sientas estresado y abrumado con las cosas que están ocurriendo en tu vida. Puede que estés sentado en una silla cómoda, pero si te sientes estresado, puede dejarte sintiéndote físicamente cansado y exhausto. Para poder enfocarte realmente en una tarea en particular, debes ser capaz de inducir un estado Alpha en tu cerebro. ¿Pero cómo lo haces?

Llegar a Alpha a través de los Binaural Beats.

Va a ser difícil para cualquier persona lograr un estado mental de Alfa dejado a su propia suerte. El desafío de alcanzar Alfa solo se intensifica cuando sientes una gran cantidad de estrés o presión en tu vida. Sin embargo, resulta que hay una solución realmente simple para aliviar ese estrés y presión en tu vida hacia Alfa de manera rápida y fácil: la música.

Los binaurales son básicamente pulsaciones imaginarias que son percibidas por tu cerebro cada vez que se ve obligado a comprender dos frecuencias diferentes que se están enviando a cada oído. Los binaurales son más efectivos cuando el usuario o aprendiz está usando auriculares estéreo.

Si un oído está recibiendo una frecuencia de sonido de 110 Hz y el otro oído está recibiendo una frecuencia de 100 Hz, entonces el cerebro va a crear instintivamente un sonido artificial de 10 Hz para compensar la diferencia. Para sentir los efectos completos de los binaurales, querrás escuchar dos frecuencias separadas con una diferencia de alrededor de 8 Hz-12 Hz. Cuando te sumerges en la escucha de binaurales, tu cerebro lentamente transita hacia un estado de Alfa y se prepara para concentrarse en una tarea específica.

La Ciencia y la Sensación de Escuchar Binaural Beats

Según un estudio que fue publicado en la revista Frontiers of Psychiatry, los tonos binaurales pueden tener efectos dramáticos en las habilidades cognitivas y analíticas de una persona (Chaieb, Wilpert, Reber y Fell, 2015). Cuando se utilizan tonos binaurales, el cerebro automáticamente se enfoca en la concentración. Ayuda a calmar los nervios y la ansiedad, reforzando así la capacidad del cerebro para entretener y absorber nueva información. Induce un estado de calma en la mente que es suficiente para cultivar un estado propicio para el aprendizaje sin causar somnolencia ni letargo. Actividades como la meditación o el yoga también se sabe que inducen un estado de Alfa en el cerebro.

Sin embargo, es importante tener en cuenta que el uso de binaurales para enfoque y concentración es más efectivo cuando se utilizan auriculares estéreo que sean capaces de cancelar o bloquear el ruido externo. Es absolutamente esencial que cada oído sea capaz de distinguir la diferencia en frecuencia del sonido que se está alimentando en cada uno de ellos.

También podría ser importante tener en cuenta que las personas que son epilépticas o están embarazadas deben consultar primero a un médico antes de participar en la meditación o escucha de ritmos binaurales. Escuchar los ritmos binaurales es una actividad típicamente segura, sin embargo, podría posiblemente inducir convulsiones en personas que sufren de epilepsia.

Hay una gran disponibilidad de binaural beats en varias plataformas de medios como YouTube o Spotify. Son bastante simples de producir y realmente no requieren mucho análisis o atención. Es tan simple como ponerte los auriculares y presionar play. ¡Boom! Enfoque instantáneo.

Capítulo 17: Tarjetas didácticas para estudiar de forma efectiva

Ves esta herramienta de estudio todo el tiempo en programas de televisión y películas que representan montajes de niños estudiando para pruebas y exámenes. Es una herramienta muy común que es ampliamente utilizada por personas de todo el mundo, independientemente de la cultura, el origen o la materia. Todo tipo de personas, desde una niña estudiando para su examen de matemáticas de tercer grado hasta el CEO de alto poder preparándose para una importante presentación ante la junta directiva, hacen uso de esta antigua herramienta para estudiar y recordar: la tarjeta educativa.

Las tarjetas didácticas son una herramienta relativamente simple, y sin embargo, son increíblemente efectivas en ayudar a las personas a lograr algo llamado 'recuperación activa' - una herramienta o práctica común que acelera el aprendizaje. Este capítulo va a destacar lo efectivas que pueden ser las tarjetas didácticas para promover un aprendizaje acelerado, mientras desarrolla tu comprensión de cómo puedes utilizarlas de la mejor manera en tus esfuerzos de estudio.

El sistema de tarjetas de estudio es relativamente simple de entender. En un lado de la tarjeta, colocas una pregunta importante que esté conectada con lo que estás estudiando. En el lado opuesto de esa misma tarjeta, tendrás que colocar tu respuesta. El uso de tarjetas de estudio es una forma transformadora de evaluarte a ti mismo mientras te familiarizas con el material de estudio al mismo tiempo.

Errores comunes al usar tarjetas didácticas

A pesar de la simplicidad y popularidad de las tarjetas de vocabulario, todavía hay muchas personas que son culpables de usarlas de manera ineficaz. Es cierto, no hay una forma "incorrecta" de usar una tarjeta de vocabulario. Si funciona, funciona. Sin embargo, innegablemente hay algunas mejores prácticas que promueven de manera más efectiva la eficiencia en el recuerdo activo al usar tarjetas de vocabulario. Aquí hay algunos errores comunes que la mayoría de las personas tienden a cometer al incorporar tarjetas de vocabulario en sus rutinas de estudio:

- Creando tarjetas didácticas que están diseñadas únicamente para inducir el aprendizaje mecánico.
- Creando tarjetas didácticas que inducen el reconocimiento en lugar de una recuperación genuina.
- Haciendo uso de tarjetas didácticas incluso cuando la materia requiere un enfoque diferente.

Las mejores formas de aprovechar las tarjetas didácticas

Estudiar mientras se hacen uso de fichas es algo que es una decisión que tomas por tu cuenta. Por lo tanto, sería tonto tratar de imponerte todas estas reglas y pautas si sientes que realmente no te ayudarán. Sin embargo, no estaría mal que abras un poco tu mente a la idea de utilizar estas técnicas confiables para aumentar tu capacidad de aprendizaje usando fichas.

Haz tus propias tarjetas de memoria desde cero.

Una regla básica para estudiar es que siempre debes sumergirte profundamente en el material que estás aprendiendo tanto como sea posible. Esto significa que sería mucho más efectivo que en realidad te tomes el tiempo de hacer tus propias tarjetas de memoria desde cero en lugar de recurrir a usar las tarjetas de memoria de otra persona para estudiar. La inversión mental y emocional que pongas en la creación de tus tarjetas de memoria definitivamente ayudará a promover el pensamiento crítico, la comprensión y la retención.

Incorpora imágenes en tus tarjetas de memoria.

Si eres un aprendiz más visual que se estimula mejor con imágenes y fotos, entonces no tengas miedo de incorporar imágenes en tus tarjetas didácticas. Siempre se anima a que te pongas creativo con la forma en que diseñes y estructures tus tarjetas. A veces, usar imágenes creativas puede hacer que una idea o un concepto sea mucho más memorable y distintivo.

Utilice dispositivos mnemotécnicos.

La idea de dispositivos mnemotécnicos ya ha sido explicada en un capítulo anterior de este eBook. No tengas miedo de incorporar esta técnica de estudio en la creación de tus tarjetas de memoria también. Este es un ejemplo perfecto de poder incorporar creativamente dos técnicas de aprendizaje separadas en una metodología única.

Permanece en un punto por tarjeta.

No quieres sobrecargar tu mente con tarjetas de memoria. El objetivo de las tarjetas de memoria como metodología es promover la comprensión a través de la pura repetición y el recuerdo genuino. Puede ser muy difícil recordar la información en una tarjeta de memoria cuando está llena de demasiados conceptos e ideas. Mantente solo en una pregunta y respuesta para cada tarjeta de memoria para que no termines sobrecargando tus sentidos.

Divide las ideas complicadas en varias tarjetas

Similar al punto anterior en esta lista, es importante que no sobrecargues tus sentidos con la cantidad de información que colocas en una sola tarjeta. Es por eso que si te encuentras con un tema difícil o desafiante que es demasiado complejo, puede ser una buena idea dividirlo en preguntas separadas adecuadas para tarjetas separadas.

Habla en voz alta mientras estudias.

Aunque no quieras sobrecargar tus sentidos mientras estudias hasta el punto en que comprometas tu capacidad de comprensión, aún vas a querer reclutar todos tus sentidos para promover enfoque y concentración. Por eso realmente ayuda decir las cosas en voz alta mientras estudias en lugar de solo pensar en estas ideas y conceptos en tu mente. Hacer uso de esta técnica puede ayudar enormemente en la memorización y el recuerdo.

Estudia tus tarjetas de memoria de forma no lineal.

Es probable que a lo largo del curso de tu proceso de estudio, no solo vayas a repasar tus tarjetas didácticas una sola vez. Las tarjetas son mejor utilizadas de acuerdo con el principio de Repetición Espaciada. Pero esto se profundizará más en el próximo capítulo. Por ahora, solo quieres asegurarte de que cuando repitas tu ronda de tarjetas, lo hagas en un orden diferente. Agregar un sentido de espontaneidad en la forma en que estudias tus tarjetas reforzará un recuerdo genuino en lugar de una memorización y reconocimiento falsos.

Explora otros métodos de aprendizaje acelerado.

No trates las tarjetas como si fueran la única forma aceptable de aprender y estudiar. Sí, pueden ser herramientas muy efectivas. Sin embargo, solo porque esta es una metodología que ha demostrado su efectividad en el pasado no significa que siempre vaya a ser efectiva en cada situación de estudio en la que te encuentres. De hecho, las tarjetas pueden ser utilizadas como un gran complemento a otros métodos de aprendizaje transformadores. Siempre es agradable mezclar las cosas y ver qué funciona mejor para escenarios específicos. Es por eso que este eBook es un gran recurso para ti, porque se te ofrecen algunas alternativas al aprendizaje acelerado que pueden complementarse con otros métodos de estudio. No hay un método específico que vaya a funcionar mejor para cada situación.

Capítulo 18: Un caso para la Repetición Espaciada

¿Cuál es la razón por la que quieres aprender más sobre técnicas de aprendizaje acelerado en primer lugar? Quieres ahorrar tiempo. Esa es esencialmente la esencia de tu motivación, ¿verdad? Valoras tu tiempo como persona y siempre quieres aprovecharlo al máximo. Desafortunadamente, los métodos tradicionales de estudio requerirán mucho tiempo y esfuerzo, y es posible que no produzcan los resultados más satisfactorios. Sabes que tienes que dedicar x número de horas a estudiar una materia en particular para poder dominarla por completo, pero solo tienes tantas horas en un día. Este es esencialmente el problema que la repetición espaciada busca resolver.

En lugar de estudiar durante cinco horas seguidas en un solo día, quizás deberías intentar estudiar una hora cada día durante cinco días seguidos. Notarás que este último método de estudio va a darte mejores resultados, y será mucho más fácil de manejar en tu ajetreado horario. Esta forma de estudio es precisamente lo que llamarías 'repetición espaciada'. Este capítulo va a tocar el por qué la repetición espaciada es un modo tan efectivo de aprendizaje, y también se adentrará en cómo puedes maximizarlo mejor para acelerar tu propio proceso de aprendizaje personal.

Cómo construir una pared resistente

Piensa en el aprendizaje como construir un muro para una

casa con un montón de ladrillos. Primero empiezas con la capa base de ladrillos. Cada ladrillo lo cementas cuidadosamente al suelo mientras los colocas uno al lado del otro hasta que toda la primera capa del muro esté completa. Entonces, tienes que esperar a que el cemento se solidifique, y luego puedes comenzar a apilar la segunda capa de ladrillos en el muro. Cuando hayas terminado con eso, esperas a que el cemento se solidifique, y luego repites el proceso hasta que hayas terminado con toda la fachada.

La repetición espaciada es esencialmente como construir una pared de ladrillos. No es simplemente apilar capas de ladrillos unas sobre otras sin parar. Siempre tiene que haber pausas entre ellas para permitir que el cemento y los ladrillos se asienten y se solidifiquen. Así es exactamente como funciona la mente. Sería muy ineficiente intentar procesar grandes cantidades de información en un período prolongado de tiempo sin parar. Lo que debes hacer es administrarte adecuadamente. Ráfagas cortas y consistentes de aprendizaje y estudio serían mucho mejores que una sola sesión maratón de lectura. Esa es básicamente la esencia detrás del método de repetición espaciada de aprendizaje. No se trata de un esfuerzo largo y prolongado para construir las cuatro paredes de una habitación en un solo día. Son ráfagas cortas y repetitivas de pequeños esfuerzos que puedes dar de manera consistente para garantizar la integridad de la base de la habitación.

Los mejores intervalos para la repetición espaciada

No te conformas simplemente con entender la idea de tener que espaciar las sesiones de estudio y aprendizaje que tienes. Quieres saber CÓMO debes espaciarlas. Quieres llegar a los aspectos más detallados de ello. Como dicen, el diablo está en los detalles después de todo. Sabes que dado que los científicos e investigadores han demostrado la efectividad de la repetición espaciada como concepto, entonces debe haber intervalos de espaciado óptimos en los que las personas puedan participar para maximizar su aprendizaje. Si realmente piensas eso, entonces estarías en lo correcto. ¿Ves lo inteligente que eres ya? Ni siquiera hemos terminado este libro electrónico todavía.

Fue Piotr Wozniak, el cofundador del software de aprendizaje y desarrollo SuperMemo, quien dedicó la mayor parte de su vida profesional a descubrir los intervalos ideales de espaciado para maximizar los efectos positivos de la metodología de repetición espaciada. Fue su investigación en el campo de la repetición espaciada lo que finalmente lo llevó a crear el algoritmo que más tarde serviría como base para su software de aprendizaje SuperMemo. No intentaremos entrar en detalles sobre los pormenores de su algoritmo, pero para darle una buena idea de lo que su investigación sugirió, esto fue lo que encontró:

La primera repetición debe realizarse después de un día de la sesión de estudio inicial. La segunda repetición debe ocurrir 7 días después de eso. La tercera repetición debe tener lugar 16 días después de eso. Y la repetición final de estudio debe tener lugar 35 días después de eso.

Y aunque estos son los hallazgos de Wozniak, no necesariamente tienes que ser tan estricto al seguir este formato específico. Obviamente, aún puedes ajustar dependiendo de tus necesidades y metas personales. Su investigación simplemente te ofrece una mejor visión general de cómo podrías estructurar tus propios intervalos de repetición mientras te embarcas en tu camino hacia el aprendizaje.

Usando tarjetas de memoria para repetición espaciada

Recuerda cómo en el capítulo anterior, hablamos sobre la utilidad y eficacia de la tradicional tarjeta de memoria como herramienta para el aprendizaje? Bueno, hay una forma de integrar la metodología de repetición espaciada en el método de uso de tarjetas de memoria para realmente optimizar el aprendizaje para ambas pedagogías. Es cierto que habrá varias formas en las que podrías implementar tu programa de aprendizaje con repetición espaciada utilizando tarjetas de memoria. Sin embargo, para los propósitos de este eBook, nos vamos a centrar en la más simple y fácil de entender: el sistema Leitner.

Para entender cómo funciona realmente el sistema Leitner, imagina que has preparado un conjunto de tarjetas didácticas que forman varias preguntas y puntos importantes que están relacionados con el tema principal que necesitas estudiar para un examen o una presentación. Después de preparar tus tarjetas, querrás preparar alrededor de 5 paquetes o cajas diferentes. El número de cajas puede variar dependiendo de la cantidad de tiempo que tengas para prepararte para un examen o la cantidad de tarjetas que puedas tener. Para el propósito de este ejemplo, digamos que has decidido tener 5 cajas.

Para empezar a estudiar con el sistema Leitner, coloca todas las tarjetas que tienes en la Caja 1 y pasa por una ronda de pruebas. Por cada tarjeta en la que respondas correctamente, transfiérela a la Caja 2. Cada tarjeta que respondas incorrectamente tendrá que permanecer en la Caja 1. Este es un proceso que querrás seguir hasta llegar a la quinta y última caja. Por cada tarjeta que respondas correctamente, tendrás que promoverla a la siguiente caja. Sin embargo, por cada tarjeta que respondas incorrectamente, tendrás que devolverla a la Caja 1 independientemente de en qué orden de cajas estuviera cuando la respondiste mal. Ahora que entiendes la mecánica de las cajas y de las transferencias de tarjetas, es hora de determinar los intervalos de repetición espaciada adecuados para las cajas.

La caja 1 es una caja que querrás probar tú mismo todos los días. La caja 2 debería ser probada cada dos días. La caja 3 debería ser probada una vez a la semana. La caja 4 debería ser probada cada cuatro semanas. Por último, la caja 5 debería ser estudiada en la última semana de preparación para los exámenes.

Conclusión

Al final del día, el aprendizaje siempre va a ser una conquista de por vida. Es algo que vas a querer tomarte en serio mientras vivas. La persona que cree que lo sabe todo es la persona que al final se quedará rezagada por aquellos que aceptan que todavía hay mucho por aprender en la vida. Permite que tus curiosidades te impulsen hacia adelante. Está bien aceptar que aún no lo sabes todo. Está bien admitirte a ti mismo que eres ignorante sobre algo. La autoconciencia es clave para el crecimiento de cualquier persona. Cuanto más consciente seas de cuánto no sabes, mayor será tu potencial de conocimiento y desarrollo como ser humano.

Todos aprendemos de manera diferente. Algunos de nosotros aprendemos con más ayudas visuales, y algunos de nosotros preferirán ayudas auditivas. Algunos de nosotros lograrán absorber el valor de un libro de texto completo en un día, y para algunos de nosotros, tomará un poco más de tiempo. Todo depende de la personalidad de un ser humano y su enfoque hacia el aprendizaje en general. Pero, en última instancia, los objetivos siguen siendo los mismos. Todo es en pos del conocimiento, la sabiduría y la perspectiva. Todo se trata de mejorar la comprensión del mundo que nos rodea. Realmente se trata de ampliar la mente para poder acomodar la inmensidad de información en el universo.

Aprender es un proceso que tendrás que emprender sin importar dónde te encuentres en la vida. Durante tus años formativos, estás obligado a aprender los principios básicos y fundamentos de lo que significa ser un ser humano en este mundo. A medida que avanzas en tus años escolares, estás obligado a aprender temas que pueden ser un poco más complejos pero que te ayudarán a prepararte para la vida adulta. Una vez que comienzas tu carrera, tendrás que aprender ciertos conceptos especializados para ayudarte a avanzar en tu campo. Cuando estés pensando en formar una familia, tendrás que aprender la dinámica de criar a un hijo y mantener un hogar. Aprender es un viaje muy personal en el que te embarcas hasta que tu tiempo en este mundo termine.

Ya es un hecho que el tiempo que tienes en este mundo es limitado. El tiempo no es algo que se pueda pedir prestado, prolongar o negociar. Por eso todos debemos asegurarnos de aprovechar al máximo el tiempo que tenemos en este mundo. Si desperdiciamos nuestro tiempo con métodos de aprendizaje obsoletos, ineficaces e ineficientes, entonces nos estamos privando del tiempo que podríamos estar utilizando para hacer otras cosas en la vida, como participar en actividades recreativas o unirnos con las personas que amamos.

Por lo tanto, si tienes la oportunidad de mejorar y optimizar la forma en que abordas el aprendizaje, siempre deberías considerarlo al menos. Siempre quieres mantenerte abierto a nuevas ideas y nuevas perspectivas sobre cómo puedes llevar a cabo tus procesos diarios, especialmente uno tan fundamental como el aprendizaje. El aprendizaje acelerado te ofrece una oportunidad de optimizar la forma en que recopilas, analizas, comprendes y retienes información valiosa sin tener que exigir demasiado de tu tiempo o energía. La vida es multifacética después de todo, y nunca debería ser vivida con solo un aspecto estando en primer plano todo el tiempo. No siempre tienes que dedicar toda tu vida al aprendizaje serio y al estudio todo el tiempo. Pero si logras integrar metodologías de aprendizaje optimizadas en la forma en que abordas la vida en su conjunto, entonces realmente no tendrá que sentirse como un trabajo en absoluto. Lo mejor de los métodos de aprendizaje acelerado es que están diseñados para sentirse naturales y orgánicos. Una vez que seas capaz de adoptar una técnica en la forma en que analizas las cosas, se convierte en parte de quién eres y en cómo abordas nuevos conceptos e ideas.

Aprender no es una empresa que solo debería reservarse para los adinerados, la élite y los sobresalientes privilegiados del mundo. Aprender es algo a lo que todos siempre deberían poder acceder independientemente de cuál sea el trasfondo de uno. Con una abundancia de técnicas de aprendizaje acelerado disponibles, es casi imposible que alguien no pueda encontrar una que se ajuste a sus propios gustos personales, preferencias y objetivos.

Con suerte, este libro habrá proporcionado una visión valiosa sobre la forma en que podrías abordar el aprendizaje y la comprensión. Eres un ser humano y tienes sueños, y al igual que todos los demás, te has fijado metas para ti. Hay ciertas cosas en esta vida que deseas lograr, y comprendes que el camino hacia el éxito no está pavimentado para ser fácil. Sabes que hay muchas cosas que necesitas aprender para crecer y prepararte para los desafíos que están por venir. No debes dejar que las discapacidades de aprendizaje o los métodos de aprendizaje ineficaces te alejen de tus metas y sueños. Aprovecha las técnicas de aprendizaje acelerado que se te han presentado. Solo tienes una vida que vivir, y quieres asegurarte de maximizarla al máximo de tus habilidades.

Técnicas Secretas de la Terapia Cognitivo-Conductual:

12 Poderosas Técnicas para Superar la Ansiedad, la Depresión, el Insomnio y la Ira. Aprende Inteligencia Emocional y Toma el Control.

© Derechos de autor 2024 Robert Clear - Todos los derechos reservados.

El siguiente libro electrónico se reproduce a continuación con el objetivo de proporcionar información lo más precisa y fiable posible. No obstante, la compra de este libro electrónico puede interpretarse como consentimiento al hecho de que tanto el editor como el autor de este libro no son de ninguna manera expertos en los temas tratados en su interior y que cualquier recomendación o sugerencia que se haga aquí es solo con fines de entretenimiento. Se recomienda consultar a profesionales según sea necesario antes de emprender alguna de las acciones respaldadas aquí.

Esta declaración es considerada justa y válida tanto por la Asociación de Abogados de Estados Unidos como por el Comité de la Asociación de Editores y es legalmente vinculante en todo Estados Unidos.

Además, la transmisión, duplicación o reproducción de cualquiera de las siguientes obras, incluida la información específica, se considerará un acto ilegal, independientemente de si se realiza de forma electrónica o impresa. Esto se extiende a la creación de una copia secundaria o terciaria de la obra o una copia grabada, y solo está permitido con el consentimiento expreso por escrito del Editor. Todos los derechos adicionales reservados.

La información en las páginas siguientes se considera ampliamente como un relato veraz y preciso de los hechos y, como tal, cualquier falta de atención, uso o mal uso de la información en cuestión por parte del lector hará que cualquier acción resultante recaiga únicamente bajo su responsabilidad. No hay escenarios en los cuales el editor o el autor original de esta obra puedan ser considerados de ninguna manera responsables por cualquier dificultad o daño que pueda sobrevenirles después de emprender la información descrita en ésta.

Además, la información en las siguientes páginas está destinada únicamente con fines informativos y, por lo tanto, debe considerarse como universal. Como corresponde a su naturaleza, se presenta sin garantía con respecto a su validez prolongada o calidad temporal. Las marcas comerciales que se mencionan se hacen sin consentimiento por escrito y de ninguna manera se pueden considerar un respaldo por parte del titular de la marca comercial.

Capítulo 1: "Cognitivo" y "conductual" y "terapia"

El secreto de la terapia cognitivo-conductual está en el nombre - es una terapia que se centra en la "cognición" y en el "comportamiento". Este capítulo desglosará exactamente lo que eso significa y contextualizará la TCC en términos de otras intervenciones terapéuticas. Esto será útil incluso si no tienes conocimientos previos o experiencia en terapia - tienes una idea de cómo debería ser la terapia, incluso si solo es por la televisión, y es útil diferenciar la TCC de esa concepción.

Las terapias cognitivas tratan el comportamiento como mediado por los pensamientos. Lo que piensas determina lo que haces. Alguien que está deprimido tiene pensamientos conscientes que son negativos y pesimistas, estos pensamientos son posibles de cambiar. A principios del desarrollo de la TCC, la investigación encontraba que las personas que tenían un "estilo explicativo negativo" tenían más riesgo de desarrollar depresión (Seligman y Abramson, 1979). Es decir, las personas que ven lo peor en las situaciones o siempre buscan una interpretación pesimista de una situación son más propensas a deprimirse. La terapia cognitiva trabaja para cambiar la forma en que interpretas y piensas sobre situaciones para mejorar la forma en que te sientes. Todas las terapias cognitivas, incluida la TCC, enfatizan la educación y el aprendizaje de nuevas habilidades que se pueden usar para cambiar tu propia mente.

Existen tres principios básicos en los que todas las formas de terapia cognitiva creen, y es importante tomarlos en serio al aprender sobre la TCC.

Primero, hay un principio que dice que nuestros pensamientos son conocibles. La TCC no se enfoca en el subconsciente o preconsciente. Esto estaría más en línea con el psicoanálisis, que cree que nuestro comportamiento está determinado por nuestra mente subconsciente. En psicoanálisis, el propósito de la terapia es sacar a la luz cosas que no pensamos conscientemente pero que afectan nuestra vida diaria. Por otro lado, las terapias cognitivas respaldan la idea de que con el entrenamiento adecuado y la atención, cada persona puede ser consciente de su propio pensamiento. No necesitas un psicoanalista para analizar la forma en que tu mente funciona secretamente. Los pensamientos importantes son los conscientes y los superficiales. Esto no significa que los únicos pensamientos importantes sean los superficiales sobre las cosas diarias; tus creencias más profundas también son importantes y se discutirán. Lo importante es que los pensamientos sean accesibles y conscientes.

En segundo lugar, está el principio de que nuestros pensamientos determinan cómo nos sentimos y qué hacemos en respuesta a diversas situaciones en las que nos encontramos. No es el caso de que simplemente actuemos sin pensar o simplemente nos dejemos llevar por la emoción que no podemos controlar. El modelo sostiene que la forma en que pensamos sobre un evento es crucial en términos de cómo nos sentimos. Las emociones dependen de juicios y los juicios tienen que ver con el pensamiento. Por ejemplo, solo te sientes ansioso si tienes el juicio de que hay una amenaza o algo de qué preocuparse en la situación. Para tener la emoción de ansiedad, el juicio también es necesario. Muchas personas sienten que sus emociones son automáticas o están más allá de su control. Hablaremos de esto con gran profundidad más adelante, pero lo importante es notar que la TCC no cree que eso sea cierto. Solo se siente cierto porque desarrollamos el hábito o la rutina de una reacción emocional particular. Por ejemplo, si juzgamos que algo es amenazante, comenzamos a desarrollar en nosotros mismos el hábito de evitar esa cosa. Eventualmente, podemos sentirnos abrumados por el miedo solo con verlo, sin tener la experiencia consciente de pensar. Sin embargo, incluso en esos casos, donde las respuestas emocionales y conductuales parecen ser puramente reflejas, la TCC cree que hay pensamientos que ocurren entre el evento y las respuestas de la persona a ese evento.

Los terceros principios se derivan de los dos primeros. Específicamente, la TCC sostiene que porque podemos saber lo que pensamos y lo que pensamos controla cómo reaccionamos ante situaciones específicas, podemos modificar intencionalmente cómo respondemos a los eventos que nos rodean. Utilizando las habilidades que aprendes en este libro, podrás ser más funcional a medida que comprendas mejor cómo funciona tu mente. Esto significa que no hay sentido de que alguien esté "condenado" a una enfermedad mental particular o un patrón de pensamiento y comportamiento mal adaptativo. Aunque puedas ser diagnosticado con una preocupación particular de salud mental, el diagnóstico no es el destino. Puedes cambiar la manera en que actúas cambiando la forma en que piensas.

Además de estos principios, hay otra suposición importante que dice que una visión precisa del mundo es una visión saludable del mundo. A veces tenemos la concepción social de que los optimistas son ilusos y que ser "realista" es ver las cosas de manera negativa. La TCC sostiene lo opuesto. La idea general es que cuando entendemos mejor el mundo real o la realidad objetiva, nos adaptaremos mejor para hacerle frente. Las personas son capaces de sintonizarse más con el mundo que les rodea y cuando lo logran, tendrán una mejor salud mental. Por otro lado, aquellas personas que perciben sistemáticamente el mundo de forma incorrecta, a menudo demostrarán comportamientos poco adaptativos. La TCC sostiene que los individuos que distorsionan el mundo que les rodea tendrán más problemas.

Relacionado con esto, la TCC se preocupa mucho por si los pensamientos son útiles o no. Los patrones de pensamiento provienen de la experiencia a largo plazo con el mundo que nos rodea. Las creencias fundamentales, de las que hablaremos con gran detalle más adelante, afectan la forma en que vemos el mundo y cómo elegimos interactuar con él. Esto significa que nuestras creencias pueden, de hecho, limitar nuestras oportunidades, al cambiar el tipo de situaciones en las que nos ponemos o al limitar el rango de actividades que vemos como posibles. Es decir, nuestros pensamientos pueden convertirse en profecías autocumplidas. Nuestras creencias fundamentales afectan nuestro futuro y las posibilidades que vemos en él.

Hay tres tipos generales de terapias cognitivas: aquellas que se centran en reestructurar pensamientos, aquellas que se centran en desarrollar habilidades de afrontamiento y aquellas que se centran en resolver problemas. Todos estos tipos de terapias son ejemplos de TCC y son compatibles entre sí. Las diferencias radican en el grado en que las terapias se centran en el cambio cognitivo o conductual. Las terapias de reestructuración cognitiva se centran casi por completo en la manera en que piensas. Tienen la filosofía de que el dolor emocional y el comportamiento maladaptativo se derivan de perturbaciones en el pensamiento. El objetivo, entonces, es ayudarte a pensar de manera más racional y adaptativa. Las terapias de habilidades de afrontamiento, por otro lado, se centran específicamente en desarrollar un conjunto de habilidades que ayuden a la persona en situaciones externas que encuentran estresantes. Los pensamientos son menos específicamente dirigidos, a menos que afecten negativamente la capacidad de la persona para responder a un evento estresante. Las terapias de resolución de problemas tienen el objetivo de enseñarte un conjunto de estrategias útiles para hacer frente a una variedad de situaciones problemáticas y las estrategias pueden ser tanto cognitivas como conductuales. Esto se encuentra entre los dos tipos previos de teoría, sin estar completamente enfocado ni en el comportamiento ni en los pensamientos.

Este libro cubrirá todo el espectro de la terapia cognitivo-conductual. Tendremos ejemplos de reestructuración cognitiva, habilidades para hacer frente y solución de problemas. El objetivo es ayudarte a aprender a sentirte mejor de la mayor cantidad de formas posibles. El objetivo es ayudarte a encontrar un enfoque que funcione para ti. Para lograrlo, explora una amplia variedad de intervenciones y aprende habilidades diferentes. Entonces podrás unirlas en tu propia vida.

Todo eso se trata principalmente del "cognitivo" en la TCC, aunque hablamos un poco sobre el comportamiento. ¿Qué pasa con lo "conductual"? La terapia conductual se deriva de una teoría de psicología conocida como "conductismo", la cual dice que la mejor forma de entender el comportamiento humano es mirar la relación entre la acción y sus consecuencias. Uno de los padres del conductismo, BF Skinner, llamó a esto "condicionamiento operante". Simplemente, el condicionamiento operante depende de la regla de que el comportamiento que es reforzado tiende a repetirse y el comportamiento que no es reforzado tiende a debilitarse (Skinner, 1988). Su famoso experimento consistía en poner ratas en una "Caja de Skinner" donde ciertos comportamientos eran reforzados con premios o castigados.

Descubrió que los comportamientos que eran reforzados tendían a repetirse y los comportamientos castigados desaparecían.

Las determinaciones conductuales se centran en los comportamientos específicos con los que se involucra la persona en su totalidad. El objetivo de la terapia conductual, a diferencia de muchas otras terapias, no es encontrar un diagnóstico específico. Realmente no nos importa la colección de síntomas en términos de la condición de salud mental que se podría decir que tienes. En cambio, la preocupación importante es la naturaleza de tus problemas y cómo esos problemas afectan tu vida. No importa a qué "enfermedad" general estén relacionados esos problemas. En cierto sentido, se trata de tu comportamiento y no de tu identidad.

El comportamiento se ve como específico a los contextos y al entorno en el que te encuentras. Debido a que no se preocupa por una categorización general de tu identidad, no se asume que tu comportamiento esté relacionado con características generales tuyas. En cambio, el comportamiento se ve en contextos específicos y relacionado con un entorno específico. Esto significa que cuando piensas en cómo "mejorar", el objetivo es cambiar el comportamiento, no un cambio más generalizado en tu autoconcepto.

Esto significa que es importante ser claro sobre qué problemas, en particular, te llevan a la TCC. No pienses en ti mismo como "alguien con depresión" o una etiqueta general como esa. En cambio, identifica los problemas y comportamientos específicos que te causan sufrimiento. ¿Qué te gustaría cambiar sobre las cosas que haces a diario?

Para generalizar, la terapia conductual se centra en dos tipos de problemas: cuando se realiza un comportamiento en exceso y cuando no se hace lo suficiente. Los excesos conductuales son cuando una persona muestra un comportamiento particular que sucede con demasiada frecuencia o intensidad. Este comportamiento se convierte en un problema para la persona que lo realiza. Las versiones comunes de excesos conductuales son el sexo promiscuo, el juego compulsivo o un comportamiento muy disruptivo en busca de atención. Alguien que lucha con la ira y los impactos negativos de los arrebatos de ira también tendría un exceso de comportamiento. Dado que el conductismo se basa en la idea de que los comportamientos que se refuerzan se repiten, un exceso conductual es una señal de que de alguna manera este comportamiento está siendo reforzado. Por ejemplo, para alguien que tiende a tener arrebatos de ira, este comportamiento puede estar siendo reforzado al salirse con la suya y retirarse de las personas que no están de acuerdo con ellos. Aunque en general el comportamiento causa resultados negativos, hay un refuerzo específico y dirigido que refuerza el comportamiento.

El otro tipo de comportamiento problemático es el comportamiento deficitario. Esto sucede cuando una persona no demuestra flexibilidad adecuada al ajustar su comportamiento en diferentes circunstancias. Simplemente no saben qué hacer cuando ciertas situaciones ocurren o no tienen la capacidad de reaccionar adecuadamente. Esto tiende a suceder cuando estos comportamientos nunca fueron aprendidos o, cuando los comportamientos previamente utilizados fueron encontraron con consecuencias negativas. Como aprendimos con el condicionamiento operante, cuando un determinado comportamiento es castigado, las personas tienden a no continuar realizando ese comportamiento.

Otro aspecto de la terapia conductual es el enfoque en la creación de habilidades para hacer frente. Los comportamientos de afrontamiento se refieren a cómo una persona responde a situaciones difíciles. Muchos comportamientos que se convierten en problemáticos empezaron como comportamientos de afrontamiento—comes porque te hace sentir bien después de un mal día. Esto a menudo significa que terminas siendo deficiente en cómo responder apropiadamente a las dificultades. Todos tienen que lidiar con dificultades a lo largo de su vida—la única pregunta es qué tan bien respondes a ello.

Este libro hablará sobre una variedad de estrategias, tanto cognitivas como conductuales. Lo que nos guiará en todo momento es el principio de que tienes el poder de cambiar el rumbo de tu vida. Nada está predestinado, y nadie está condenado. Si aprendes a intervenir en tus pensamientos y comportamientos, tu vida puede mejorar mucho.

Capítulo 2: El Modelo de TCC

Este capítulo te presentará la forma básica en que la TCC entiende la interacción del individuo con el mundo. Esto es crucial de comprender, porque todas las demás intervenciones dependen de este modelo. Sin internalizar las relaciones básicas, las otras intervenciones serán mucho más difíciles. Para ayudarnos a entender los conceptos en este capítulo, usaremos el ejemplo de Joe. Joe es alguien que lucha con su vida, tal como es en el presente, y este capítulo comenzará a explicar por qué.

La TCC se basa en un modelo cognitivo en el que hay una conexión entre pensamientos, emociones, comportamiento y el cuerpo físico. Los pensamientos afectan la forma en que funciona el cerebro, produciendo así estados emocionales y comportamientos. Si bien la medicación puede afectar la forma en que funciona nuestra mente, la investigación muestra que la terapia centrada en los pensamientos puede cambiar realmente la estructura del cerebro.

La forma en que pensamos sobre el mundo tiene efectos profundos en cómo lo experimentamos. Si alguien te atara a una montaña rusa y te dijera que era un dispositivo de tortura, es probable que tu reacción al ir en la gran caída fuera muy diferente. Si pensamos que nos estamos divirtiendo, en cambio modificaremos nuestra reacción de ansiedad y se volverá en general agradable.

Para la TCC, los problemas en nuestras vidas están relacionados con la inadecuación de nuestros repertorios de comportamiento o interrupciones en nuestros pensamientos. Cómo es una vida saludable y satisfactoria es diferente para cada persona, pero puede haber algunas generalizaciones. Alguien funciona bien cuando es activo y regularmente hace cosas que disfruta y que le dan un sentido de ser capaz. Responde bien a los desafíos y es resistente ante situaciones negativas. Ven el lado positivo y esperanzador de las cosas y tienen una autoestima generalmente saludable.

Para muchos de nosotros, hay cosas que se interponen en el camino de ese ideal. A veces, tenemos deficiencias en el comportamiento. Alguien podría tener altos niveles de ansiedad social y, en un análisis, se encuentra que tiene dificultades para mantener una conversación y es un mal oyente. Esa persona podría necesitar habilidades específicas y enfocadas para mejorar su vida. Otra persona que tiene ansiedad social, sin embargo, podría tener las habilidades necesarias, pero seguir sintiéndose ansioso y evitando situaciones sociales porque creen que son torpes. Esa persona necesita más intervención cognitiva.

Para la mayoría de las personas, una combinación de herramientas conductuales y cognitivas es útil para hacer frente a la forma en que se manifiestan tus problemas.

Para ir a nuestro ejemplo, veamos la vida de Joe. Joe es un solitario y siempre ha pensado en sí mismo de esa manera. Cuando la gente le pide que haga cosas, él piensa: "la gente se está compadeciendo de mí". Esto lo irrita y los rechaza. Cuando interactúa con mujeres de cualquier manera, presta mucha atención a cualquier señal de crítica o antipatía. Si ella responde a cualquier cosa que diga con desacuerdo, él piensa "la arruiné" y se pone triste y retraído.

Para Joe, las situaciones sociales son una fuente de ansiedad. No obtiene ningún placer al interactuar con las personas. Mientras que muchas personas tomarían una invitación de amigos como algo bueno, para Joe es motivo de preocupación. Su pensamiento de que la gente siente lástima por él está moldeando la forma en que reacciona ante los eventos en el mundo.

Joe, si le preguntaras después de una cita con una mujer, diría "Me siento como un fracaso." Pero lo que está sucediendo ahí es una confusión entre un sentimiento y un pensamiento. El sentimiento que está experimentando es tristeza. Él está teniendo el pensamiento de que es un fracaso. La distinción es importante, porque confundir los dos nos impide ver la verdadera causa de nuestras acciones.

Joe probablemente sería una persona frustrante para interactuar, en muchos aspectos. Su constante atención por la crítica y el desagrado probablemente tendrá el efecto de hacerlo una persona más difícil de tratar. Su opinión, de que es socialmente inepto, podría ser probada como verdadera solo a través de su miedo. Su manera de pensar le está causando muchos problemas.

En la TCC, los problemas psicológicos se entienden como pensamientos problemáticos y perturbaciones en el pensamiento. Los psicólogos dividen los problemas de pensamiento en tres categorías. La primera categoría son los "pensamientos automáticos". Estos pueden ser sobre uno mismo, el mundo, otras personas, el futuro o cualquier cantidad de cosas. Los pensamientos automáticos son los pensamientos que vienen a ti sin ninguna indicación y sin esfuerzo consciente. En las personas deprimidas, suelen ser negativos con frecuencia. Una característica de los pensamientos automáticos es que suelen ser frecuentemente falsos o, en el mejor de los casos, solo parcialmente verdaderos. Esto contribuye al hecho de que son el tipo de problema de pensamiento más fácil de cambiar. Puedes poner a prueba tus pensamientos automáticos para ver si son precisos sobre el mundo y, a menudo, la realización de que no lo son reduce su poder.

Aprender a identificar los pensamientos automáticos es una estrategia crucial para sentirse mejor. Hablaremos más al respecto en el Capítulo 3. Aprender a filtrar tu propia mente y aislar tus pensamientos es una habilidad crucial. Una vez que hayas determinado cuáles son tus pensamientos, puedes empezar a cambiarlos, lo cual discutiremos detalladamente en el capítulo 4. Aprenderás a crear pensamientos alternativos, determinar si el pensamiento es verdadero e incluso llevar un registro de tu relación emocional con el pensamiento.

El objetivo de la TCC es ayudarte a llegar a una conclusión más precisa y lógica sobre el mundo que la que te proporcionan tus pensamientos automáticos. Volviendo a Joe, sería útil para él evaluar el pensamiento de que sus amigos simplemente sienten lástima por él. Si mirara la evidencia, probablemente encontraría razones para pensar que realmente disfrutaban pasar tiempo con él y que eran amigos suyos debido a las cosas positivas que él agregaba a sus vidas. Si evaluara la veracidad de su pensamiento automático, probablemente descubriría que era falso.

La segunda categoría de interrupción del pensamiento está en las "reglas" que una persona establece para sí misma y que llevan a expectativas que tienen para sí mismos o para otros. A veces se entienden como "creencias intermedias" y pueden servir para protegerte de resultados negativos. Si en general estás convencido de que no eres una persona valiosa para estar cerca, podrías desarrollar la "regla" de que siempre debes trabajar para complacer a todos para que quieran seguir teniéndote cerca.

Joe, desafortunadamente, tuvo una infancia difícil. Su madre fue muy dura con él y aprendió a avergonzarse de sí mismo cuando cometía un error. Desarrolló la regla de que "si dejas que la gente se acerque, serán críticos y te rechazarán". Esta regla lo lleva a mantener a las personas a distancia, ya que existe el riesgo de que sean crueles si las deja demasiado cerca.

Esto lleva a la última categoría de pensamientos, conocida como "creencias centrales". Estas son los compromisos básicos que las personas tienen y generalmente, han pensado durante mucho tiempo. Estas son las creencias básicas que una persona tiene sobre sí misma, los demás y el mundo en general. Estas creencias centrales pueden ser desencadenadas por eventos externos y surgir a la superficie. En general, estas creencias son bastante inarticuladas y vagas. La mayoría de las personas no tienen un conjunto muy definido de creencias que podrían escribir. Al mismo tiempo, suelen ser muy rígidas y se aprenden temprano en la vida. Estas creencias centrales son experimentadas como realidad por una persona que las cree, independientemente de cuál sea la verdad real.

Las creencias fundamentales a menudo explican por qué las personas reaccionan de manera muy diferente ante los eventos de su vida. El divorcio es muy difícil para todos, pero si alguien tiene la creencia fundamental de que no es amado y no vale nada, puede ser totalmente devastador.

Joe está hablando con varias personas que conoce. Hace un comentario sobre un programa de televisión que todos ellos ven. Una mujer, justo después de que él hace el comentario, mira hacia otro lado y saluda a una amiga al otro lado de la habitación. Joe se siente muy avergonzado, y piensa, "debe pensar que soy un idiota". Debido a esos sentimientos, Joe se retira del grupo.

Joe sinceramente cree que esta mujer piensa que él es un idiota, pero no tiene mucha evidencia de que sea así. Lo que impulsa este pensamiento es el compromiso subyacente con su propia falta de valor y defectuosidad. Los eventos reales no justificarían una reacción dolorosa, solo tienen sentido en el contexto de la creencia central.

Puede que Joe sienta que son las acciones de la mujer las que causan su comportamiento, pero desde afuera está claro que no es el caso. Es la forma en que está pensando lo que lleva a los sentimientos. Además, al dejar el grupo significa que está actuando de maneras que lo hacen más socialmente aislado y refuerzan los problemas que está teniendo.

En general, cualquier situación tiene cinco factores. Tiene pensamientos, sentimientos, reacción física, comportamiento y el entorno que afecta a todas esas cosas.

Para mirar el ejemplo específico de Joe, podemos desglosarlo de la siguiente manera:

Mujer saluda desde el otro lado de la habitación.

Pensamientos de Joe: Ella piensa que soy un idiota.

Sentimientos de Joe: Deprimido y sin valor.

Reacción física de Joe: Exhausto y dolor de estómago.

Comportamiento de Joe: Se levanta y se va del grupo, limitando la oportunidad de profundizar sus conexiones sociales.

Figura 1 - Modelo de cinco partes para entender cualquier situación.

Si observas la figura, puedes ver cómo un cambio en un factor puede afectar a todas las demás áreas. Acostúmbrate a separar todas estas partes entre sí cuando analices la situación en la que te encuentras.

"Una situación" es lo que realmente sucedió. Es la realidad objetiva sin interpretación. En el caso de Joe, es la onda física que la mujer con la que estaba hablando hizo. Todo lo demás es extra. Por ejemplo, el hecho de que un niño tenga un examen próximo es una situación. La idea de que es un "examen difícil" es una situación más la interpretación.

También es importante poder diferenciar los sentimientos y pensamientos para poder utilizar este modelo completamente. A menudo confundimos los pensamientos y sentimientos en nuestro discurso. Podría decir "Siento que no le caigo bien," pero lo que realmente se quiere decir es "Pienso que no le caigo bien." Ten cuidado de no confundirlos de esa manera. Los sentimientos tienden a ser una sola palabra como enojado, feliz, preocupado, triste, ansioso, emocionado, y así sucesivamente. Los pensamientos tienden a ser más elaborados y se presentan en forma de oraciones o frases.

Tenemos un montón de pensamientos, especialmente automáticos. Muchos de nuestros pensamientos automáticos no son ningún problema en absoluto. Cuando voy al supermercado, puedo tener el pensamiento automático "¿dónde está mi lista de compras?" Eso está bien y probablemente no me cause angustia emocional. El pensamiento automático, sin embargo, de "soy estúpido," probablemente causará un gran malestar. Nuestros pensamientos a menudo vienen y van rápidamente, lo que a veces hace difícil notarlos. Pero cuando tenemos pensamientos automáticos que nos causan angustia, es crucial establecer cuáles son nuestros pensamientos.

Otra cosa importante a diferenciar es entre sentimientos y reacciones físicas. Los sentimientos fuertes suelen ir acompañados de reacciones físicas, como sudoración, hormigueo o tensión. Cuando te sientes ansioso, tus músculos pueden tensarse y tu ritmo cardíaco acelerarse. Es importante separarlos en parte porque las personas tienen diferentes reacciones físicas a los sentimientos. A veces, también, podemos estar teniendo una fuerte reacción física que no notamos. Y, además, a veces podemos sentirnos mejor al manejar la reacción física en lugar de lidiar directamente con el sentimiento.

El comportamiento, el último de los cuatro principales factores, es lo que realmente haces. El objetivo es separar el comportamiento de las cosas que contribuyen al comportamiento.

Al pensar en tu vida y en las cosas con las que luchas, asegúrate de mantener todas estas cosas claras. Acostúmbrate a identificar los pensamientos, sentimientos, reacciones físicas y comportamientos como partes separadas de una situación. Cuando pienses en una situación, tómate un momento para reflexionar sobre ella sin ningún pensamiento o interpretación, simplemente observa la situación.

Una vez que haya ordenado los diferentes aspectos de su reacción, es crucial luego averiguar qué es lo que está manteniendo sus problemas. ¿Qué está causando la dificultad que lo lleva a este libro o a la idea de terapia?

Como se discutió, nuestros pensamientos impulsan nuestro comportamiento. Cuando tenemos pensamientos diferentes, tenemos sentimientos, reacciones físicas y comportamientos muy diferentes. La forma en que damos forma a nuestros pensamientos puede cambiar las cosas que realmente suceden. Veamos los pensamientos de Susan y Kathy y veamos cómo responden a la misma situación. Tanto Susan como Kathy van a una conferencia de trabajo donde no conocerán a nadie.

La conferencia laboral termina siendo muy diferente para Susan y Kathy. Para Susan, está temiendo esta conferencia. Está preocupada por cómo va a lidiar con no conocer a nadie y está convencida de que la gente no le va a gustar ni respetar. Piensa que va a ser brutal y alienante. Esto resulta en una variedad de reacciones físicas y sentimientos de ansiedad y preocupación. Como resultado, evita a otras personas durante el transcurso de la conferencia y acaba teniendo un tiempo muy alienante. Siente que a nadie le cae bien, porque no terminó hablando con nadie.

Kathy, por otro lado, ve la conferencia de trabajo como una oportunidad para establecer contactos y conocer gente nueva. Para ella, es una oportunidad porque no conoce a nadie. ¡Eso significa que hay todo tipo de gente nueva por conocer! Sus emociones al pensar en la conferencia son de emoción y está llena de energía. Esto significa que está ansiosa por presentarse a nuevas personas y termina teniendo un gran momento, lleno de conversación. Esto lleva a experiencias muy diferentes.

Con Susan, podemos ver la forma en que los pensamientos problemáticos pueden reforzarse a sí mismos. Ella tiene el pensamiento de que la conferencia no está yendo bien, lo que significa que está ansiosa, lo que hace que la conferencia no vaya bien. Existe un bucle de comportamiento, pensamientos y sentimientos.

Esto también demuestra por qué la TCC no es solo terapia cognitiva, sino también terapia conductual. Con Susan, podemos ver directamente cómo sus comportamientos están teniendo un efecto en sus problemas. Es su comportamiento de ir a sentarse sola lo que significa que nadie habla con ella. Su comportamiento conduce a la consecuencia de soledad y alienación, lo cual luego se toma como evidencia de que la conferencia no iba a salir bien. Existe un ciclo que se refuerza a sí mismo. Si tienes dificultades para cambiar tus pensamientos, otro tipo de intervención es cambiar directamente tus comportamientos y eso ayudará enormemente.

Todo el ciclo presenta diferentes oportunidades para intervenir. Para algunas personas, intervenir en el nivel de las reacciones físicas puede ser muy útil. Si alguien se siente muy incómodo, entonces tomar un baño caliente o hacer algo tranquilizante puede ayudar a cambiar la emoción.

Capítulo 3: Conociendo tus pensamientos

Un paso crucial en ayudarte a cambiar tu propia mente es conocer los pensamientos que están pasando por tu cabeza y familiarizarte más con cómo reaccionas ante situaciones problemáticas. Muchos de nosotros estamos atrapados en caminos automáticos y negativos. Algo sucede, y luego los pensamientos, sentimientos y comportamientos se suceden unos a otros de manera inevitable.

Un análisis cuidadoso de uno mismo es crítico para poder "pausar" este proceso y analizar lo que está sucediendo. Utilizando los cuatro factores que discutimos en el capítulo anterior, podemos desglosar nuestras respuestas automáticas y comenzar a desarrollar estrategias para abordar nuestros propios problemas.

Las personas que tienen depresión a menudo tienen lo que se conoce como la "tríada cognitiva". Este es el conjunto de tres puntos de vista negativos que caracterizan la depresión: puntos de vista negativos sobre uno mismo, puntos de vista negativos sobre el mundo y puntos de vista negativos sobre el futuro.

Es útil buscar cualquiera de estos patrones de pensamiento negativo en tu vida. La primera parte de la tríada cognitiva, las opiniones negativas sobre ti mismo, son algo fáciles de reconocer. Estos son los pensamientos automáticos que incluyen los pronombres personales yo, me o mi. Puede que te encuentres diciendo cosas como esto:

- Soy una mala persona.
- Nadie me quiere.
- Soy terrible en mi trabajo.

Como ejercicio, tómate un tiempo para escribir los pensamientos negativos que tienes repetidamente acerca de ti mismo. ¿De qué manera te criticas? ¿Cómo te hablas a ti mismo cuando cometes un error? Estas declaraciones negativas parecen globales y surgen automáticamente. No pierdas tiempo evaluando si son ciertas o no. Simplemente escríbelas.

El segundo elemento de la tríada cognitiva son las visiones que están relacionadas con el mundo en general. A veces son más difíciles de identificar, porque muchas personas piensan erróneamente que sus visiones negativas son solo descripciones precisas del mundo. Muchas personas con trastornos del pensamiento tienen una sensación vaga de que es el resto del mundo el que está perturbado y solo ellos están viendo las cosas con precisión.

Una buena pista de que se trata de una visión negativa en lugar de una descripción precisa del mundo es que es absoluta: si piensas que algo nunca funciona o siempre es malo, probablemente estás exagerando el caso.

De cualquier manera, tómate un tiempo para escribir los pensamientos negativos que tienes sobre el mundo. No evalúes si las afirmaciones son ciertas o no, en este punto, simplemente busca pensamientos que sean negativos y estén dirigidos hacia afuera. Algunos ejemplos incluyen:

- Todos los hombres son patanes.
- Los poderosos están corruptos.
- La vida es injusta.

La última parte de la tríada cognitiva negativa son los pensamientos negativos que tienes sobre el futuro. Podrías decirte a ti mismo:

- Mi vida empeorará.
- Nada funcionará.
- El mundo se va a destruir.

Estos pensamientos son predicciones sobre cómo van a resultar las cosas y en general son negativos. Sin detenerte a determinar si son verdaderos o no, anota todos los pensamientos que tengas sobre el futuro que sean negativos. ¿Te enfocas en el hecho de que las cosas van a salir mal? ¿Estás continuamente prediciendo resultados negativos para las cosas que podrías intentar?

Mira tus listas. ¿Hasta qué punto sueles ser negativo/a? ¿En qué categoría son tus pensamientos más negativos? Es crucial que tengas una buena idea de cómo se manifiestan tus pensamientos negativos y en qué deberías enfocar tu tiempo.

Muchas personas acuden a terapia con el conocimiento general de que están sombrías, preocupadas o cínicas. Pero, por otro lado, sus pensamientos se sienten verdaderos y precisos. No eres pesimista, podrías pensar, eres realista. Evaluar todos tus pensamientos negativos como un conjunto es una manera de darse cuenta de que hay un patrón general de pensamientos negativos.

El acto de pensar en tus pensamientos es una habilidad en sí misma y necesita ser desarrollada. A veces será difícil para las personas establecer la capacidad de analizar sus pensamientos.

Toma uno de los pensamientos negativos que escribiste en la sección anterior y piensa en una situación en la que surgió ese pensamiento negativo. ¿Te encontraste pensando que nada saldrá bien o que tu futuro estaba condenado? Descríbete esa situación. A menudo es útil escribir sobre ello en un diario, describiendo lo que sucedió, cómo te sentiste y qué hiciste al respecto.

¿Qué efecto tuvo el pensamiento negativo? ¿Cambiaste tu comportamiento de alguna manera? ¿Puedes imaginar que tu comportamiento cambie si tuvieras un pensamiento diferente?

Haz una hoja de trabajo con cinco columnas: Situación, Sentimientos, Reacciones Físicas, Comportamientos, Pensamientos.

Con la situación en la que estás pensando, llena cada una de las columnas. En la categoría de situación, escribe lo que sucedió. ¿Qué pasó? ¿Quiénes estuvieron involucrados? ¿Dónde ocurrió? ¿Cuándo ocurrió? En la columna de "Sentimientos", escribe lo que sentiste y clasifica la intensidad de esa emoción del 1 al 10. En "Reacciones Físicas", describe cómo reaccionó tu cuerpo y clasifica también del 1 al 10. En "Comportamientos", escribe las acciones que realizaste. Por último, en "Pensamientos", escribe los pensamientos que tuviste en esa situación.

Trata de analizar cuál es la relación entre estas columnas y cómo interactuaron entre sí. A medida que avances en tu vida, trata de desarrollar el hábito de ver las cosas desde afuera y analizarlas de esta manera.

Podría ser útil completar este formulario todos los días. Asegúrate de dedicar tiempo a analizar tus situaciones y comportamiento para que empieces a desarrollar una conciencia de los patrones.

Cada persona tiene tipos específicos de situaciones que ponen en marcha sus caminos automáticos negativos. Tienes desencadenantes, cosas que te impulsan hacia los pensamientos, sentimientos y comportamientos que te llevan a querer cambiar. Para poder abordar tus problemas, tienes que saber qué tipo de situaciones son difíciles para ti y desencadenan tus patrones negativos.

A veces ya estarás consciente de tus desencadenantes. Pero para otras personas, es difícil identificar las situaciones específicas que provocan emociones problemáticas. Podrías pensar que estás "siempre" triste o "siempre" bebes demasiado y no poder identificar situaciones específicas que se convierten en problemas.

Un primer paso útil puede ser monitorear los sentimientos o comportamientos problemáticos y ver si hay situaciones donde los sentimientos son peores o los comportamientos más problemáticos. Imagina a alguien que piensa que está "siempre enojado." Al principio, esta persona podría pensar que está enojada todo el tiempo. Pero si ella monitorea cuidadosamente sus sentimientos y determina cuándo son más fuertes, comenzará a ver patrones. Tal vez, en este caso particular, se enoja más con su hija adolescente cuando no hace la tarea o rompe el toque de queda. Podría descubrir que su enojo hacia su hija se derramaba en el resto de su vida.

Puedes usar una hoja de seguimiento simple como la que se muestra a continuación. Cuando la uses, toma nota de cuáles son las situaciones más difíciles y califica tus sentimientos del 1 al 10. Al hacer eso, a menudo comenzarás a ver patrones. Imagina a Richard, quien siente que está infeliz en su nueva escuela todo el tiempo. Si completara la hoja, podría verse algo así.

Cuando Richard mira la hoja de trabajo, completamente llena así, puede descubrir que era el más infeliz en situaciones sociales. No mencionaba la infelicidad cuando estaba en clase o respondiendo preguntas. Solo estaba infeliz cuando sentía que estaba excluido socialmente. Esto le ayudó a darse cuenta de que académicamente, la escuela iba bien. Y tal vez estaba en la banda, y no se sentía infeliz en ella. Eso podía estar yendo bien. El problema era cuando se sentía rechazado socialmente.

Las situaciones pueden involucrar eventos interpersonales, cosas solitarias o incluso cosas que son imaginadas. Pueden ser recuerdos, imágenes parciales o imágenes mentales a las que estás respondiendo. A menudo están bloqueadas en ciertos momentos del día, así que asegúrate de hacerte preguntas sobre los aspectos contextuales de la situación.

Al intentar identificar situaciones, pregúntese a sí mismo W preguntas. ¿Qué sucedió? ¿Quién estuvo involucrado? ¿Dónde ocurrió? ¿Cuándo sucedió? Es de alguna manera similar a ser un periodista, tratando de averiguar los hechos de la cuestión. Necesita tener una idea exacta de qué eventos causaron los sentimientos o comportamientos negativos que está tratando de abordar.

A veces, si estás luchando por entender lo que es importante acerca de una situación particular, intenta describir la situación en detalle vívido. Los eventos existen en múltiples sentidos, incluyendo sonidos, olores y tacto. Cuando usas múltiples sensaciones, puedes ayudarte a visualizar el espacio que ocupabas e identificar las vistas, sonidos y sensaciones para ayudarte a activar tu memoria. Si la situación involucra a otra persona, puedes pedirle a un confidente de confianza que haga un juego de roles de la situación contigo. Ellos pueden tomar el lugar de la otra persona y luego puedes analizar la situación de nuevo.

Una cosa común que sucede es que la situación que causa sentimientos y pensamientos negativos no es solo una situación discreta o un solo momento. Las situaciones que nos desencadenan pueden evolucionar con el tiempo. Una disputa con un amigo puede comenzar como un insulto o daño bastante menor y luego rápidamente escalarse en insultos mutuos, antes de que te vayas herido. Tus pensamientos y sentimientos probablemente evolucionarán a lo largo de toda la interacción. En esos casos, es útil desglosar el conjunto de eventos en momentos específicos con diversas etapas de la interacción.

Siempre intenta ser lo más específico y concreto posible al describir estas situaciones contigo mismo. Cuando identificas situaciones desencadenantes en términos vagos, realmente no obtendrás una sensación completa de lo que sucedió. En lugar de decir "mi esposa no respeta mi trabajo", sería mejor decir, "mi esposa me dijo que ella pensaba que su trabajo era más importante que el mío".

Cuando te vuelves más específico y concreto, avanzas en el proceso de describir el mundo sin interpretación. A veces nuestros pensamientos tiñen lo que son nuestros recuerdos. En el ejemplo anterior, tu esposa te dijo que pensaba que su trabajo era más importante. Pero ¿qué pasaría si ella hubiera dicho que no quiere perderse un evento laboral de su empresa para asistir a un evento laboral tuyo? Es posible recordar esta interacción como si ella pensara que su trabajo es más importante. Pero al analizar más detenidamente ese pensamiento, no está justificado por la situación. Su negativa a priorizar tu trabajo sobre el suyo no significa que piense que tu trabajo no es importante.

Una forma de pensar en esto es que los hechos de una situación son diferentes al significado de una situación. El objetivo es separar los hechos de los pensamientos y sentimientos sobre la situación. Un ejemplo podría ser que podrías describir a tu hijo como muy grosero con su maestro. "Grosero" es un adjetivo y describe lo que piensas sobre las acciones de tu hijo, pero no describe lo que hizo tu hijo en realidad. ¿Cuál fue exactamente la acción?

No registres situaciones con tus pensamientos y sentimientos incrustados en ellas. En lugar de pensar "estaba tan enojado con mi madre cuando llegó tarde", separa esos dos elementos. Tu madre llegó tarde, y tú estabas enojado. El evento ocurrió, sin los sentimientos, y luego los sentimientos ocurrieron.

A veces es difícil identificar tus sentimientos. Los sentimientos son descripciones de una sola palabra de las emociones. A veces podemos pensar que sentimos enojado, pero al analizar más de cerca, en realidad estar ansioso o asustado.

Puede ser útil simplemente mirar una lista de sentimientos cuando estás preocupado y ver si alguno de ellos resuena.

Si te encuentras luchando para identificar cómo te sientes, mira esta lista y anota cuáles resuenan contigo. Una vez que comiences a prestar atención a tus sentimientos, será más fácil etiquetarlos. Algunas personas nunca se han preguntado "¿qué estoy sintiendo?".

Presta especial atención cuando estés físicamente tenso o

alterado e intenta etiquetar tus sentimientos en ese momento.

A veces es difícil identificar nuestros sentimientos porque tenemos la tendencia a identificar los pensamientos como sentimientos. Podríamos decir "Me siento tonto," pero lo que realmente queremos decir es que "Creo que soy tonto" y correspondientemente "Me siento molesto." Los pensamientos están muy conectados con los sentimientos, pero necesitamos aprender a separarlos.

Después de que seas bueno identificando tus sentimientos, el siguiente punto en la agenda es identificar tus comportamientos. Pregúntate a ti mismo, ¿qué hiciste? Estás buscando comportamientos que eviten la situación, sean impulsivos o probablemente empeoren la situación. A veces minimizamos nuestro comportamiento, pero disminuir la velocidad y analizar cuidadosamente lo que hiciste es importante. Puedes describir lo que hiciste después de enojarte con un amigo como "desahogarte", pero cuando enfrentas los hechos de frente, lo que realmente hiciste fue golpear una pared y romperte la mano.

A veces describimos nuestros comportamientos como "rendirse" o "asustarse", pero trata de ser más específico cuando describas tu comportamiento.

El elemento interviniente, entre el evento y los sentimientos y comportamientos, son los pensamientos. Recuerda nuestro modelo de TCC de antes. Los eventos ocurren en el mundo, tenemos pensamientos al respecto, y esos pensamientos causan sentimientos y comportamientos. Después de tener una idea de qué eventos causan emociones y comportamientos negativos, el siguiente paso es comenzar a identificar los pensamientos problemáticos que tienes sobre esos eventos.

Algunos pensamientos son conocidos como pensamientos calientes, porque llevan una emoción y están fuertemente conectados a un sentimiento intenso. Tenemos algunos pensamientos que son simplemente sobre el mundo y son hechos básicos o juicios. Sin embargo, algunos otros pensamientos evocan un sentimiento intenso. Los pensamientos calientes pueden ser cosas como "Mi padre nunca aprecia lo que hago por él" o "Siempre meto la pata". Estos pensamientos son a los que debes prestar mucha atención.

Al revisar las situaciones que has descubierto que llevan a emociones o comportamientos problemáticos, piensa detenidamente y evalúa cuáles fueron exactamente los pensamientos que llevaron a la emoción. Por ejemplo, tal vez te enfadaste mucho cuando un colega de trabajo no respondió a un correo electrónico rápidamente. La situación fue "24 horas sin respuesta a este correo electrónico". El sentimiento fue "enojo". Tal vez el comportamiento que tuviste fue "escribir un correo electrónico de seguimiento irónico". ¿Cuál fue el pensamiento que contribuyó a ese sentimiento y comportamiento? Quizás fue algo como "no responder a mis correos electrónicos es faltarme al respeto". Y, en consecuencia, "la respuesta apropiada ante la falta de respeto es enojo".

Aprender a analizar situaciones en el detalle que hemos utilizado en este capítulo es crucial para poder separar nuestros pensamientos de la situación, el sentimiento y el comportamiento.

A medida que aprendes a identificar tus pensamientos, puede ser útil utilizar un registro diario de pensamientos. Algunas personas imprimen hojas de trabajo, pero a otras les gusta simplemente tener un cuaderno donde puedan registrar lo que están pensando. Cuando sabes cuáles son tus pensamientos, puedes empezar a enfrentarte a ellos.

Capítulo 4: Cambiar tu propia mente

El capítulo anterior fue una discusión sobre cómo identificar situaciones problemáticas y los pensamientos, sentimientos y comportamientos que surgen de ellas. Si te has comprometido completamente en el proceso de autoanálisis, es probable que tengas muchos pensamientos. ¿Cómo eliges en qué pensamientos enfocarte para cambiar?

- Busca pensamientos que te causen intensas reacciones emocionales. Si el pensamiento te hace sentir furioso o lleno de desesperación, ese es un pensamiento importante con el que trabajar.

- Busca pensamientos asociados con patrones fuertes de comportamiento. Tal vez cada vez que pensabas en algo en particular bebías demasiado. O tal vez cada vez que piensas "No soy bueno en situaciones sociales", te ibas de la fiesta.

- Busca pensamientos asociados con tus problemas principales. Por ejemplo, si luchas con un trastorno alimenticio, busca pensamientos relacionados con la comida, la alimentación y tu cuerpo.

- Busca pensamientos que sean intensa o fuertemente negativos. Los pensamientos en la "tríada cognitiva" que discutimos en el capítulo anterior son muy relevantes allí.

Después de recopilar estos pensamientos, haz una elección sobre con cuál empezar. Probablemente sea demasiado difícil trabajar en combatir todos tus pensamientos problemáticos a la vez, así que es mejor elegir un enfoque inicialmente.

Una vez que hayas identificado un pensamiento objetivo, vas a trabajar para cambiarlo. Este capítulo habla sobre dos maneras de intervenir contra un pensamiento que te está causando problemas. Primero, puedes evaluar la evidencia empírica para el pensamiento y determinar si es completamente verdadero. Segundo, puedes buscar pensamientos alternativos y otras formas de pensar acerca de una situación.

Diferentes pensamientos se abordarán mejor de diferentes maneras. Te sugeriría que leas y proceses todo este capítulo, pero. Si encuentras que uno de los métodos de intervención no parece aplicarse, está bien. A veces puedes evaluar la evidencia de un pensamiento problemático y determinar que es cierto. En ese caso, debes pasar a los otros estilos de intervención.

Intervenciones basadas en evidencia

La primera intervención de la que vamos a hablar son las "intervenciones basadas en evidencia". Estas son generalmente exitosas cuando descubres que tu forma de pensar sobre un tema está distorsionada o es excesivamente negativa. Esto ocurre cuando de alguna manera has percibido erróneamente cómo es el mundo "realmente". A veces interpretamos el mundo para que encaje con nuestras creencias existentes sobre nosotros mismos o sobre el mundo y no logramos ver lo que realmente sucedió.

Este modelo de pensamiento sobre los pensamientos asume que nuestras percepciones de los eventos se basan en dos fuentes. En primer lugar, están los hechos reales de la situación en la que nos encontramos. En segundo lugar, tenemos un conjunto de creencias, suposiciones y esquemas que nos ayudan a interpretar esos hechos. Es la interacción entre el mundo real y nuestras creencias internas lo que lleva a nuestros pensamientos específicos en situaciones individuales. Estas creencias básicas son algo de lo que vamos a hablar en el capítulo 6.

El próximo capítulo repasará una lista de distorsiones cognitivas y hablará sobre cada una individualmente, así que este capítulo será más general. Vamos a hablar sobre la estrategia general de evaluar las distorsiones cognitivas.

Un problema principal es que nuestros pensamientos generalmente se sienten correctos. Nadie piensa cosas y al mismo tiempo piensa que esas cosas son falsas. La premisa misma de creer algo es que crees que es verdad. Una realización importante es darse cuenta de que solo porque algo se sienta verdadero, no significa que lo sea. Es solo un pensamiento.

Todo lo que decimos sobre el mundo es solo una probabilidad y podemos pensar cosas incorrectas sobre el mundo. Es importante reconocer que los pensamientos pueden ser falsos. Es crucial mantenernos abiertos a la idea de que nuestros pensamientos pueden no ser la verdad absoluta sobre el mundo.

Los pensamientos pueden ser evaluados en base a los datos de tu experiencia. Tienes toda una vida de experiencia que puedes usar para determinar si los pensamientos son verdaderos. Incluso puedes realizar experimentos para probar tus pensamientos, si no estás seguro de ellos.

Porque tiendes a asumir que tus pensamientos son ciertos, usar una hoja de trabajo como esta para analizar la evidencia puede ayudar a iniciar un proceso de autorreflexión. Quieres encontrar pensamientos equilibrados que reflejen de manera más precisa el mundo y la evidencia que te rodea.

Solo un caso de buscar evidencia de un pensamiento no conducirá a un cambio total. Necesitas completar este proceso muchas veces, en muchas versiones de pensamientos automáticos problemáticos similares, antes de empezar a ver un cambio sistemático en tus patrones de pensamiento. Al mismo tiempo, debido a que la mayoría de las personas tienen patrones de pensamiento negativos recurrentes, enfocarse en un registro de pensamientos ayudará a todo el patrón.

Una realidad de la situación es que tendrás algunas pruebas para tus pensamientos problemáticos. Piensas en estas cosas por alguna razón, incluso si las razones están algo exageradas. Algunas personas encuentran muy útil escribir estas pruebas. Cuando está en blanco y negro frente a ti, puede sentirse mucho más accesible. Es un hecho del que puedes hablar, en lugar de algo nebuloso y aterrador. A menudo, cuando escribes la prueba negativa, descubres que no hay casi tanta como piensas. Y, cuando descubres que los pensamientos negativos son bastante precisos, esa es una oportunidad para resolver problemas e intentar encontrar una solución de comportamiento a la situación.

Es importante ser diligente al cuestionarse para revelar evidencia que rechace el pensamiento negativo original. Es más fácil apoyar tus pensamientos que intentar desmentirlos. Haz que sea casi un desafío para ti mismo o un juego tratar de pensar en tanta evidencia en contra de tu pensamiento como sea posible.

Recuerda, la evidencia necesita ser concreta y detallada. Cuando evalúas la evidencia a favor y en contra de un pensamiento automático negativo, es similar a pesar la evidencia en una balanza. En un lado está la evidencia a favor del pensamiento y en el otro lado está la evidencia en contra. Debido a que estamos más enfocados en lo negativo, la evidencia a favor del pensamiento negativo tiende a ser muy pesada y llena de detalles. Recordamos de manera exacta, vívida y dolorosa lo que hemos hecho mal. A menudo, la evidencia en contra de un pensamiento doloroso será más vaga y abstracta. Mientras más puedas especificar ejemplos detallados de evidencia, más emocionalmente estarás comprometido y más creerás en la evidencia en contra del pensamiento.

Si tienes la idea de que eres malo haciendo amigos, es posible que tengas ejemplos emocionales y vívidos de momentos en los que tus intentos de acercarte fallaron. Tal vez cuando invitaste a cuatro personas a cenar, ninguna de ellas dijo que sí. Eso es fácil de recordar y se siente como evidencia muy fuerte. Por otro lado, cuando piensas en pruebas en contra de esta idea, es posible que solo tengas la vaga idea de que tienes "algunos amigos". Hazte preguntas para hacer que esa evidencia sea más convincente.

¿Cuáles son algunos ejemplos de algunos de tus amigos? ¿Cómo son tus amigos? ¿Qué tipo de cosas hacías con tus amigos? ¿Cómo supiste que querían ser amigos?

Al hacer estas preguntas, completas detalles. Puede que descubras que realmente tienes dos o tres buenos amigos que ves a menudo los fines de semana y que se juntan con tus hijos para jugar. Tal vez has estado demasiado estresado para comunicarte últimamente. Quizás incluso se han acercado a ti y ha sido demasiado difícil decir que sí.

A veces sucederá que descubras que no tienes suficiente evidencia para llegar a una conclusión. Esta es una situación útil, porque significa que no tienes la evidencia para creer en el pensamiento negativo. ¿Por qué creer en algo que te causa dolor si no hay motivo para creerlo?

Esta es una situación útil para recopilar más pruebas. Pregunta a personas en las que confíes sobre su perspectiva respecto a tu pensamiento. Si crees que nadie respeta tu trabajo, pide la opinión sincera de un compañero cercano. Pídele a tu jefe una evaluación. Descubre la información que necesitas para saber si el problema está en tu forma de pensar o en tu comportamiento.

Muchas personas no solo distorsionan los eventos pasados, sino que también predicen futuros negativos. Las personas que luchan con la ansiedad se enfocan particularmente en los resultados negativos. Como aprendimos en el Capítulo 2, incluso puedes hacer que los resultados negativos se conviertan en realidad al enfocarte demasiado en ellos. Nuestras expectativas negativas pueden convertirse en profecías autocumplidas.

De la misma manera en que evalúas la evidencia de un pensamiento sobre el pasado o el presente, puedes evaluar la veracidad de una predicción. Anota lo que esperas que suceda y luego aclara específicamente qué pruebas tomarías como confirmación o refutación de la predicción. Pregúntate cuál sería el peor escenario, el mejor resultado posible y el más realista. ¿Qué pruebas encajarían con cada situación?

Identifique cómo recopilará las pruebas relevantes para la situación. Cree un plan para evaluar sus expectativas. Si es necesario, piense en una manera de registrar esas pruebas.

Utilice los hechos sobre el mundo para moderar sus expectativas negativas sobre el mundo.

Al pensar en el futuro, a veces la realidad es que no sabrás lo que sucederá. Es importante aprender a tolerar la incertidumbre. Los resultados negativos que temes son probablemente posibles, pero no son seguros. El hecho de que sean posibles debe ser aceptado, incluso si da miedo. Pero la posibilidad no es certeza, y no es útil verse abrumado por el miedo.

En general, a veces será más fácil argumentar en contra de un pensamiento negativo si intentas despersonalizarlo. Hazte preguntas como estas:

- ¿Qué le dirías a alguien más que pensara de esta manera?
- ¿Qué crees que diría alguien que se preocupa por ti si supiera que tienes este pensamiento?
- ¿Si te sintieras mejor, qué pensarías?
- ¿Qué podrías pensar dentro de cinco años?

Estos tipos de preguntas pueden ayudarte a encontrar evidencia que de otro modo estarías inclinado a ignorar.

Pensamientos Alternativos

Las estrategias basadas en evidencia a menudo son efectivas, pero no funcionan cuando. El pensamiento original fue distorsionado. A veces, el pensamiento original es negativo y conduce a la angustia emocional, pero puede que no esté distorsionado. A veces, los pensamientos negativos son precisos. Cosas malas realmente le suceden a la gente buena. A veces también hay una distorsión de algún tipo, pero es útil combinar la intervención basada en evidencia con otros tipos de estrategias.

A veces cuando revisas la evidencia relacionada con un pensamiento negativo, descubrirás que el pensamiento es poco útil. La evidencia puede no ser claramente negativa, pero está claro que el pensamiento no te está favoreciendo en nada. En esta situación, a menudo es útil intentar generar pensamientos diferentes y más adaptativos. Estos pensamientos esperanzadamente serán más útiles, más cariñosos y más compasivos.

Hay poco valor en reemplazar una distorsión negativa con una distorsión positiva, así que es importante que este pensamiento sea preciso. Pero mientras estás generando posibles alternativas, concéntrate en cuáles son las alternativas antes de pasar tiempo evaluándolas. Es fácil caer en críticas minuciosas y no poder pensar en otras posibilidades.

Piensa en qué pensamientos son más útiles y más compasivos. Recuerda, eres una persona valiosa y mereces felicidad en tu vida. ¿Qué pensamientos son más coherentes con ese hecho? En general, permítete imaginar en qué pensaría una persona feliz sobre la situación o qué pensaría una persona buena. Proyecta positividad y desde esa perspectiva, imagina en qué podrías pensar sobre la situación.

Una vez que tengas una lista de posibilidades, considera las ventajas y desventajas de diferentes formas de pensar sobre la situación. El pensamiento negativo te ha estado causando dolor, eso es una desventaja. ¿Tiene alguna ventaja? ¿Tiene alguna desventaja el pensamiento más feliz y positivo? Considera cuidadosamente cuáles serían los beneficios para tu vida si adoptaras el pensamiento positivo.

Imaginemos que tienes el pensamiento de que no eres bueno haciendo amigos. Ese pensamiento tiene ciertas pruebas, tal vez no tienes tantos amigos como te gustaría, y puedes pensar en ciertas instancias en las que no has logrado hacer amigos. Por supuesto, hay algunas pruebas en contra de ello, tienes algunos amigos y fuiste capaz de conocerlos. De cualquier manera, si observas los efectos de ese pensamiento, puede ser ilustrativo. Este pensamiento contribuye a la tristeza, lo cual tiene un efecto negativo. También te lleva a retirarte de situaciones sociales y oportunidades para interactuar con nuevas personas. De esa manera, puede convertirse en una profecía autocumplida.

Si eliges creer que es posible que hagas nuevos amigos, es posible que te sientas menos triste. Eso sería un beneficio. También significaría que tendrías más probabilidades de ponerte en situaciones donde interactúas con extraños de manera amigable. Muy probablemente resultaría en más amistades. Y no tienes que pensar en nada irrealista, no tienes que imaginar que eres increíblemente extrovertido y sociable. Solo tienes que aceptar que es posible que puedas hacer nuevos amigos.

En un análisis detallado, encontrarás muchos pensamientos que tienen esta estructura. Darle un giro alternativo y más positivo a tus pensamientos automáticos puede aumentar considerablemente tu felicidad.

Algunas personas luchan para generar pensamientos alternativos felices o positivos. Si estás en esta situación, una opción sería hacer una lluvia de ideas con un ser querido o alguien que tenga tus mejores intereses en mente. Ellos podrían ayudarte a encontrar formas alternativas de ver tu vida. Incluso podrías preguntar a tus amigos sobre el pensamiento, para descubrir qué piensan. Si piensas en cierto barrio como inseguro, tal vez podrías preguntar a personas sobre el tiempo que han pasado en ese barrio.

Si tus pensamientos tienen un fuerte carácter moralista o religioso sobre lo que está bien y mal, intenta hablar con un miembro del clero o un consejero religioso de confianza. A menudo, están muy acostumbrados a ayudar a sus seguidores a superar problemas complicados de moralidad y aprender a ser más felices consigo mismos.

Si tienes dificultades para aceptar pensamientos alternativos, incluso cuando sabes que serían mejores y más saludables para ti, trata de imaginarte hablando con un niño. ¿Qué le dirías a un niño que se siente de la misma manera que tú? ¿Cómo le aconsejarías ajustar sus pensamientos? Esta estrategia puede ser útil porque a menudo somos más amables y compasivos con los demás que con nosotros mismos. Si no encuentras la idea de hablar con un niño convincente, imagínate hablando con un amigo que llegó a ti con un eco de tus pensamientos. ¿Cómo les aconsejarías a ajustar su manera de pensar?

Una estrategia que puedes utilizar con pensamientos alternativos se llama TIC-TOC, un acrónimo que se refiere al sonido del tic-tac de un reloj. TIC-TOC significa "pensamientos interferentes de la tarea-pensamientos orientadores de la tarea". La idea es combinar un pensamiento negativo frecuente que interfiere en tu vida con un pensamiento positivo que puedas traer repetidamente para contrarrestar el pensamiento negativo. Quizás te encuentres pensando constantemente "No puedo hacerlo" cuando te enfrentas a ciertos tipos de tareas. Si desarrollas un pensamiento alternativo creíble y rápido, puedes entrenarte para seguir el pensamiento negativo con uno positivo. Un ejemplo podría ser "cada pequeño paso ayuda" o "no tengo que hacerlo todo ahora mismo". El objetivo es que la alternativa se suministre automáticamente, cada vez que tengas el pensamiento negativo.

Entonces, si piensas "No puedo hacerlo", automáticamente comenzarás a responder "Cada poco ayuda". Usar una alternativa corta y pegajosa para contrarrestar tu pensamiento negativo corto y pegajoso es una gran estrategia.

Capítulo 5: Distorsiones cognitivas

En el proceso de ponderar tus propias distorsiones cognitivas, suele ser útil tener una idea de cuáles son los tipos comunes de distorsiones cognitivas. Estos errores en el pensamiento son particularmente propensos a empeorar los síntomas de cosas como la depresión y la ansiedad, pero todas las personas caen ocasionalmente en distorsiones cognitivas. Lo importante es poder reconocer cuándo estás cometiendo un error y corregirlo.

Este capítulo va a repasar una lista de diferentes distorsiones cognitivas. No todas ellas resonarán contigo; la mayoría de nosotros somos más propensos a ciertas distorsiones cognitivas que a otras. Cuando encuentres una que te resulte familiar, tómate nota de ella cuidadosamente. Quieres aprender a poder identificarla en tu propio pensamiento y contrarrestar el error.

Saltando a conclusiones

En general, la distorsión cognitiva de sacar conclusiones apresuradas se trata de llegar a una conclusión sin suficiente evidencia. En lugar de evaluar cuidadosa y razonablemente todas las entradas, simplemente vas directo a una conclusión particular. Por lo general, esa conclusión es negativa y significa cosas negativas sobre tu vida. Esto causa mucho dolor.

Una versión de esta distorsión se conoce como "lectura de la mente". Esto es la creencia de que podemos saber lo que otra persona está pensando. Por supuesto, es posible tener evidencia a partir del comportamiento y la postura física sobre lo que las personas están pensando, pero a menudo extrapolamos demasiado y llegamos a conclusiones muy específicas. Por ejemplo, podríamos ver a un desconocido hacer una mueca desagradable y concluir que está pensando algo negativo sobre ti. Eso sería un ejemplo de sacar conclusiones apresuradas. No tenemos la evidencia para saber lo que está pensando y aún así, sacas conclusiones de todos modos.

La lectura del futuro es otro tipo de sacar conclusiones precipitadas. Esto se manifiesta como la tendencia a hacer predicciones basadas en poca información y aferrarse a ellas como inevitables. Un ejemplo sería decir que es imposible que encuentres el amor, porque aún no lo has encontrado. Es predecir el futuro cuando ves un único resultado posible como la única posibilidad, en lugar de una entre muchas.

Personalización

Esta distorsión implica tomar todo y a todos personalmente. La distorsión funciona haciendo que te conviertas en la causa de todo lo que te rodea. Podrías asumir que si alguien está de mal humor, es porque están irritados contigo. O, si tu equipo no ganó el juego, es tu culpa.

Esta distorsión implica hacerte el centro del universo. Es natural, en muchos aspectos, hacer eso. Somos la persona más importante para nosotros mismos. Pero puede ser una realización liberadora enfocarse en el hecho de que los demás no piensan en nosotros tanto como creen. Mayormente, la gente está preocupada consigo misma.

Tendencia atribucional

Uno de los tipos de distorsión cognitiva es un "sesgo atribucional". Las atribuciones son cómo explicamos las causas de los eventos. Hay tres elementos de atribución: locus (interno vs. externo), estabilidad (ocurrencia única/estable vs. permanente/estable), y especificidad (específico a una situación vs. global.). Locus se trata de si cree que los eventos son causados por características sobre usted mismo o características en el mundo exterior. La estabilidad es si cree que las causas de los eventos son permanentes o si es una ocurrencia particular, única. La especificidad es similar, pero se trata más de si esta causa se refiere solo a una parte de su vida o a toda su existencia.

La investigación ha demostrado que la depresión está relacionada con la tendencia a hacer atribuciones internas, estables y globales para el fracaso. Es decir, cuando algo sale mal, alguien con depresión asume que la culpa está dentro de ellos de tal manera que nunca cambiará y afectará todas las partes de su vida. Al mismo tiempo, las personas deprimidas hacen atribuciones externas, inestables y específicas para el éxito. Si tienen éxito, fue suerte y no significa nada sobre el futuro.

Las personas con problemas de ira tienen una estructura diferente. Tienden a hacer atribuciones externas, estables y globales para los resultados negativos. Podrían pensar, "él quiso insultarme, y lo hará de nuevo." Esta es una razón para la emoción dirigida hacia afuera de la ira.

A veces, cuando examinas las atribuciones de los eventos, descubrirás que estás utilizando otras distorsiones cognitivas. Puede que estés leyendo la mente, es decir, asumiendo que conoces la vida interior de otras personas y por qué actúan. También puede que estés personalizando, lo cual significa interpretar los eventos como si fueran totalmente sobre ti.

A veces es útil hacer realmente un gráfico, para probar cómo estás atribuyendo los resultados causales. Alguien podría pensar "mi esposa me dejó porque era un mal esposo", atribuyendo así 100% de la culpa a sí mismo. Pero si dibujas un gráfico circular y lo consideras realmente, podrías descubrir que hay otras causas. Probablemente la esposa tuvo algún efecto en el fracaso de la relación, especialmente porque tomó la decisión de irse. Tal vez, si consideras la situación, podrías asignarle el 30% de la responsabilidad. Y tal vez, al considerarlo, la familia extendida de ella te odiaba y no apoyaba la relación. Tal vez les toca un 10% de responsabilidad. Y tal vez tenías una gran cantidad de estrés relacionado con el trabajo y con los viajes, así como problemas financieros. Dale un 10% a cada uno de esos factores.

Si lo miras con esos factores incluidos, es posible que solo tengas el 40% de la responsabilidad de la situación. Aún es útil asumir la responsabilidad, pero no es útil culparte a ti mismo cuando los hechos no respaldan eso.

Sobre generalización.

Esta es una versión del sesgo de atribución. Esta distorsión ocurre cuando tomas una instancia y la generalizas a todo un patrón. Si recibes una mala calificación, extrapolas de eso que siempre recibirás malas calificaciones y que eres un mal estudiante.

El mayor problema con este tipo de distorsión cognitiva es que no es un pensamiento muy racional. La inferencia, o el proceso de llegar a conclusiones generalizables a partir de situaciones específicas, es una de las cosas más difíciles que hacen los humanos. Es muy difícil generalizar sobre todo el mundo basándose en especificidades. Cuando lo haces, es muy probable que estés equivocado.

Incluso peor que hacer una mala predicción, tu sobregeneralización puede convertirse en una profecía autocumplida. Si crees que eres un mal estudiante en general, es posible que no te esfuerces tanto porque es doloroso enfrentarte a tu fracaso. Entonces, te irá peor de lo que de otra manera lo harías.

Falacias de control

Estas distorsiones se producen cuando has identificado erróneamente el locus de control de alguna manera, lo que las convierte en una variedad de sesgo de atribución. Las falacias de control se manifiestan ya sea pensando que no tenemos control sobre nuestras vidas y somos totalmente víctimas del destino, o pensando que tenemos un control completo sobre nosotros mismos y nuestro entorno, lo que significa que somos totalmente responsables de todo. Ambas son incorrectas. La verdad está en algún punto intermedio. Tenemos cierto grado de control sobre nuestras vidas y también estamos, en cierto sentido, sujetos a la aleatoriedad. Incluso en situaciones en las que te sientes totalmente fuera de control, tienes opciones sobre tu mentalidad y enfoque interno hacia la situación.

Etiquetar

Una distorsión cognitiva común es la asignación de una etiqueta. Las etiquetas son problemáticas porque se sienten permanentes y hacen que cualquier cambio parezca imposible. Las personas pueden encontrarse con problemas al etiquetarse a sí mismas, así como a otras personas. Cuando analizas las etiquetas en tu vida, verás que a menudo se convierten en profecías autocumplidas. Si etiquetas a tu jefe como malo, interpretarás su comportamiento como malo.

Es importante reconocer que las personas son complicadas y no conoces a nadie, ni siquiera a ti mismo, lo suficiente como para etiquetarlas en general. Siempre pueden sorprenderte y hacer algo que no esperabas. Nuevos eventos pueden revelar nuevas facetas de tus habilidades y personalidad.

Cuando haces una etiqueta general como "malo" o "tonto", estás ignorando la posibilidad de nuevas pruebas. A menudo, cuando es una etiqueta negativa aplicada a ti mismo, puedes estar ignorando pruebas para hablar mal de ti mismo. Utiliza las habilidades que discutimos en el último capítulo para evaluar la veracidad de la etiqueta y si tienes suficientes pruebas para hablar con absoluta certeza.

Pensamiento de todo o nada

Esta es una distorsión cognitiva muy común con la que muchas personas luchan. Puede implicar un sesgo atribucional extremo (todo es mi culpa), pero también puede incluir juicios extremos sobre una variedad de cosas. Por ejemplo, alguien podría pensar "fue lo peor que he sentido", o "soy un fracaso total", o "él es la persona más difícil en el mundo".

A menudo, en lugar de expresar una tendencia, expresamos un absoluto. Utilizamos términos categóricos. Podríamos decir "mi jefe es totalmente inútil". La palabra "totalmente" es una pista de que estás respondiendo con un pensamiento de todo o nada. Las personas en su mayoría varían en cuanto a su utilidad, y esta puede mejorar con el tiempo y habilidad. Si te encuentras pensando algo tan absoluto, a menudo es una buena idea evaluar cómo llegaste a ese juicio.

A menudo es útil explorar el continuo de posibilidades.

Imagina diferentes puntos en una escala y cómo alguien podría ser más o menos útil. Incluso puedes diseñar pequeños experimentos para probar la validez del pensamiento original - tal vez le pides algo a tu jefe que esté en línea con lo que sabes de su experiencia. Esto ayuda a fomentar una mayor gama de pensamientos y un estilo más basado en evidencia.

A veces, cuando estás utilizando el pensamiento de todo o nada estás tratando de expresar alguna verdad subyacente. Por ejemplo, el jefe podría no ser "totalmente inútil", pero tal vez no sea un buen jefe. Podría estar haciendo tu trabajo innecesariamente difícil. ¡Podrías querer buscar un trabajo mejor! El beneficio de moverte hacia un pensamiento menos de todo o nada no es que siempre estés equivocado acerca de tu evaluación, sino que el juicio absoluto rara vez es consistente con la evidencia. Quieres tratar de ser menos dramático y basarte más en la evidencia en tus pensamientos.

Razonamiento emocional

El razonamiento emocional es un tipo de distorsión cognitiva en la que asumes que tus sentimientos validan los pensamientos que estás teniendo. Piensas que las cosas son ciertas porque sientes algo. Por ejemplo, podrías pensar "Mi madre quería castigarme; me sentí tan culpable". Pero, cuando lo piensas, la razón por la que piensas que tu madre quería castigarte es tu sentimiento de culpa.

Es posible que te sientas culpable por varias razones, algunas de las cuales podrían estar relacionadas con el comportamiento de tu madre, pero el estado emocional de culpa en sí no puede ser una razón por la cual la causa sea verdadera. Este es un error lógico. El efecto de algo no se puede determinar simplemente porque algo lo sigue.

Es importante explorar la situación actual. ¿Hasta qué punto se explica tu sentimiento por el comportamiento de tu madre en comparación con tus pensamientos internos sobre ese comportamiento? Podrías explorar otras razones por las que tu madre podría haber tenido ese comportamiento. Aparte de hacerte sentir culpable. Es necesario hacer una evaluación de la evidencia y recopilación de datos para determinar la verdad. Solo porque sientas algo con mucha intensidad, no significa que sea verdad.

Filtro mental

Esta distorsión cognitiva implica centrarse en lo negativo. A veces nos enredamos en partes específicamente negativas de una situación y no evaluamos todas las pruebas de manera equitativa. Esto puede manifestarse al mirar una situación específica y extrapolarla a toda la relación, por ejemplo. También puede manifestarse al descalificar los aspectos positivos de la situación.

Si recibes una crítica positiva en el trabajo, podrías descartarla atribuyéndola a que tu jefe simplemente es demasiado amable. Esta es una versión particularmente problemática, porque significa que no podrás ver pruebas positivas.

Magnificación o minimización

Estas distorsiones cognitivas se tratan de exagerar la importancia o el significado de las cosas o, alternativamente, de minimizar la importancia de las cosas. La magnificación es conocida de otra manera como "catastrofizar". Esto es común en personas con ansiedad. Algo sucede, y en lugar de considerarse en contexto, se toma como la peor cosa del mundo y un desastre total.

Declaraciones de debería

Una distorsión particularmente dañina es centrarse en las declaraciones de deber. Las declaraciones de deber son cuando te dices a ti mismo que "deberías" hacer algo, o que "debes" hacer algo, o que "tienes" que hacer algo. También se pueden imponer a otros, creando expectativas fuertes y probablemente inalcanzables.

Aferrarnos firmemente a lo que "debería" suceder a menudo resulta en culpabilidad cuando no podemos alcanzar nuestros objetivos. En cuanto a los demás, pensar demasiado en lo que ellos "deberían" hacer llevará a la ira y al resentimiento.

Falsedad de la equidad

Esta falacia está relacionada con las "declaraciones de deber," en que también se preocupa por lo que "debería" suceder. En lugar de aplicar declaraciones de deber a otras personas, en este caso la aplicas al mundo. Podrías pensar, el mundo debería ser justo. La realidad es que no lo es, sin embargo.

Si juzgas todas las circunstancias por si es justo o no, es probable que pases gran parte de tu vida enojado, resentido y desesperanzado. Inevitablemente estarás en muchas situaciones que son profundamente injustas.

Fallo del Cambio

Esta distorsión involucra la idea de que podemos cambiar a otros si solo actuamos correctamente. Esta es la idea de que si tan solo hiciera algo bien, entonces la otra persona cambiará su comportamiento. La realidad es que solo el individuo puede cambiarse a sí mismo. Tu comportamiento tiene muy poco que ver con las decisiones que toman sobre sus propias vidas. Caer en esta falacia puede ser muy frustrante y también puede llevar a problemas en tu relación con la otra persona, ya que los presionas para que cambien según tus términos.

Siempre tener la razón

Esta distorsión cognitiva proviene de la idea de que es completamente inaceptable estar equivocado o incorrecto. Si tienes la creencia de que siempre debes tener la razón, ser correcto o preciso, la posibilidad de fallar es aterradora y puede llevar a peleas fervientes para demostrar que tienes la razón. Esto es problemático, porque podría llevar fácilmente a insistir en un esfuerzo fallido y otros comportamientos negativos. En general, también es una distorsión porque el valor de nadie depende de tener la razón todo el tiempo. No hay nada de malo en estar equivocado y todas las personas ocasionalmente cometen errores.

Capítulo 6: Creencias fundamentales

Las creencias fundamentales son parte de cómo interactuamos con el mundo. Una parte clave del modelo cognitivo es que nuestros comportamientos y sentimientos son un efecto combinado de la situación que nos rodea y de nuestras creencias sobre el mundo y sobre nosotros mismos. Esto significa que mientras hay algunas habilidades vitales que pueden ayudar a resolver problemas que surgen, también existen creencias fundamentales importantes que controlan cómo respondemos a las situaciones.

Un método para determinar cuáles son tus creencias fundamentales se conoce como la "flecha hacia abajo". En este método, tomas un ejemplo individual de un pensamiento negativo y piensas para ti mismo, ¿y qué pasa si fuera cierto? ¿Cuál es el significado de este pensamiento siendo verdadero? Si te preguntas cuál es la implicación de ese hecho, tendrás otra creencia. Y luego puedes preguntarte, cuál es la implicación de eso. Esto puede seguir y seguir hasta que llegues a una conclusión amplia e irrevocable, que no tenga otro lugar adónde ir.

Un ejemplo de esto podría ser la evaluación del pensamiento "Voy a parecer un tonto si hablo en clase." Si aceptas que es verdad, que parecerías un tonto si hablas, ¿qué podría significar eso? Una cosa es que podría significar que tu incompetencia sería evidente para todos y que te avergonzarías. Y luego te preguntas, ¿qué significa eso? Quizás piensas que si todos supieran lo incompetente que eres, deberías abandonar la clase e ir a hacer otra cosa. Y luego te preguntas, ¿qué significaría eso? Finalmente, dices que si tuvieras que abandonar la escuela, simplemente te desmoronarías y morirías. A partir de eso, no hay más significado. Ese es el pensamiento final.

Este proceso puede llevar a un lugar oscuro. Debes tener cuidado al hacerte estas preguntas e intentar recordar que cada uno de estos pasos no son inequívocamente verdaderos. Pero hacer las preguntas te permite identificar creencias fundamentales, que son amplias, estables y aspectos centrales de tu manera de pensar. Nuestros pensamientos superficiales reflejan nuestras creencias fundamentales y tenemos muchos pensamientos automáticos que son causados por nuestras creencias fundamentales.

Si las creencias fundamentales son tan importantes, ¿por qué esperamos hasta el capítulo 6 para hablar de ellas? Las creencias fundamentales suelen abordarse de manera productiva después de haber trabajado con pensamientos más superficiales o automáticos. Las creencias fundamentales pueden resultar angustiosas de tratar y, para algunas personas, innecesarias. Algunas personas pueden ser ayudadas simplemente reflexionando sobre sus pensamientos automáticos. Pero para muchas personas con luchas sistemáticas de salud mental, si no abordan las creencias fundamentales, habrá una recaída.

Las creencias fundamentales tienen varios aspectos, incluidas actitudes, valores, suposiciones, creencias y esquemas. Las actitudes y los valores son básicamente opiniones de larga data sobre un tema, con algún aspecto emocional. Podemos tener actitudes positivas o negativas y las actitudes suelen ser sobre menospreciar a ciertas personas, ideas u objetos.

Las suposiciones son opiniones de larga data sobre las relaciones entre varios conceptos o personas. Podríamos asumir, por ejemplo, que las personas malas tendrán mala karma y les sucederán cosas malas. También podrías pensar, por ejemplo, que no eres amable y que a nadie le importarás nunca. Estas afirmaciones son básicamente afirmaciones de "si, entonces". Tienes una suposición sobre la forma en que está organizado el mundo y luego tienes una suposición relacionada sobre las implicaciones de esa creencia.

Creencias y esquemas son ideas razonablemente estables sobre objetos, personas y conceptos. Es probable que se formen como parte de tu desarrollo hacia la adultez. Muchas cosas influyen en el conjunto de creencias de un niño sobre el mundo, incluyendo a los padres, los medios de comunicación, amigos y la escuela. A medida que los niños crecen y se desarrollan, sus experiencias personales reforzarán ciertas ideas que se les han comunicado. Con el tiempo, estas ideas se unirán en una creencia o esquema.

Estas creencias pueden ser categóricas ("todas las mujeres son volubles") o relacionales ("las personas atractivas solo se enamoran de personas atractivas"). Pueden dirigirse hacia uno mismo, hacia otros y hacia el mundo en general. Pueden ser históricas y específicas - "fui un niño feliz" - o estar orientadas hacia el futuro y ser generales ("nunca tendré éxito"). Dentro de las culturas, tienden a haber conjuntos compartidos de creencias. Las personas tienen que aprender la base inicial de sus creencias de algún lugar, y tiende a ser del mundo que te rodea.

Aunque existen diferencias entre estas diferentes variedades de creencia central, vamos a utilizar el término creencia central para referirnos a todas ellas. Las creencias centrales son la forma en que procesamos nueva información y organizamos la información existente. Eso significa que afectan nuestra memoria y percepción por igual. Tendemos a ignorar información que no se ajusta bien a nuestras creencias centrales. Este sesgo es parte de la razón por la cual estas creencias son tan duraderas: dejamos de notar la información que las contradice.

Todas las personas tienen creencias básicas. Solo se convierten en un problema cuando conducen a sentimientos o comportamientos que causan sufrimiento. Cuando descubres que tienes similitudes en los pensamientos recurrentes que causan comportamientos o sentimientos dolorosos, es muy probable que haya una creencia básica en la base de ellos.

Una persona puede tener la tendencia de llamarse a sí misma "estúpida". Otra persona puede responder a cada desafío diciendo que es "imposible". Para poder reconocer y enfrentarse a patrones como este, es crucial participar en el tipo de autoanálisis discutido en los capítulos 3-5.

Una pista de que estás cerca de una creencia central es si tienes la fuerte sensación de que una experiencia actual se relaciona con una experiencia anterior en la vida. Las experiencias recurrentes que se sienten como similares son una buena indicación de que tienes una creencia central que se relaciona con ambas experiencias. Si te dejan por una pareja romántica y se siente similar al divorcio de tus padres, podría haber una creencia central que esté coloreando ambas situaciones para ti. Escucha atentamente el contenido de tus pensamientos, cualquier sentimiento que estos pensamientos evocan, y los comportamientos que haces en respuesta a ellos.

Otra forma de probar tus propias creencias fundamentales es imaginar situaciones hipotéticas y pensar en cómo responderías a esas situaciones. Si hipotetizas ciertos tipos de relaciones o acciones, probablemente podrás tener una buena idea de cómo reaccionarías. A veces, imaginar situaciones hipotéticas puede ser un buen precursor para intentarlas realmente. Si imaginas cómo reaccionarías al asistir a una iglesia nueva y desconocida y analizas tu reacción, podría ser posible hacerlo realmente y ver qué sucede.

A veces es útil reflexionar en tu pasado para evaluar de dónde vienen tus creencias fundamentales. Las creencias fundamentales generalmente se forman porque son útiles en cierto sentido, aunque sean disfuncionales en un sentido más amplio. Las creencias fundamentales sirven a algún propósito al relacionarte con tu entorno. Por ejemplo, si fuiste intimidado de adolescente, podrías desarrollar la creencia fundamental de que de alguna manera eres raro o anormal. Eso al menos explicaría el comportamiento de intimidación y, en cierto sentido, es adaptativo en ese momento. Pero más tarde en la vida, esa creencia fundamental podría causar daño.

Una vez que tengas una clara idea de cuáles son las creencias fundamentales con las que estás trabajando, entonces necesitas comenzar el proceso de cambiarlas. Participa en esto con precaución, cambiar creencias fundamentales es mucho más difícil que abordar directamente los pensamientos automáticos.

Intervenir en las creencias fundamentales comienza con identificar las creencias fundamentales existentes y luego contrastarlas con una creencia fundamental preferida "nueva" que las reemplazará. Esto significa que un elemento crucial es tener un claro sentido de qué nueva creencia debe reemplazar a la antigua.

Una estrategia utilizada para cambiar las creencias centrales es cambiar las creencias centrales de ser generales a ser más específicas. Alguien podría tener la creencia central de desconfiar de los demás. Esta creencia puede haberse formado a partir de muchas experiencias de vida, incluyendo padres distantes, rechazo social, o incluso relaciones abusivas. Pero la desconfianza puede llevar ahora a cosas como rechazar los acercamientos sociales de otras personas, temer a los demás, y preguntarse constantemente acerca de las motivaciones de otras personas. En lugar de intentar abordar la creencia general de desconfianza, puede ser más fácil identificar los aspectos clave de la creencia y cambiar esos. En lugar de intentar ser generalmente confiado, podrías intentar cambiar lo que te lleva a sentir desconfianza.

Las creencias centrales tienden a mantenerse muy firmemente y en términos de categorías amplias. Creencias centrales comunes son cosas como "Soy totalmente inútil" o "las mujeres no pueden ser de confianza". Con creencias tan fuertes como estas, a veces es difícil encontrar evidencia en contra de la creencia. Si algo se mantiene tan fuertemente, es difícil ver la evidencia. En ese caso, es probablemente útil discutir si las cosas pueden tener esa firmeza en general. ¿Es posible que alguien sea totalmente inútil? ¿Realmente no hay ninguna mujer en la tierra que sea digna de confianza? Cuestionar la convicción de que la creencia central siempre es verdadera te ayudará a empezar a ver alternativas y posibles maneras de sacudir la creencia.

Una forma de reforzar los cambios en las creencias fundamentales es identificando los marcadores clave de la nueva creencia fundamental en la práctica. Si deseas adoptar la creencia fundamental de ser amigable y abierto con las personas, es útil pensar en qué comportamientos, pensamientos y sentimientos van de la mano con esa creencia fundamental. luego, una vez que tengas una idea de lo que respalda la creencia, puedes comenzar a hacer un seguimiento de tus acciones que están alineadas con la creencia que deseas fomentar. Esto desplaza tu enfoque hacia evidencia positiva y mantiene tu mirada en tu objetivo. En lugar de concentrarte en lo negativo, puedes aprender a enfocarte en lo positivo. Esto puede darte incentivos para seguir trabajando en el desarrollo de la nueva creencia fundamental.

A medida que tus creencias fundamentales comienzan a cambiar, quieres empezar a registrar pruebas para cada una de las creencias fundamentales con las que estás lidiando. Inicialmente, es posible que encuentres pruebas que respalden la dominancia de tu antiguo sistema de creencias, pero a medida que comienza el cambio, las pruebas a favor del nuevo sistema se vuelven más creíbles. A medida que sigues creciendo y cambiando, la fuerza relativa de la creencia en la vieja creencia fundamental puede contrastarse con la fuerza en la nueva creencia fundamental, lo que te permite ver cambios en tu mentalidad.

Es útil pensar en qué tipos de evidencia te harían cambiar de opinión sobre tus creencias fundamentales. A menudo, sentimos nuestras antiguas creencias muy fuertemente y parece casi imposible imaginar un cambio. Empezar a preguntarte qué podría convencerte para cambiar de opinión sería útil porque comenzarás a prepararte para ver evidencia que quizás no hayas visto antes.

Trata de no establecer el estándar de evidencia tan alto que nunca se logre. Si tienes estándares de evidencia poco realistas, te verás obstaculizado en tu proyecto de cambiar tu creencia principal. Pero al mismo tiempo, no te exijas estándares de cambio imposibles. Si has pasado toda tu vida pensando que todos están en tu contra, esperar que te conviertas en una persona confiada y tranquila con todos los que conoces es probable que te desanime. Puedes empezar por aprender a darle a la gente una oportunidad antes de desconfiar de ellos. O podrías empezar a buscar señales específicas de que alguien es confiable o no confiable. El establecimiento de estándares realistas hace que el movimiento hacia nuevas creencias centrales sea mucho más posible.

Una forma de desarrollar habilidad con nuevas creencias centrales es la práctica simple. Por ejemplo, si tu antigua creencia central era que eres incompetente, y la nueva creencia central es que eres seguro de ti mismo y competente, puedes ayudar a establecer esto practicando actuando con seguridad y competencia. Encuentra situaciones donde puedas fingir ser seguro de ti mismo, incluso si al principio puede sentirse añadido y artificial. Pónte en situaciones donde puedas tener éxito y aprender cómo se siente ser seguro de ti mismo. El principio de "fíngelo hasta que lo logres" a menudo puede funcionar bastante bien. Solo el simple acto de fingir que actualizas tus nuevas creencias centrales a menudo puede hacerlo mucho más fácil vivirlas.

Una forma de pensar en esta estrategia es. establecer experimentos conductuales. Descubre cómo actuaría alguien que cree en tu nueva creencia central y luego intenta actuar así, solo para ver cómo se sentiría. Intenta hacer lo que la nueva creencia central te pediría hacer y luego evalúa cómo se siente, cuáles son los resultados, y si ayuda a tu vida de la manera en que piensas que lo hará.

Por ejemplo, alguien con la creencia fundamental de que fracasarán en todo lo que intenten se comportará de manera diferente a alguien con la creencia fundamental de que tienen una oportunidad de éxito. Si fingieras creer que podrías tener éxito, ¿cómo podrías actuar? ¿Qué podrías intentar hacer? Si realmente haces esas cosas, podrías descubrir que cosas buenas surgen del experimento. La experiencia directa de actuar de manera coherente con la creencia fundamental te ayuda a aprender a cambiar tu propia mente sobre en qué creer.

Aunque anteriormente llamamos a esta estrategia "fingirlo hasta lograrlo", una mejor forma de pensar en ello sería "hacerlo hasta que lo sientas". Cuando haces algo, comienzas a establecer patrones que eventualmente se reflejarán en tu mentalidad. Piensa en todas las formas en que tu creencia central deseada podría cambiar tu vida y simplemente comienza a hacer esas cosas, independientemente de si se siente sincero o no. A medida que continúes haciéndolas, empezarás a sentirte cada vez más auténticamente conectado a tus acciones.

Pasa un tiempo detallado imaginando cómo actuarías si creyeras en la nueva creencia central. Una forma de hacer esto es hacerte preguntas sobre áreas de tu vida donde estás insatisfecho y deseas cambiar. A veces es útil explorar las historias de otras personas sobre el cambio para ver que es posible reestructurar radicalmente tu vida. Lee una biografía de alguien que admires y aprende cómo moldearon su vida de la manera que querían que fuera.

A veces, cuando cambias radicalmente la forma en que interactúas con el mundo, recibirás resistencia de las personas a tu alrededor. Algunas personas pueden comentar o incluso reaccionar negativamente a los cambios positivos en tu vida. Esta es una evidencia útil de quién te apoya realmente y quién desea lo mejor para ti. No cedas a la presión social y vuelvas a tus antiguas formas; eso sería ceder a la antigua creencia central.

Encuentra personas que apoyen la forma en que quieres que sea tu vida. Es importante tener apoyo social, pero a veces descubrimos que nuestro entorno social no es propicio para los cambios que queremos hacer. Encontrar personas que estén en sintonía con tus nuevos objetivos puede ser una forma saludable y beneficiosa de animarte a cambiar.

Una forma que puede ayudarte a realizar los cambios en la creencia central que necesitas hacer es mirar hacia tu pasado y determinar la historia de la aparición de la creencia. ¿Por qué piensas lo que piensas sobre el mundo? Rastrea tus primeras experiencias y evalúa qué aspecto de ellas condujo a tu conjunto actual de creencias. Esto a menudo puede ayudarte a comprender mejor tus propios sentimientos y emociones.

Capítulo 7: Regulación de Emociones

A veces tendremos emociones fuertes. Este es un resultado inevitable de ser humano. Muchas de las intervenciones cognitivas que hemos discutido en capítulos anteriores pueden ayudar a mediar la intensidad de las emociones negativas, pero no siempre serán suficientes. Este capítulo hablará sobre cómo lidiar con emociones intensas y aprender a evitar comportamientos negativos en respuesta a la emoción.

Una característica importante en la regulación emocional es aprender a tolerar la angustia. A veces suceden cosas horribles y te sientes horrible. A veces no puedes cambiar las condiciones en las que te encuentras y necesitas aprender a sobrevivir.

El núcleo de la tolerancia a la angustia es aprender a utilizar habilidades para sentirte mejor de manera saludable y beneficiosa para ti. A menudo, cuando estamos en angustia o sintiendo emociones intensas, participamos en comportamientos que no son beneficiosos y que tienen el potencial de lastimarnos. Estos pueden ser tan perjudiciales como el comportamiento suicida o autolesivo, o dañinos de manera más indirecta como comer en exceso y usar sustancias. Aprender a cuidarte de manera saludable es una parte importante para lidiar con emociones angustiantes.

La mayoría de las personas ya tienen la capacidad de distraerse de las cosas perjudiciales, pero la mayoría de nosotros no nos distraemos de manera saludable. El objetivo es encontrar un comportamiento que te distraiga eficazmente de las emociones dañinas y, al mismo tiempo, no cause ningún otro problema para ti. El objetivo no es evitar por completo tus emociones y problemas, sino más bien, darte la capacidad de escapar de las emociones dañinas cuando sea necesario.

Calmando la crisis: TIPP

Cuando te sientes en un punto de quiebre emocional y completamente abrumado, lo más importante es descubrir cómo alejarte del borde metafórico. Nuestras emociones a menudo tienen efectos físicos en nuestro cuerpo y, de manera correspondiente, nuestro cuerpo tiene efectos en nuestras emociones. Cuando estás en la mayor angustia, a veces lo más útil que puedes hacer es tratar directamente lo que tu cuerpo necesita. Recuerda el acrónimo TIPP, que significa Temperatura, Ejercicio Intenso, Respiración Pausada y Relajación Muscular en Pareja.

La temperatura se refiere a bajar la temperatura de tu cuerpo. Cuando estamos emocionalmente abrumados, a menudo nos sentimos calientes. Hacer algo para enfriarse, literalmente, puede ayudarte a enfriarte figurativamente. Las opciones incluyen tomar una ducha fría, salpicarte la cara con agua fría, sostener un cubo de hielo, o incluso simplemente subir el aire acondicionado. Usar el frío físico puede ayudar a obtener un poco de estabilidad emocional.

El ejercicio intenso también puede ayudar a lidiar con la angustia emocional intensa. Cualquier cosa que haga trabajar a tu cuerpo puede ser útil, incluso si no estás en buena forma o no sueles hacer ejercicio regularmente. No tienes que correr un maratón. Simplemente correr a toda velocidad por la calle un par de veces o hacer saltos hasta que estés cansado puede ayudar. El ejercicio aumenta los niveles de oxígeno y el flujo de oxígeno, lo cual hace mucho trabajo bueno para disminuir los niveles de estrés. También libera endorfinas buenas que pueden hacerte sentir mejor. Y, si tiendes a tener comportamientos poco saludables cuando te sientes mal, es más difícil hacerlo cuando estás totalmente exhausto.

La respiración pausada es la tercera estrategia. Parece tan simple pero controlar tu respiración puede tener un profundo impacto en tu estado mental. Manejar tu respiración puede calmarte y hacerte sentir mucho más relajado. Existen muchos tipos de ejercicios de respiración. Puede ser tan simple como tomar varios respiraciones profundas, intentando llenar por completo tus pulmones de aire. Si prefieres un ejercicio más formal, prueba una técnica llamada "respiración en caja". Con esta técnica, inhalas durante un conteo de cuatro, mantienes tu respiración durante cuatro, exhalas durante cuatro y luego mantienes cuatro. Son cuatro series de cuatro, una en cada etapa: inhalar, mantenerlo, exhalar, mantenerlo. Concéntrate en esta respiración constante hasta que te sientas mejor.

La última parte del acrónimo es Relajación Muscular Asociada. La investigación ha demostrado que los músculos se relajan más después de haber sido tensados intencionalmente que si simplemente intentas relajarlos directamente. En este ejercicio, primero tensa intencionalmente un músculo y luego relájalo y permítele descansar. Esto será más relajante que tratar de relajarte directamente. Prueba esta técnica enfocándote en grupos de músculos como los brazos o la espalda. Pon conscientemente la mayor tensión posible en el músculo durante cinco segundos y luego relájalo. Libérate de la tensión. Esto te ayudará a empezar a relajarte también.

Con suerte, estas cuatro habilidades pueden ayudarte a comenzar a lidiar con lo que sea que esté causando tanta angustia emocional. Ninguna de ellas resuelve el problema, pero cuando estás abrumadoramente angustiado, es imposible pensar con claridad.

Distraerse: ACEPTAR

A veces es importante distraerse incluso cuando no estás en crisis. Tal vez estás esperando que comience una conversación especialmente difícil o tienes una entrevista por la mañana para la que ya estás preparado pero que te está causando ansiedad. En estas situaciones, recuerda el acrónimo ACCEPTS. ACCEPTS significa Actividades, Contribución, Comparación, Emoción, Apartar, Pensamientos y Sensaciones. Al igual que la habilidad anterior, esto no resolverá el problema, pero te dará la oportunidad de mantener tus emociones bajo control hasta que estés en posición de abordar directamente la causa de las emociones.

La primera sugerencia es "Actividades" y esto puede ser casi cualquier cosa saludable. Siempre y cuando no te lastime a largo o corto plazo, puede ser una gran actividad para distraerte. Juega un juego que te encante, mira un programa de televisión, lee un libro. Incluso podrías hacer puré de manzana o salir a caminar. ¡Lava los platos! A veces, puedes terminar teniendo un día muy productivo tratando de evitar pensar en lo que te preocupa. Ten cuidado, sin embargo. No dejes que esto sea una excusa para hacer algo perjudicial o con lo que tengas problemas en general. Si tienes problemas con el dinero, tu actividad no debe ser ir de compras. Si luchas con la sobre alimentación, no comas para distraerte. El objetivo es reemplazar nuestros comportamientos de afrontamiento no saludables existentes con comportamientos saludables que no causen daño.

La segunda parte del acrónimo es Contribución. Esto te pide hacer algo agradable para alguien más. Hacer algo amable o beneficioso para otra persona puede ser de gran ayuda para aliviar la angustia emocional. Al menos, el acto de hacer algo amable te ayudará a olvidar tus problemas. Pero más que eso, hacer el bien a otras personas nos ayuda a sentirnos bien con nosotros mismos. Conduce a una sensación de ser valioso e importante en el mundo, porque eres una persona capaz de ayudar a otros. Esto no tiene que ser algo grande. Intenta cocinar la cena para alguien, cortar el césped del vecino o voluntariarte en una causa que amas. Encuentra una forma de dar a alguien más y te sentirás mejor en tu propia piel.

Si hacer actividades físicas no está funcionando tan bien como esperabas, puedes intentar lidiar con las emociones también con técnicas mentales. Una de esas técnicas es la Comparación. Esta técnica te pide que pongas tu vida en perspectiva. ¿Has enfrentado desafíos más difíciles que lo que te está molestando en este momento? Es posible que, de hecho, sea la emoción más intensa que hayas experimentado, lo que podría significar que debes pasar a la sección TIPP. Pero muy probablemente, no lo sea. Puede sentirse, al principio, tan mal como nunca antes, pero cuando lo piensas, has superado algo peor. E incluso si es lo peor que hayas experimentado, otras personas han sufrido más que tú. Si estás en casa seguro, hay alguien sin hogar. Si no tienes un hogar, al menos no estás luchando por encontrar seguridad ante un desastre nacional. El objetivo no es hacerte sentir culpable o añadir más dolor a lo que estás experimentando actualmente. El objetivo es recordarte a ti mismo que lo que estás pasando es sobrevivible. Ya lo has sobrevivido en el pasado, y si no lo has hecho, otras personas sí lo han hecho. Es posible superar las emociones que estás experimentando.

Las emociones son la siguiente parte de la distracción. Esta estrategia implica intentar conscientemente provocar la emoción opuesta a la que estás sintiendo. Si te sientes ansioso, prueba meditar o hacer algunas de las respiraciones y relajación de músculos emparejados de arriba. Si estás triste, intenta buscar imágenes de animales adorables en Google. Si quieres reír, mira a un comediante que amas. A veces añadir la emoción opuesta a la situación puede ayudar a moderar tus emociones negativas actuales.

Alejar es la siguiente parte de tolerar la angustia. Simplemente consiste en no pensar en la cosa que te angustia. Cada vez que venga a tu mente, empújala conscientemente, no te permitas detenerte en ella. Distrae tu mente con otras actividades o pensamientos. A veces esto es difícil de hacer por sí solo, así que a menudo se combina con la siguiente parte del acrónimo, Pensamientos. Pensamientos se refiere a reemplazar pensamientos negativos y ansiosos con cosas que ocupen tu mente. Estas suelen ser muy simples y directas. Di el abecedario al revés, cuenta hasta el número más alto que puedas, haz un crucigrama. Lee poesía en voz alta. Haz cualquier cosa que llene tu mente y la mantenga alejada de la cosa que te está molestando tanto.

La última parte del acrónimo es Sensación. Esto se refiere a usar tus cinco sentidos para calmarte durante momentos de angustia. Podrías ver un video de YouTube de un paseo por el bosque o, si puedes, salir a dar ese paseo tú mismo. Podrías tomar un baño o ducha caliente y disfrutar de los olores de tus productos de baño. Podrías acariciar a tu mascota y sentir su pelaje suave. Cualquier cosa que llene tus sentidos y sea placentera puede ser una forma de calmarte a través de la sensación. Simplemente acostarte en una cama cómoda y disfrutar de la sensación de las mantas puede ayudar, si te permites disfrutarlo.

Tratar sin tener control - MEJORAR

Las habilidades anteriores suponían que había un espacio de tiempo entre el presente y cuando podrás enfrentar el problema. El objetivo es distraerte hasta que puedas resolverlo. Desafortunadamente, no podemos resolver todos los problemas en los que nos encontramos. Las circunstancias pueden ser pequeñas o grandes, pero todos enfrentaremos momentos donde no tenemos control sobre algo desagradable. En estos casos, no es posible simplemente distraerte hasta que puedas solucionarlo. En su lugar, debes pensar en la tolerancia a la angustia de una manera diferente.

Hay otro acrónimo para tratar con este tipo de situación: MEJORAR. MEJORAR significa Imaginación, Significado, Oración, Relajación, Una cosa en el momento, Vacaciones y Animo.

La imaginería implica imaginar que el problema se resuelve y que todo sale bien. Es posible que no tengas mucha habilidad para afectar el resultado del problema, pero no tiene sentido centrarse en todas las formas en que las cosas pueden salir mal en lugar de pensar en formas en las que podrías terminar bien. Si no tienes control, la única elección que tienes es en cómo pensar sobre la situación. Obsesionarse con resultados negativos no cambiará el resultado, pero te hará sentir peor. En ese tipo de casos, intenta enfocarte en que las cosas salgan bien.

El significado se trata de buscar significado incluso en las situaciones más difíciles. ¿Qué aprenderás incluso de esto? Un evento doloroso puede ayudarte a ser más empático con los demás. Quizás tendrás que conocer a nuevas personas. Tal vez esto sea un punto de inflexión en tu vida y puedas hacer algo diferente. Encuentra un propósito y una razón para dar a tu momento presente y será mucho más fácil de tolerar. Los seres humanos son criaturas impulsadas por el significado. Los atletas se empujan a través del dolor para volverse más fuertes todo el tiempo e incluso disfrutan de ello. Si puedes descubrir cómo la circunstancia actual te hará más fuerte o más sabio, será mucho más fácil de soportar.

La oración puede tomar muchas formas diferentes. Si hay una tradición religiosa en particular que signifique algo para ti, reza de la manera que resuene contigo. Si no tienes una tradición religiosa, puedes rezar al universo o a un poder superior genérico. El objetivo es rendir tus problemas a algo más grande que tú mismo y reconocer que tu control terrenal no tiene la capacidad de resolver lo que estás enfrentando.

La relajación es importante, incluso en el tipo de tolerancia al malestar a largo plazo del que estamos hablando ahora. Solemos ponernos tensos en situaciones estresantes y eso puede hacer que las cosas sean aún más desagradables. Calmate, ya sea a través de la respiración, un baño caliente o un paseo relajante. Sin embargo, cómo te calmes mejor, asegúrate de usarlo siempre que te sientas más tenso.

Una cosa en este momento te está pidiendo que uses habilidades de mindfulness. Hablaremos sobre mindfulness con más detalle más adelante en el libro, pero el objetivo es mantenerse en el presente. Evita pensar en problemas antiguos o posibles problemas futuros. Ninguno de ellos podrá ayudarte a resolver la situación actual. Encuentra una sola cosa en la que enfocarte y mantiene tu atención allí. Puede ser pintar una pared, tu respiración, o incluso tu tarea. Mantener tu mente enfocada en una sola cosa puede hacer que tus emociones se sientan menos abrumadoras.

Para la siguiente parte del acrónimo, Vacaciones, idealmente, serías capaz de alejarte de todo. Podrías dejar tu hogar y tomar un descanso de todas las tensiones. La mayoría de nosotros no podemos hacer esto, especialmente no durante un momento de crisis. En su lugar, toma unas vacaciones en tu mente. Imagínate a ti mismo en algún lugar hermoso y tranquilo. Pasea alrededor de un lago al atardecer o mira a los pájaros del bosque tropical. Quédate en este lugar en tu mente todo el tiempo que desees y tal vez puedas regresar al presente mejor preparado para tolerar tus circunstancias.

La última parte del acrónimo es el Aliento. Muchos de nosotros buscamos habitualmente aliento de fuentes externas, pero no tiene que ser de otra persona para ser efectivo. Repite frases de aliento para ti mismo. Dite que puedes superar esto y que puedes mejorar este momento. Puedes motivarte a ti mismo y superar este momento desafiante.

Capítulo 8: Activación conductual o, ¡simplemente hazlo!

Cuando las personas se sienten deprimidas, es común que haya lo que se llama "anedonia" o pérdida de placer e interés en actividades que antes disfrutaban. La disminución del interés en lo que normalmente se hace no es solo un síntoma de la depresión, sino que puede ocurrir con cualquier estado de ánimo bajo o ansiedad. Con el estrés y el TEPT, puede existir una sensación general de tener una baja capacidad de respuesta a las recompensas y actividades. Básicamente, muchas condiciones de salud mental se manifiestan porque el individuo simplemente no hace mucho de nada.

La activación conductual apunta directamente a ese fenómeno. La investigación muestra que es tan efectiva como la terapia cognitiva en la lucha contra la depresión (Cuijpers et al., 2007). La activación conductual es, en muchos aspectos, más fácil que muchas de las estrategias cognitivas de las que ya hemos hablado. No es necesario tener un sentido sutil de tu propia mente para hacer activación conductual.

La idea básica de la activación conductual es que la depresión y el estado de ánimo bajo a menudo ocurren cuando el comportamiento de un individuo recibe refuerzo negativo. Una persona intenta hacer algo, y conduce a un castigo o resultado negativo. Cuando eso comienza a suceder, el individuo hace menos y menos, en un esfuerzo por evitar el refuerzo negativo. Esta es una comprensión de la depresión que se centra más en el entorno alrededor de la persona y menos en su vida interior o características cognitivas.

Siguiendo esta línea, la activación conductual intenta disminuir la depresión mediante el aumento de actividades, contrarrestando comportamientos de evitación y aumentando la experiencia de cosas placenteras y refuerzos positivos. El objetivo es encontrar cosas más agradables que hacer y realmente hacerlas. En lugar de quedarse en tu propia mente para resolver tus problemas, cambias lo que haces a diario y ves qué sucede.

El primer paso en la activación conductual es tener un buen sentido de cómo actúas en diferentes situaciones. ¿Cuáles son las actividades que realizas a diario en el trabajo? ¿En casa? ¿Qué haces cuando te enfrentas a algo desagradable? ¿Qué haces para divertirte? Identifica patrones de comportamiento e intenta estar atento a casos de refuerzo negativo. ¿Hay cosas en tu vida que haces que te hacen sentir peor? Puede ser útil llevar un registro detallado de tu comportamiento y estados de ánimo. Quizás anotar lo que estás haciendo cada media hora y cómo te sientes. Al hacer esto, puede descubrir que no tienes el mismo nivel de depresión todo el día todos los días. También puede descubrir que hay cosas que haces para sentirte mejor que no funcionan o que en realidad te hacen sentir peor. Por ejemplo, si bebes para sentirte mejor, un análisis detenido puede revelar que en realidad no funciona y te hace sentir peor luego.

Una vez que tengas una idea de tu comportamiento actual, el siguiente objetivo es comenzar a pensar en cambiarlo. El objetivo de la activación conductual es cambiar el comportamiento y utilizar el cambio de comportamiento para ajustar tu mente.

Pregúntate a ti mismo la pregunta, ¿hay cosas que estarías haciendo si no estuvieras deprimido? Si piensas en momentos en los que no estás deprimido, ¿hay cosas que haces que disfrutas? Trata de experimentar con actividades positivas.

Una actividad que puedes hacer es pensar en veinte actividades que disfrutas y que son saludables. Esto significa que deben ser cosas que sean consistentes con la vida que quieres vivir y no cosas que tengas motivos para pensar que te harán sentir peor a medio o largo plazo. Ejemplos podrían ser leer un libro, ir al cine, jugar videojuegos, pasear al perro. Podría ser cualquier cosa que te dé placer. Haz una lista, físicamente. En realidad, escríbelo.

Una vez que tengas la lista de veinte cosas que te dan placer, pasa y evalúa el placer o beneficio que obtienes de la actividad del 1 al 10. Tal vez disfrutes mucho de las películas, por lo tanto le pondrías un 7. Tal vez pasear al perro sea divertido pero no increíble, por lo tanto le darías un 3. Quizás ir a conciertos sea una de tus cosas favoritas, por lo tanto le darías un 9. Esto no tiene que ser exacto. Confía en tu instinto sobre las varias clasificaciones.

Una vez que hayas clasificado la cantidad de placer que obtienes de cada actividad, luego vuelve a clasificarlas en función de su accesibilidad, siendo 1 fácilmente accesible y 10 más difícil. Ir al cine es bastante fácil, así que recibe un 3. Los conciertos son más caros y más raros, por lo que reciben un 8. Pasear al perro es realmente fácil, así que recibe un 1.

Entonces, después de haber asignado los veinte actividades ambos números, resta el número de accesibilidad del número de placer. Esto te dirá las actividades que encuentras una combinación de accesibles y placenteras. Básicamente te dará una pista sobre algo que es relativamente fácil de hacer y que da mucho a cambio de la facilidad.

Entonces, una vez tengas una idea de actividades, simplemente haz una de ellas. Puede que no te sientas con ánimos y puede que te parezca poco auténtico hacerlo. Antes de empezar, es posible que ni siquiera sientas que te vayas a divertir. Trata de hacerlo de todos modos. A veces nuestras mentes nos engañan y las cosas pueden parecer muy difíciles al principio. La única manera de saber cómo te sientes al hacer estas cosas es intentar hacerlas de verdad. Cuando hagas una de estas actividades, presta atención cuidadosa a tu estado de ánimo. ¿Cómo te sientes después de haber hecho la actividad placentera?

La mayor parte del tiempo, encontrarás que te sientes mejor. Es fácil olvidar lo bien que se sienten las cosas simples frente a un dolor emocional más grande. Simplemente el hecho de ir al cine o dar un paseo puede sentirse agradable y placentero. Es importante no esperar que este pequeño paso cambie tu vida por sí solo. No serás curado solo porque fuiste al cine. Esa es una expectativa demasiado alta para una actividad tan simple. Por otro lado, tómalo en serio solo como un buen momento. Algo no tiene que ser enorme para ser impactante. Una de las cosas que hace la depresión es hacernos olvidar cómo disfrutar de un momento simple y agradable.

Esta experimentación con nuevos comportamientos debe ser continua y constante. Si encuentras que la actividad que elegiste es más difícil de lo que pensabas, tenlo en cuenta. Si obtienes menos placer de lo que pensabas, tenlo en cuenta. Trata de hacer diferentes actividades y experimenta cómo te hacen sentir. El objetivo es hacer cambios paso a paso que te ayuden a llegar a un lugar más feliz.

Esto es especialmente beneficioso si puedes reemplazar

actividades antiguas que te hacían infeliz con nuevas que te hacen más feliz. Tal vez pasabas cuatro horas por la noche viendo las noticias mientras tomabas vino. Si miras tu registro de actividades, podrás ver que típicamente te sientes deprimido y infeliz. Y, además, el vino hace que la mañana siguiente sea más difícil. Este sería un buen ejemplo de una actividad para reemplazar. Tal vez un día, en lugar de ver las noticias durante ese tiempo, invites a un amigo a ver una película. Probar algo diferente puede romper el estado depresivo que suele experimentarse en ese momento. Compara cómo te hace sentir la película en comparación con cómo te hacía sentir el rutinario de ver las noticias con vino.

En general, una de las cosas que enseña la activación conductual es que los comportamientos de evitación típicamente no funcionan. Tal vez la razón por la que te quedas en casa y no buscas a tus amigos es porque te resulta difícil comunicarte. Si eso te estresa, a menudo tenemos comportamientos que evitan el evento estresante. Por otro lado, esa estrategia de evitación no ayuda a que el problema general mejore. Hace que sea más difícil abordar situaciones difíciles y dificulta el largo plazo, incluso si se siente bien a corto plazo.

Es útil analizar cuáles son tus patrones de evitación. ¿Qué comportamientos llevas a cabo en un intento por evitar emociones o eventos dolorosos? Tal vez duermes demasiado para evitar las demandas que se te hacen cuando estás despierto. Pensar obsesivamente en tus problemas, conocido como rumiación, puede ser contraproducente como estrategia de evitación. Simplemente pensando en tus problemas no estás haciendo nada para solucionarlos o mejorar tu vida. Un gran problema con este tipo de estrategia de evitación es que puede tener un efecto muy negativo en el estado de ánimo.

Una forma de pensar sobre los comportamientos de

evitación es con el acrónimo ACCIÓN. ACCIÓN significa Evaluar el comportamiento y el estado de ánimo, elegir comportamientos alternativos, Probar los comportamientos alternativos, integrar los comportamientos alternativos en una rutina, Observar el resultado del comportamiento, y Nunca rendirse.

Evaluar el comportamiento y el estado de ánimo significa pedirte que analices tu comportamiento actual. ¿Estás haciendo algo para evitar sentimientos negativos? ¿Cuál es tu estado de ánimo actual? ¿Cómo afecta tu comportamiento actual a tu vida en su totalidad?

Después de haber evaluado el comportamiento actual, entonces eliges un comportamiento alternativo. Como discutimos antes, hay cosas en tu vida que disfrutas, muchas de las cuales has dejado de hacer porque no te sientes bien. Si eliges activamente reemplazar un comportamiento evasivo con un comportamiento alternativo y saludable, puedes mejorar tu estado de ánimo.

Después de que hayas elegido el comportamiento, debes intentar ese comportamiento. ¿Está ayudando este nuevo comportamiento a tu estado de ánimo? ¿Llena eficazmente el espacio que solía llenar el comportamiento evitativo?

Entonces, integra este comportamiento en una rutina regular. En lugar de los comportamientos que típicamente haces y que bajan tu estado de ánimo, debes intentar que los comportamientos que elevan tu estado de ánimo ocupen ese espacio en tu vida. Establece una rutina basada en comportamientos que te hagan sentir bien, incluso si es solo momentáneamente.

Observa el resultado de los comportamientos. ¿Cómo te hacen sentir los nuevos comportamientos? ¿Qué cosas nuevas añaden a tu vida? ¿Han mejorado la situación de manera más amplia?

Y por último, nunca te rindas. Intentar un nuevo comportamiento solo una vez es poco probable que conduzca a un cambio significativo. Superar la depresión y los malos estados de ánimo requiere mucho trabajo duro y no habrá respuestas fáciles e instantáneas. A veces habrá retrocesos, pero en lugar de rendirse, debes permanecer comprometido con el objetivo general.

Cuando estás haciendo cambios, a menudo es mejor idea hacer un cambio paso a paso en lugar de todo de una vez. A veces nos despertamos sintiendo que vamos a cambiar por completo nuestras vidas. Eso rara vez se mantiene. En lugar de hacer eso, elige un comportamiento negativo específico para cambiar y enfoca tu energía en cambiar eso.

Capítulo 9: Habilidades para Resolver Problemas

Las habilidades para resolver problemas son universales porque todas las personas encuentran problemas, y cualquiera puede beneficiarse de tener un enfoque paso a paso para resolverlos. Resolver problemas implica, principalmente, la actitud de que los problemas pueden ser resueltos o al menos mejorados. Hay cuatro pasos distintos.

1. Identificar el problema y establecer metas. Estas metas deben ser realistas.
2. Propongan posibles soluciones. Esto se llama a menudo lluvia de ideas.
3. Evaluar las posibles soluciones y luego decidir cuál vale la pena intentar.
4. Prueba la solución posible. Después de probarla, evalúa las consecuencias y decide si de hecho resolvió el problema.

Un buen resolver de problemas te permite lidiar con muchas cosas en la vida. Conduce a habilidades de afrontamiento mejoradas, lo que lleva a una vida mejor y una luna mejor. A menudo, las habilidades de resolución de problemas deficientes pueden convertirse en un ciclo vicioso. Si tienes un problema y no logras resolverlo, puede llevar a una variedad de otros problemas. Puede haber un ciclo negativo donde las cosas empeoran cada vez más.

Centrarse en resolver problemas puede ser empoderador. Cuando resuelves problemas, te sientes más en control de tu vida y eso puede hacer que todo sea más fácil. Las habilidades para resolver problemas están asociadas con un mejor ajuste emocional y cuando tienes habilidades pobres para resolver problemas, experimentarás más angustia. Las habilidades pobres para resolver problemas están asociadas con la adicción a drogas y alcohol, conductas criminales y angustia generalizada.

¡Las habilidades para resolver problemas se pueden aprender! Las personas pueden mejorar en la resolución de problemas y tú también puedes hacerlo.

Lo más importante es desarrollar una orientación positiva hacia los problemas. Las orientaciones positivas hacia los problemas son cuando ves los problemas como un desafío donde es posible mejorar. Significa que crees que tienes la capacidad para resolver problemas. También significa que crees que la resolución exitosa de problemas puede incluir instancias de fracaso y entiendes que esto es parte del proceso de solucionar un problema.

Por el contrario, la orientación negativa ante los problemas considera los problemas como insolubles y aterradores. Estas personas ven las situaciones como imposibles de mejorar y no creen tener la habilidad para resolver problemas. Cuando se encuentran con un fracaso inicial, piensan que eso significa que el problema no se puede resolver.

Cuando tienes una orientación positiva ante los problemas, ves las dificultades como desafíos normales de la vida.

Intentas encontrar soluciones. Este optimismo es una elección que necesitas hacer sobre tu vida. Trata de actuar de manera optimista y busca nuevas posibilidades. Cuando comiences a encontrar nuevas soluciones a tus problemas, verás que naturalmente empiezas a ser más optimista. Aprenderás que es posible mejorar las cosas y que el compromiso te ayudará a hacer tantas cosas mejor.

Después de haber hecho un compromiso de que resolver problemas es posible, el primer paso es identificar qué problemas tienes. Es muy importante poder determinar cuáles son tus problemas y establecer metas realistas. Los problemas pueden ser eventos únicos o continuos y repetidos. Cuando tienes una orientación negativa hacia los problemas, es común evitar enfrentar tu problema. Esto hace aún más importante enfrentarlo.

Es mejor definir tu problema lo más específicamente posible. Tener el problema de "no puedo comunicarme bien con mi esposa" es menos bueno que decir "cuando mi esposa no está de acuerdo conmigo, me resulta difícil contener mi enojo." Ser claro y específico hace que sea mucho más accesible pensar en soluciones.

Aquí hay algunas preguntas que pueden ayudarte a definir tu problema:

- ¿Qué pasó o no pasó que te molesta?
- ¿Quién está involucrado? ¿Dónde sucede el problema? ¿Cuándo ocurre el problema?
- ¿Por qué este problema es difícil para ti?
- ¿Qué haces para evitar el problema actualmente?
- ¿Qué esperas que suceda?

Estas preguntas te ayudarán a determinar cuál es el problema y cuáles deberían ser tus metas. Cuando establezcas metas, debes asegurarte de que estas sean SMART. Esto significa específicas, medibles, alcanzables, relevantes y con límites de tiempo. Las metas específicas están enfocadas. Están definidas por el resultado exacto que quieres que suceda. No son vagas. El problema con metas vagas es que es muy difícil saber exactamente lo que quieres y será mucho más difícil determinar qué hacer para alcanzarlas.

Deben ser medibles, lo cual es parte de que sean específicos. Debes poder determinar de manera objetiva cuándo y si has alcanzado tu objetivo. Esto ayuda a tu mente a no hacerte trucos. Te impide mover tus propios postes de meta.

Los objetivos también deben ser alcanzables. Debes establecer metas que sean posibles de lograr. Esa es la única forma en la que aprendes que eres eficaz y capaz de resolver problemas. Si te pones en situaciones de fracaso, solo será frustrante. Te encontrarás desanimado. Hacer que tus metas sean alcanzables es mucho más productivo.

Los objetivos relevantes son aquellos que son consistentes con otros objetivos y el curso general de tu vida. Esto ayuda a que el objetivo sea más importante para ti y hace más probable que trabajes para resolverlo.

El límite de tiempo es la última característica que deben tener los objetivos. Esto significa que debes establecer al menos un marco de tiempo provisional cuando vayas a lograr tu objetivo. No tener un plazo significa que puedes seguir posponiendo las cosas y alejándolas. Darte un plazo te anima a empezar.

Una vez que tienes una clara comprensión del problema y un

objetivo SMART, el siguiente paso es brainstorming soluciones. Encontrar soluciones a estos problemas puede ser difícil. Si supieras una mejor manera de manejar tu vida, probablemente ya lo estarías haciendo. Resolver problemas implica obligarte a salir de tu zona de confort y pensar más allá de la mentalidad a la que estás acostumbrado. Para hacer eso, la idea es hacer brainstorming. Genera tantas soluciones como sea posible y con la mayor variedad posible. Presiónate para pensar en tantas cosas como puedas, incluso si algunas parecen descabelladas o aparentemente imposibles. Deja de juzgar si son buenas soluciones o no. El primer paso es simplemente pensar en ellas.

Hazte preguntas como estas para ayudarte a encontrar nuevas soluciones:

- ¿Qué le dirías a alguien más que tuviera este problema?
- ¿Qué sugeriría un ser querido que hagas para resolver este problema?
- ¿Qué cosas has hecho para manejar situaciones similares en el pasado?
- ¿Cómo superas los problemas en otras áreas de tu vida?
- ¿Cuáles son algunos elementos positivos de la situación que pueden ayudarte a resolver este problema?
- ¿Hay algo sobre el problema que no se pueda cambiar?

Estas preguntas pueden ayudarte a impulsarte a idear

nuevas posibilidades. Mientras generas ideas, apunta la lista de soluciones para que puedas verlas todas de una vez.

Una vez que tengas una lista de soluciones, el siguiente paso es evaluarlas. Puede ser muy empoderador mirar todas las posibilidades frente a ti y considerar cuál es la más beneficiosa. Quieres evaluar la probabilidad de que las soluciones resuelvan el problema real y cumplan tus metas realistas. También quieres considerar cualquier otro efecto que el problema pueda tener. Pregúntate cuáles son los beneficios y desventajas a corto y largo plazo de cada solución. ¿Cuáles son algunas cosas buenas y malas que podrían suceder si optas por esta solución? Algunas preguntas que podrías plantearte incluyen:

- ¿Cómo me afectará esta solución?
- ¿Cómo afectará esta solución a otras personas?
- ¿Cómo me sentiré después de implementar esta solución?
- ¿Esta solución es coherente con lo que valoro?
- ¿Qué tan plausible se siente esta solución?
- ¿Cuánto tiempo y esfuerzo requerirá esta solución?

Estas preguntas pueden ayudarte a determinar qué soluciones son viables.

Una vez que hayas seleccionado una solución, el siguiente paso es hacer un plan. Necesitas implementar realmente la solución. El plan debe ser lo más específico y concreto posible. Intenta escribir lo que harás, día tras día, siendo específico respecto al tiempo y lugar. Cuando estés planeando las cosas, asegúrate de prepararte para el peor escenario posible. A veces, al abordar soluciones que involucran comunicarte con otras personas como tu jefe o tu cónyuge, es posible que no respondan como te gustaría. Sé realista respecto a las posibles consecuencias negativas y solo sigue adelante si parece que vale la pena el riesgo.

Para practicar la participación en la solución, utiliza tu imaginación para visualizar y ensayar el plan. Imagina realizando la solución en tu mente. Cierra los ojos y visualiza haciendo lo que necesitas hacer, enfocándote en lo que verías, sentirías, escucharías y experimentarías. Utiliza este proceso para proyectar hacia adelante cualquier obstáculo que pudieras enfrentar.

Después de que hayas planeado y ensayado la solución, el siguiente paso es probarla de verdad. Piensa en esto como un experimento que te proporcionará datos adicionales. Es crítico no desanimarse prematuramente. Las cosas no siempre funcionan en el primer intento y es importante no tener la mentalidad de que las cosas son perfectas de inmediato o un fracaso total. Puedes seguir resolviendo problemas, pero eso es normal. La vida es simplemente una serie de oportunidades para resolver problemas.

Mientras te dedicas a este proceso, es útil desarrollar pensamientos que te ayuden a sobrellevarlo. Piensa en cosas optimistas o positivas a las cuales puedas recurrir como manera de tranquilizarte de que estás haciendo lo correcto. ¿Qué te dirías a ti mismo para ayudarte a sobrellevar esta situación? ¿Qué consejo le darías a un amigo que esté lidiando con esta situación? Si te sintieras optimista acerca de esta situación, ¿qué pensarías?

Si el intento inicial para resolver el problema no funciona, vuelve a la lluvia de ideas. Podrás resolver el problema, o al menos mejorarlo, siempre y cuando sigas intentándolo.

Capítulo 10: Conciencia plena

La atención plena es una parte importante para aprender a estar emocional y mentalmente saludable. Las habilidades de atención plena te ayudan a aprender a estar en el momento presente de una manera no crítica y a abstenerse de actuar de forma impulsiva. La atención plena moderna se basa en principios budistas antiguos, pero han sido validados científicamente una y otra vez. Aprender atención plena te ayuda a aprender técnicas para enfocar tus pensamientos y atención en el presente. Desarrollarás un mayor control de tu mente y aprenderás la habilidad de observación y atención.

La mayoría de las otras habilidades en este libro requieren la capacidad de alejarse de tu experiencia y evaluarlas sin juzgar. La conciencia plena es una forma de aprender esa habilidad. La conciencia plena implica prestar atención al momento presente y a la tarea en cuestión sin distraerse por pensamientos intervinientes.

La atención plena se trata de aumentar la conciencia del momento en el que te encuentras. Esto significa que tienes que practicar dirigir tu atención al momento presente y entrenar tu mente para enfocarse solo en una cosa a la vez. A menudo es útil practicar prestando atención solo a una cosa a la vez y aprender a traer suavemente tu atención de vuelta a la cosa a la que se supone que debes prestar atención cuando tu mente inevitablemente divaga. Aprender a prestar atención a una sola cosa a la vez a veces se llama "una sola mente".

A medida que practicas habilidades de atención plena, recuerda que tu atención divagante es parte del punto. El objetivo es aprender a traer tu atención de vuelta al momento presente y en lo que quieres enfocarte. Para aprender a hacer eso, tu mente tendrá que divagar. Perdónate por este divagar inevitable—así es como aprenderás a mejorar.

Practicar la atención plena es como hacer repeticiones en el gimnasio. Con la repetición, la mente aprende las habilidades necesarias para mantener la atención y desarrolla la fuerza para poder traer la atención de vuelta al presente. Incluso simplemente darse cuenta cuando la mente divaga te ayuda a desarrollar las habilidades necesarias.

Puedes practicar la mindfulness en cualquier actividad. Cuando estás comiendo, por ejemplo, deja tu teléfono y apaga la televisión. Mantén toda tu atención en la comida. Tómate el tiempo de activar tus sentidos. Huele la comida, mira la comida. Nota cosas sobre la comida que nunca antes habías visto. Cuando des un bocado, cierra los ojos y enfoca toda tu atención en la sensación en tu boca. ¿A qué sabe? ¿Cómo se siente? ¿Cómo se siente contra tu lengua? Aprender a mantener tu atención en una sola cosa de esa manera puede ayudarte a experimentar el mundo de una manera nueva.

Hay cuatro pasos para ser consciente y practicar la atención plena.

1. Elige una actividad. Esto realmente puede ser cualquier actividad. Cuando te vuelvas hábil en la atención plena, puedes esforzarte por llevarla a cualquier parte de tu vida. Pero al principio, es

útil tener una actividad específica que tengas la intención de hacer conscientemente. Ejemplos incluyen pasar tiempo con tus hijos y mascotas, practicar un deporte, participar en un pasatiempo como tejer o coser. Incluso simplemente pasear por la naturaleza puede hacerse con atención plena.

2. Enfócate en la actividad. Una vez que estés comprometido en la actividad, concéntrate en ella. Está en el presente en la actividad. Mantén tu mente y sentidos comprometidos en lo que estás haciendo. No revises tu teléfono, no pienses en otras cosas. Mantén tu enfoque donde planeas mantenerlo.

3. Toma nota cuando tu atención de desvíe. Es natural que tu atención se desvíe. Eso es parte del proceso de la atención plena. Nuestros cerebros están ocupados generando innumerables pensamientos. La parte importante es darse cuenta cuando nuestra atención se distrae de lo que estamos intentando enfocar. Es una habilidad en sí misma solo ser consciente de la distracción.

4. Vuelve gentilmente tu atención atrás. El último paso, después de aceptar que tu atención se ha desviado, es traer tu atención de vuelta al momento presente. Hazlo amablemente y sin juzgar. El objetivo es moverte suavemente de regreso a donde quieres que esté tu atención.

Es importante ser paciente contigo mismo. La mayoría de nosotros hemos tenido experiencia con cachorros en algún momento de nuestra vida. Cuando comienzas a entrenar a un cachorro para que se quede, no funciona muy bien. Te das la vuelta y el cachorro te sigue inmediatamente. Cuando esto sucede, no te enojas con el cachorro. ¡Es solo un cachorro! Necesita ser entrenado. Así es como está tu mente. Tu mente aún no ha sido entrenada para estar atenta. El proceso de entrenarla es cómo aprenderás a mantener tu atención en lo que deseas.

Si te resulta útil tener una actividad dedicada a practicar la atención plena, una buena opción es contar tus respiraciones. Siéntate en silencio y cuenta cada respiración, diciendo uno mientras inhalas profundamente y dos mientras exhalas lentamente. Tres en la inhalación, cuatro en la exhalación, y así sucesivamente. Cuenta hasta diez y luego vuelve a empezar en uno. Cuando notes que te distraes, gentilmente vuelve tu atención a la respiración. Es útil poner un temporizador de diez o veinte minutos e intentar enfocarte durante todo ese tiempo. Intenta establecer un momento en tu día para hacer esto todos los días y mejorarás rápidamente.

Una característica de una postura atenta es que no es crítica. A medida que aumentas la conciencia del momento presente, es importante evitar juzgar tu experiencia. Cuando eres atento, experimentas el mundo tal como es en realidad, no como debería ser. Hacemos todo tipo de juicios sobre el mundo, típicamente decidiendo cómo deberíamos pensar y sentir de antemano. Cuando conocemos a alguien nuevo, extrapolamos a partir de su ropa y cabello. Cuando pedimos un plato en un restaurante, lo miramos y pensamos que sabemos cómo va a saber.

A menudo, experimentamos el mundo tal como pensamos que "debería" ser en lugar de cómo es. Cuando intentas ser consciente, obsérvate a ti mismo/a haciendo juicios. Observa la forma en que sacas conclusiones sobre tus experiencias antes de que sucedan. En la medida de lo posible, resiste este impulso y vuelve tu atención al mundo que tienes delante. La atención plena te ayuda a aprender a describir tu experiencia sin juzgar, ayudándote así a separar tus pensamientos de la situación real en ese momento.

Intenta mirar una pieza de arte y observarla sin emitir juicios sobre ella. No pienses en si es fea o hermosa, barata o cara. En cambio, enfócate en los colores y las formas. Trata de identificar las marcas hechas por un pincel o un bolígrafo. Dedica tiempo solo mirándola, como si nunca hubieras visto una pintura antes.

Evitar el juicio positivo es tan importante como resistir el juicio negativo, porque los juicios positivos reflejan apego a que las cosas sean de una manera particular. Si tienes un juicio positivo hacia partes del mundo, entonces experimentarás angustia si ese mundo cambia.

Una forma de pensar en esta postura de no juicio se conoce como "mente de principiante". Esta es la idea de que debes interactuar con el mundo como si nunca lo hubieras experimentado antes, como un niño. Si intentas evitar el juicio y el equipaje, puedes experimentar las cosas de una manera fresca e interesante. La mente de principiante consiste en dejar de lado nuestras ideas preconcebidas sobre algo e interactuar con ello sin expectativas. Esto conduce a mejores experiencias, donde puedes interactuar con el objeto tal como es, sin verse oscurecido por prejuicios.

Es particularmente útil al interactuar con las personas. La mente del principiante lleva a relaciones mejores porque te permite tratar cada interacción con una persona como un nuevo comienzo. No los juzgarás según si cumplen o no el ideal que tienes para ellos y no dejarás que tu experiencia se vea afectada por experiencias negativas pasadas. Tal vez alguien fue grosero contigo una vez. Normalmente, esto daría forma a cada interacción futura con esa persona. Pero quizás solo estaban teniendo un mal día o si no es algo permanente. En lugar de aferrarte al recuerdo de la interacción previa negativa, puedes dejarlo ir y experimentar cada momento con esta persona de nuevo.

También puede llevar a menos ansiedad. Normalmente, el sentimiento de ansiedad ocurre porque estamos haciendo predicciones sobre posibilidades negativas. Pensamos que algo malo va a suceder porque creemos que este es el tipo de situación donde ocurren cosas malas. Adoptar la mente del principiante significa abrirse a una curiosidad suave, dejando de lado tus ideas existentes sobre cuáles son las posibilidades y qué es lo que da miedo de ellas. El objetivo es abrazar la incertidumbre sobre lo que va a suceder, abrazar el estar en el momento presente y encontrar agradecimiento en el presente por lo que estás haciendo y con quién estás interactuando.

De muchas maneras, la atención plena se trata de aprender a ser efectivo. Cuando aumentas la conciencia en el momento presente, aprenderás a mantener tus ojos en tus metas y no distraerte con cosas innecesarias. A veces la gente está tan enfocada en tener la razón o ganar discusiones que no tienen en cuenta lo que realmente quieren en cualquier escenario dado. Por ejemplo, si te metes en una discusión con un taxista sobre el aire acondicionado, piensa si vale la pena enojarte y posiblemente llevarlo a que se niegue a llevarte a tu destino. Quizás sea mejor simplemente calmar la situación y dejarla pasar.

Tener razón no es lo mismo que ser hábil. Ser efectivo consiste en aprender a enfocarse en ser hábil, no en tener razón. La idea es aprender a elegir tus batallas y experimentar el mundo de una manera más pacífica y gentil.

Los juicios son a menudo el resultado de emociones negativas. Si ocurre una situación y sientes fuertemente al respecto, a menudo la juzgarás como algo malo. Sin embargo, el problema es que el juicio a menudo desencadena emociones adicionales. Si algo negativo sucede en el trabajo y te lastima, llevándote a juzgar la situación como "injusta", eso podría provocar un dolor adicional. Si cometes un error, tienes emociones negativas por cometer el error. Entonces, podrías juzgarte a ti mismo como estúpido o incompetente, lo que lleva a un dolor adicional.

Cuando practiques la atención plena, adquiere el hábito de "anotar" cuando tengas pensamientos o sentimientos particulares pasando por tu mente. Imagina tus pensamientos como burbujas de jabón flotando en un cielo claro. Cuando los notes, tócalos suavemente con una etiqueta y déjalos estallar. Cuando sientas una ola de tristeza, anota que estás triste y déjala ir. Si sientes preocupación, anota que sentiste preocupación y déjala ir. Esto puede ser útil para evitar especialmente los juicios: si experimentas un juicio, anota que lo has hecho y déjalo ir.

Capítulo 11: Aceptación Radical

Hasta ahora, hemos hablado sobre muchas habilidades para manejar emociones intensas, desde habilidades cognitivas sobre cambiar tus pensamientos hasta otras más orientadas al comportamiento. Hemos hablado sobre la atención plena y la regulación emocional. Sin embargo, la habilidad más importante es la aceptación radical. La aceptación radical es la idea de que incluso en la situación más dolorosa, tenemos que aceptarla. Esto es lo que lo hace radical.

La aceptación no significa aprobación. Aceptar significa reconocer que la situación en la que te encuentras es la realidad y no hay nada que puedas hacer al respecto. Muchos de nosotros pasamos mucho tiempo rechazando aceptar la realidad de una situación. Pensamos, esto no es justo o por qué me está pasando esto a mí. Estas cosas solo aumentan nuestro sufrimiento. El dolor es inevitable en la vida, pero el sufrimiento no lo es. El dolor es lo que sucede cuando algo malo ocurre, el sufrimiento es lo que sucede cuando luchamos contra ello y nos negamos a aceptarlo.

La aceptación es no-judgmental. Aceptar algo no significa que estás diciendo que es bueno o malo, simplemente significa que estás reconociendo la realidad tal como es. Imagina que estás manejando al trabajo, y te quedas atascado en el tráfico. Esto es desagradable, de muchas maneras. Puedes meterte en problemas por llegar tarde al trabajo. Pero si piensas "esto es injusto" y "no puedo creer que esto esté pasando", entonces simplemente aumentarás cuán molesto estás. Tocar la bocina y seguir de cerca al auto de adelante no te llevará más rápido al trabajo. Sólo aumentará tu infelicidad. Imagina la diferencia entre estar molesto y alterado durante todo el lento trayecto al trabajo y simplemente aceptar que llegarás tarde y estar en paz con el auto.

Aceptar la realidad es el cambio necesario que ayuda a un cambio genuino y permanente. No puedes cambiar nada a menos que primero lo hayas aceptado. Si estás constantemente luchando contra la realidad, pasarás todo tu tiempo y energía fingiendo que el problema no existe en lugar de intentar solucionarlo. Aceptar no se trata de perdonar o de dejar a alguien libre de responsabilidad. El único objetivo es tranquilizar tu propia mente y hacerte más feliz. Aceptas la realidad para ti mismo.

Esta es una habilidad difícil, pero quizás la más importante del libro. Mientras más dolorosa y difícil sea una situación, más difícil será aceptarla, y generalmente tomará más tiempo. Esta no es una habilidad que se pueda dominar en un solo día, incluso en los mejores momentos. Volviendo a nuestro ejemplo de conducir, si la conclusión de llegar tarde inevitablemente significa ser despedido, será mucho más difícil de aceptar que si simplemente es una conversación seria con tu jefe. A veces, puedes llegar al punto de aceptación sobre algo y luego un evento adicional te hará comenzar a lidiar con la realidad nuevamente. Imagina a Karen, una mujer cuyo esposo tuvo una aventura hace muchos años. Ella pudo haberlo aceptado y seguido adelante con su matrimonio, permitiendo que las cosas mejoren tremendamente. Pero luego una joven que se parece a la persona con la que el esposo de Karen tuvo la aventura se muda al lado y Karen comienza a sentirse enojada y molesta nuevamente. Ella podría tener que regresar a aceptar la realidad y no luchar en contra de ella.

Mientras trabajas en aceptar la realidad, puede resultar frustrante. Pero incluso si puedes aceptar la dolorosa realidad por solo treinta segundos, eso es treinta segundos menos de sufrimiento de lo contrario tendrías. Gradualmente esos treinta segundos crecerán y crecerán hasta que puedas sostenerlo.

La mayoría de nosotros hemos tenido situaciones dolorosas en nuestra vida que naturalmente hemos llegado a aceptar. Quizás un ser querido falleció o no obtuviste un trabajo que esperabas. Duele, pero eventualmente es posible llegar a aceptar la nueva realidad. Hay una diferencia entre luchar contra una situación y llegar a aceptarla. La mayoría de las veces, te sientes más ligero y tranquilo una vez que has aceptado una situación. La situación tiene menos poder sobre ti y el dolor disminuye. Cuando lo piensas, hay menos dolor emocional.

¿Cómo practicas aceptar la realidad?

La primera y más importante parte es que tomes la decisión de aceptarlo. Tienes que creer en la idea de que aceptar la realidad te será útil y te hará sentir mejor. Si no aceptas, entonces no hay nada que hacer. Parte de esto implica enfrentar directamente lo que está sucediendo. Antes de poder aceptar algo, debes desarrollar la autoconciencia para enfrentarlo y mirarlo directamente.

Segundo, si decides trabajar en la aceptación, el siguiente paso es comprometerte contigo mismo/a a aceptar la realidad con la que estás luchando. Necesitas prometerte a ti mismo/a que a partir de ahora, vas a aceptar la situación. La promesa no va a resolverlo por sí sola; típicamente incluso después de haber hecho un compromiso, te encontrarás volviendo a luchar contra la realidad, haciendo juicios, pensando en lo injusta que es la situación, y así sucesivamente.

En tercer lugar, debes aprender a darte cuenta cuando comienzas a luchar nuevamente contra la realidad. Nota cuando empieces a pensar que la situación no es justa o desear que la vida fuera de otra manera.

Cuarto, vuelve tu mente hacia la aceptación. Cada vez que notes que estás luchando contra la realidad e insistiendo en que la realidad no es justa, recuérdate a ti mismo que te hiciste una promesa de aceptar la realidad. Recuerda tu compromiso y vuelve tu mente hacia la aceptación. Tendrás que hacer esto una y otra vez para poder agarrarle la onda.

Una cosa que hay que reconocer es que todo tiene una causa. Incluso esta cosa que te está causando dolor tuvo que haber sucedido, debido a la forma en que el mundo se desarrolló. Si lo piensas, un tsunami es una tragedia que lastima a mucha gente, pero la razón por la que sucedió son las leyes de la física. Tenía que haber sucedido de esa forma, porque fue causado de una manera particular. No hay manera de que haya sido de otra manera, dadas las circunstancias en las que se encontraba el mundo.

A veces es útil pensar en todo el universo como una serie de causas. Todo está causando otras cosas, golpeando como bolas en una mesa de billar. Cada cosa individual tuvo que haber ocurrido de la manera en que lo hizo, dadas todos los otros factores y cosas que causaron que sucediera. Existe una inevitabilidad en el pasado y en el futuro. No había otra forma en la que podría haber ocurrido.

Las personas tienden a tener algunas dificultades con esta habilidad. Una cosa que la gente piensa es que aceptar la realidad significa rendirse. Pero ese no es el caso. La aceptación simplemente significa dejar de luchar contra la realidad de la situación, no impide que intentes resolver el problema. Significa que ya no pierdes tiempo y energía pensando que una situación no es justa o no merecida. En cambio, te enfocas en lo necesario para solucionar la situación.

Segundo, a veces las personas confunden la aceptación del momento con aceptar cosas que aún no han sucedido. Cuando intentan aceptar el fin de una relación, piensan que lo que necesitan aceptar es una vida entera de soledad. Lo importante es recordar aceptar la realidad, no cosas que aún no han sucedido. Necesitas aprender a aceptar que tu relación anterior ha terminado, pero no hay razón para aceptar que no habrá una relación en el futuro. No podemos saber realmente qué deparará el futuro. Es bastante difícil aceptar el presente y el pasado, no hay razón para complicar las cosas intentando aceptar el futuro.

Cuando estás luchando con estar solo, lo que necesitas aceptar es no tener pareja en este momento. No es necesario tratar de aceptar que estarás solo por el resto de tu vida. El objetivo es intentar mantener tu mente en el presente y practicar la atención plena. La aceptación radical no puede ayudar con preocupaciones orientadas hacia el futuro.

Otra cosa que la gente podría pensar es que aceptar significa que necesitan aceptar juicios negativos sobre sí mismos. Alguien podría pensar, ¿cómo puedo aceptar que soy una mala persona? Así como no podemos aceptar el futuro, tampoco podemos aceptar los juicios. Los juicios no son hechos, son percepciones de la realidad. Tienes que aceptar los hechos de tu vida, pero los juicios son superfluos. Entonces, por ejemplo, si piensas que eres una mala persona porque estabas adicto a las drogas y te desquitaste con las personas que se preocupaban por ti, necesitas aceptar esas realidades. La realidad de la adicción y la realidad de cómo trataste a los demás son lo que necesitas aceptar. Agrupar eso en un juicio de ser una mala persona no es lo que necesitas aceptar y, de hecho, probablemente es activamente poco útil.

Un gran problema con la aceptación es la idea de que la situación es simplemente demasiado terrible y dolorosa para aceptar. Es fácil sentir que algo es tan horrible que es imposible de aceptar. Si has sufrido abuso, podrías sentir que es demasiado terrible para aceptar. Un problema que ocurre aquí es la confusión de la aceptación con el perdón. Estás practicando la aceptación para ti mismo, no para nadie más. Lo aceptas porque hará tu vida más fácil, no porque perdona a la persona que te lastima. La aceptación no funciona si lo haces por otras personas y no se trata de otras personas.

A veces las personas piensan que necesitamos mantenernos enojados para protegernos. Puede que te preocupes de que aceptar la situación te vuelva vulnerable. Sientes que estás enojado, retirado y resentido como una forma de protegerte del dolor. El problema es que la manera en que estás tratando de protegerte te está causando sufrimiento en el presente. En realidad no estás evitando que te lastimen al estar enojado, sino que te estás causando dolor emocional.

Además, recuerda que la aceptación no significa aprobación. La realidad, en cierto sentido, no se preocupa de si la aprobamos o no. Existe, independientemente de cómo nos sintamos. Lo que implica la aceptación es reconocer lo que la realidad es.

Cuando hayas comenzado a aceptar las cosas, entonces puedes empezar a pensar en cómo sacar lo mejor de ellas. Esto significa muchas cosas diferentes en diferentes contextos. A veces significa que debes aprender lo que puedas de la situación y desarrollar mayor empatía a partir de la experiencia. A veces puedes pensar en formas de mejorar la situación. Es importante pensar a largo plazo. Emborracharte puede hacerte sentir mejor en el momento, pero no te sentirá bien por la mañana. Trata de meditar, leer un buen libro o dar un paseo por la naturaleza.

Una cosa que puede ayudar es darse cuenta de que la vida no se supone que sea fácil. La vida se supone que sea difícil. Cosas difíciles le ocurren a todos. Las cosas difíciles son parte de lo que desarrolla el carácter y hace que seas la persona que eres. Cuando pensamos que la vida es injusta por tener cosas difíciles sucediendo, no estamos reconociendo la realidad de que la vida es difícil.

Siempre hay algo que puedes aprender de la dificultad. Siempre puedes crecer. Incluso si te sientes herido y dañado por lo que sea que haya sucedido, es posible que puedas avanzar. La vida nunca termina hasta que se acaba. Hasta ese momento, siempre existe la posibilidad de volverte más fuerte y mejor como ser humano. Aceptar la realidad de la vida es parte de eso.

Capítulo 12: Mejorando tus relaciones con las personas

El apoyo social es una de las cosas más beneficiosas que puedes tener en tu vida, con efectos positivos en la salud física, la salud mental y tu bienestar general. Las personas con más apoyo social son más felices, más sanas y más productivas. Sin embargo, el apoyo social depende de tu capacidad para mostrar un comportamiento social efectivo. Para muchas personas, la falta de compromiso social efectivo es una gran parte de por qué siguen teniendo dificultades psicológicas.

Las habilidades sociales son una parte importante de cualquier intento de recuperarse de una enfermedad mental. Incluso si crees que tienes habilidades sociales en general, nunca está de más refinar tu capacidad de interactuar con otras personas y mejorar tus relaciones interpersonales. Esto puede ser particularmente útil si tienes problemas con la ansiedad social. Mucha ansiedad social se manifiesta como la sensación de no saber qué hacer o cómo funcionar. Aprender habilidades sociales específicas puede hacer que sea más fácil.

"La efectividad interpersonal" es el término que utilizan los profesionales de la TCC para medir la calidad de las habilidades sociales. Se refiere a una interacción complicada entre varias habilidades sociales y capacidades que son necesarias para lograr una buena interacción social, mantener relaciones, y en general, alcanzar metas sociales en una variedad de contextos. En general, la efectividad interpersonal significa que puedes atender a los demás y comunicarte de manera efectiva, planificar comportamientos, y demostrar flexibilidad ajustando tu comportamiento a la retroalimentación que recibes de los demás. En general, significa evitar comportamientos que otros encuentren desagradables o difíciles de manejar.

Nuestros comportamientos interpersonales son comportamientos aprendidos. Obtenemos nuestras habilidades sociales principalmente desde la infancia, pero son reforzadas por nuestro entorno social. Cada vez que alguien expresa aprobación o desaprobación, se está reforzando un tipo particular de habilidad social.

Esto significa que las habilidades sociales y el éxito social son en gran medida cultural y dependientes del contexto. Dentro de una cultura individual, las personas son educadas para comprender las expectativas que la sociedad tiene sobre ellas y el tipo de comportamiento que es positivo. Sin embargo, esto no siempre funciona sin problemas. Las personas también pueden desarrollar comportamientos sociales ineficaces o disfuncionales. Los comportamientos sociales ineficaces generalmente no funcionan especialmente bien, y tienden a no producir resultados positivos. Por otro lado, los comportamientos interpersonales disfuncionales a menudo producen resultados positivos a corto plazo, a pesar de ser desagradables en general. Estos son comportamientos como un niño que hace una rabieta. El niño llama la atención, pero solo se le disculpa por su comportamiento debido a su edad. Si un adulto hiciera una rabieta de manera similar, podría recibir atención inmediata, pero en general, la gente no querría interactuar con ella.

A veces las personas se enfrentan a problemas cuando se

mueven entre contextos sociales o culturales y sus habilidades sociales no se traducen. Un comportamiento que es efectivo en un contexto podría ser ineficaz o perjudicial en otro contexto social. Tener la comprensión para reconocer cuando has cambiado de contextos es una parte importante de las habilidades sociales.

¿Cómo sabes si tienes habilidades sociales positivas? En general, es difícil evaluar por qué estás teniendo problemas sociales tú mismo. Si conoces los comportamientos que te están causando problemas, entonces puedes vigilarte para detectar instancias de ese comportamiento. Tal vez te encuentres hablando sin pensar y insultando repetidamente a las personas de esa manera. Si eso es algo que notas, puedes llevar un registro de cuándo y cómo haces este comportamiento, en un esfuerzo por iniciar el proceso de cambiarlo.

Si tienes problemas más sistémicos y no estás seguro directamente de por qué, entonces este podría ser un caso donde un par de sesiones con un terapeuta serían útiles. Un terapeuta puede usar tácticas como juegos de roles y simulaciones para evaluar tus habilidades sociales y ayudarte a determinar dónde estás fallando. Si hay alguien en tu vida en quien confíes, puedes pedirles su opinión. Intenta hacer juegos de roles con ellos y pruébate en diferentes tipos de contextos sociales para determinar qué comportamientos podrías estar demostrando que te causan problemas sociales.

Aquí tienes algunas preguntas que puedes hacerte para identificar posibles aspectos del comportamiento social que te resulten difíciles:

- ¿Qué dificultades te encuentras teniendo en las relaciones?

- ¿Tienes personas a las que estás cerca? ¿Quiénes son? ¿Con qué frecuencia estás en contacto con ellos? ¿Puedes ser íntimo con ellos?

- ¿Hay momentos en los que no sabes qué hacer en situaciones sociales?

- ¿Puedes iniciar y mantener fácilmente una conversación con alguien que no conoces bien?

- ¿Te pones ansioso en contextos sociales? ¿Qué haces cuando te pones ansioso en situaciones sociales?

- En tiempos en los que te has sentido desafiado socialmente, ¿cuáles fueron los desafíos? ¿Tuviste problemas para expresarte? ¿Controlarte?

- ¿Tienes dificultad para pedirle a la gente que haga algo?

- ¿Te resulta difícil decir que no cuando sientes que deberías hacerlo?

- ¿Han comentado otras personas sobre las cosas que haces socialmente de manera negativa?

- ¿Hay situaciones sociales que evitas?

- ¿Encuentras difícil hablar con ciertos tipos de personas?

- ¿Cómo manejas los conflictos con otras personas?

- Cuando le pides algo a la gente, ¿qué suele pasar justo después?
- ¿Puedes lograr tus objetivos en situaciones sociales?
- ¿Cuando tienes conflictos con otros, cómo suelen resolverse?

Una vez que tengas una idea de qué tipos de habilidades te cuesta trabajo, el objetivo entonces es aprenderlas. Las habilidades se desarrollan mediante una serie de etapas. Primero, tienes que aprender las habilidades y entender lo que necesitas hacer. Luego, necesitas fortalecerlas a través de la práctica y la retroalimentación. Finalmente, necesitas generalizar las habilidades y aprender a aplicarlas en diferentes contextos.

Cuando estás aprendiendo habilidades sociales, es importante poner el enfoque en lo que es efectivo en lugar de lo que es "correcto". No importa si estás haciendo algo correctamente si no estás siendo efectivo. Dejar de lado la necesidad de tener siempre la razón es una parte importante del desarrollo como persona, especialmente en tus habilidades sociales.

La siguiente parte de este capítulo va a repasar varios tipos de habilidades sociales importantes que puedes incorporar a tu repertorio.

Habilidades de comunicación

La comunicación es una de las cosas más importantes que hacemos con las personas, pero también es una de las más complicadas. La comunicación implica muchas cosas diferentes, incluyendo la atención, la fluidez en el habla, la capacidad expresiva, la integración de múltiples tipos de respuestas y la comunicación no verbal. En general, hay una variedad de habilidades involucradas en el intercambio constructivo de pensamientos y emociones.

En general, la comunicación efectiva consiste en atraer a las personas en lugar de alejarlas. El objetivo es establecer la habilidad de aumentar la intimidad con las personas y aprender a revelar partes de ti mismo a otros de una manera que los invite a participar. Partes específicas de eso incluyen la revelación emocional ("Estoy realmente emocionado por esta entrevista de trabajo a la que voy"), demostraciones de comprensión y apoyo ("Puedo ver que estás molesto. ¿Quieres hablar de eso?"), hacer solicitudes positivas ("Necesito alguien con quien hablar. ¿Podemos hablar?") y comunicar sentimientos positivos ("Realmente disfruté nuestro tiempo juntos hoy"). Fortalecer estos aspectos de la comunicación es una de las formas más importantes de ser más efectivo en contextos sociales.

Central para comunicarse de manera efectiva, también, es ser capaz de hacer una transición suave entre los roles de hablar y escuchar. Las habilidades de escucha incluyen la capacidad de prestar atención cuando alguien más está hablando, reconociendo los comentarios del hablante con comportamientos no verbales como asentir con la cabeza y contacto visual, y evitando comportamientos como interrumpir o desafiar puntos de vista innecesariamente. Otras habilidades de escucha implican: repetir (la capacidad de repetir exactamente lo que dijo el hablante), parafrasear (la capacidad de repetir en sus propias palabras lo que se dijo para demostrar comprensión), reflexión (ser capaz de determinar cuál es la emoción subyacente detrás de lo que se expresa y preguntar al hablante si esa es una comprensión precisa) y validación.

La validación implica comunicarle al hablante que su posición es comprendida transmitiendo su propio mensaje de vuelta y afirmar que el mensaje es válido y aceptado por el oyente. Es importante validar incluso si hay desacuerdo, puedes validar que el hablante siente algo y que entiendes que lo sienten, incluso si no estás completamente de acuerdo con el contenido.

Las habilidades de comunicación oral incluyen la capacidad de comunicar con precisión lo que estás pensando o sintiendo. Esto significa que los oradores deben ser capaces de hablar de forma sencilla, clara y al grano. Las declaraciones complicadas tienden a ser mejor comprendidas cuando se dividen en partes más pequeñas y manejables, lo que permite al oyente verificar su comprensión con el hablante. Las habilidades específicas de comunicación oral incluyen la capacidad de revelar cómo te sientes acerca de una situación y expresar afirmación o apoyo a la otra persona.

Una habilidad de habla particularmente importante es la capacidad de expresar emociones negativas sin amenazas, demandas ni insultos. La mejor manera de expresar emociones negativas es vincular la emoción que estás sintiendo de manera objetiva con el comportamiento que la causó, manteniéndote directamente en los hechos. Decir cosas como "Me siento herido cuando haces comentarios que se burlan de mí" es mucho más productivo que decir "deja de decir eso, idiota".

Las habilidades de comunicación se pueden practicar todos los días y en cualquier contexto. Si es demasiado hacer todas ellas a la vez, elige una o dos habilidades en las que concentrarte y practicar. Si la atención te resulta difícil, intenta enfocarte en prestar mucha atención a lo que las personas dicen y aprender a repetir adecuadamente su mensaje.

Habilidades de gestión de conflictos

Los conflictos son una parte inevitable de la vida, pero pueden ser muy difíciles de manejar. Las personas que son buenas manejando conflictos son mucho mejores tratando las relaciones interpersonales en general.

Una cosa importante en la gestión de conflictos es aprender a reconocer el conflicto en términos del problema, en lugar de la persona involucrada. También es importante centrarse en declaraciones de "yo" y hablar desde tu propia perspectiva. El siguiente patrón representa una forma general de abordar y resolver conflictos.

- Una declaración del problema con el conflicto de una manera orientada hacia el futuro. El objetivo no es repetir el problema, sino mejorar la situación avanzando. Un buen ejemplo de esto sería decir, "Me gustaría si pudiéramos sentarnos y hablar sobre cómo podríamos abordar nuestras discrepancias de manera más efectiva en el futuro."

- Una declaración reconociendo la emoción asociada de manera personal. El objetivo no es hacer acusaciones sobre la otra parte. Debes centrarte en llegar a un resultado efectivo, no en vengarte de nadie más. Enmarca los efectos de las situaciones en términos de los efectos en ti: "Estoy molesto/a de que esto se haya convertido en un problema."

- Una declaración de objetivo que indique cuál sería el resultado ideal. Este debe ser un objetivo que sea beneficioso para ambas partes, por ejemplo "Espero que podamos resolver esto para mantener mejor nuestra amistad".

- Una pregunta que implica acercarse a la otra persona. Esto sería preguntarles cómo están entendiendo esto o cómo están lidiando con el conflicto.

Una parte clave de cualquier resolución de conflictos o abordaje de un conflicto es la capacidad y disposición de todos los involucrados para escuchar a otras personas y no interrumpir. Escuchar es una parte crítica de cualquier resolución.

La resolución efectiva de problemas puede mejorarse mediante el uso del acrónimo SOLVES:

S= Especificar el problema.

O = Esboza tus metas.

L= Enumere las alternativas

V = Ver las consecuencias probables y seleccionar una alternativa prometedora.

E = Establecer e implementar un plan

S = Encuesta los resultados.

El primer paso es especificar el problema. El elemento principal de este paso es delinear claramente cuál es el problema. ¿Cuál es el núcleo del asunto? Idealmente, esto implicará a ambas personas en la relación y tomar en serio qué están haciendo ambas personas. Las afirmaciones deben consistir en hechos observables e identificables. Trate de evitar expresar culpabilidad o juicio sobre la otra persona.

El segundo paso es esbozar tus objetivos. Debes expresar cuál es tu meta personal en la situación. La idea debería ser especificar qué se debe hacer para resolver el problema, no qué sería lo "correcto" por hacer. ¿Qué deseas lograr con el problema? En este paso es importante ser lo más específico posible.

El tercer paso es listar las alternativas. ¿Cuáles son las posibles vías para resolver este problema? En esta etapa, se fomenta la lluvia de ideas. Se pueden proponer muchas cosas diferentes. La idea es crear una lista de posibilidades.

El cuarto paso es analizar las posibles consecuencias y seleccionar una alternativa prometedora. ¿Qué resultados proyectas de cada una de estas alternativas? ¿Qué crees que sucederá si las intentas? A menudo es buena idea clasificarlas en términos de la probabilidad de lograr el objetivo y cumplir con las metas de la situación. Debe seleccionarse el enfoque que tenga más probabilidades de resolver el problema sin crear nuevas consecuencias negativas.

El quinto paso es establecer el plan e implementarlo. Una vez que se ha seleccionado la alternativa, la siguiente tarea es poner la solución potencial en acción. El plan debe ser implementado y, si es necesario, refinado y volver a intentarlo.

El sexto paso es evaluar el resultado. Después de probar el plan, el siguiente paso es evaluarlo. ¿Cómo fue? ¿Produjo el resultado deseado? Si lo hizo, entonces el problema está resuelto. Si el conflicto no se ha resuelto, entonces puedes comenzar de nuevo en el tercer paso (L) y comenzar a intentar listar las alternativas nuevamente.

Habilidades de Asertividad

Asertividad es una habilidad importante porque es crucial poder expresar preferencias, derechos, necesidades y deseos de una manera que sea considerada tanto para el propio respeto como para la dignidad de otras personas. La asertividad es cuando no eres pasivo (cuando permites que se ignore tu propia dignidad para ser ignorado por otra persona) ni agresivo (cuando las interacciones de una persona irrespetan a los demás).

La asertividad está compuesta tanto por comportamientos no verbales como verbales. En los comportamientos no verbales, es útil reforzar las sonrisas, la postura relajada, gestos con las manos, contacto visual, y otros comportamientos no verbales que transmiten atención. Por otro lado, es útil debilitar cosas que indican ansiedad, como juguetear o temblar, evitar el contacto visual, y posturas o comportamientos excesivamente intimidantes.

En cuanto a los comportamientos verbales, hay muchas cosas diferentes en las que pensar.

Para fortalecer:
- Características del discurso: tono seguro, calma, uso adecuado de la inflexión, tiempo de habla, fluidez tranquila y relajada del discurso.
- Contenido del discurso: usando resúmenes de lo que dicen otras personas, usando descripciones claras, decir no, pedir un cambio de manera que transmita respeto, buscar aclaraciones, usar declaraciones sobre uno mismo, expresión de puntos de vista propios, protestas por tratos injustos, negociación, compromiso, hacer

preguntas directas a otras personas sobre su experiencia personal, declaraciones para demostrar preocupación por los demás, cumplidos, declaraciones con tono positivo, honestidad.

Debilitar:

- Características del habla: pausas, disminución del volumen al final de las oraciones, murmullos, quejidos, gritos, elevación de la voz

- Contenido del discurso: alabarse a uno mismo mientras se menosprecia a los demás, amenazas, insultos, acusaciones, juicios y críticas, afirmaciones sobre lo que piensan los demás, revelaciones personales inapropiadas que son demasiado íntimas para la relación, autodepreciación, declaraciones que indican que las necesidades de otra persona son más importantes que las propias.

Ser adecuadamente asertivo implica equilibrar hablar y escuchar. Necesitas ser capaz de comunicar lo que necesitas, al mismo tiempo que respetas que otras personas son individuos con necesidades. Esto implica tanto la capacidad de comunicar lo que quieres como de escuchar lo que otras personas quieren.

Cuando estás pidiendo que las cosas sean diferentes, es útil pedir un cambio lo más específico posible. Las peticiones son más efectivas cuando son claras, concisas y se basan directamente en comportamientos externos. En lugar de pedirle a alguien que sea menos desordenado, deberías pedirle que recoja la ropa del suelo. La petición debe ser equilibrada y tomar en serio que la otra persona también tiene necesidades y deseos. También debe ser coherente con el nivel de intimidad ya presente en la relación.

Cuando propones algo, entonces debes escuchar y comprometerte sobre cuál es la solución eventual. Asegúrate de tomar en serio lo que otras personas sugieren. Y, cuando hacen lo que te gustaría, felicítalos y comunica que estás agradecido de que tomaran en serio tu solicitud.

Capítulo 13: Utilizando la exposición para contrarrestar el miedo

El miedo intenso y la ansiedad pueden causar muchos problemas en tu vida. Los trastornos de ansiedad son una de las cosas más comunes por las que la gente busca ayuda y afectan hasta a un tercio de la población general. Alrededor del 28% de la población tendrá un ataque de pánico en algún momento de su vida.

Una de las mejores maneras de lidiar con el miedo y la ansiedad es la terapia de exposición. La exposición es una forma dirigida de aumentar tu familiaridad con las cosas que te causan ansiedad y ayudarte a manejar tus emociones de una manera más adecuada.

La estructura básica de la terapia de exposición se centra en la desensibilización, lo que significa exponerte a la cosa que temes de manera sistemática. El objetivo es empujarte a enfrentar la cosa que provoca ansiedad de manera progresiva. Un aspecto de esto es usar tu imaginación y pensar en la cosa que produce ansiedad mientras estás relajado.

El objetivo es reemplazar la tensión que normalmente experimentas en respuesta a la situación que produce ansiedad con relajación. Mientras piensas en la situación que te causa ansiedad, practica comportamientos que te relajen, como respirar y relajar conscientemente tus músculos. Puedes hacer cosas como pensar en la situación que te produce ansiedad mientras te bañas o haces algo que disfrutes.

Mientras pensar en la cosa que te causa ansiedad podría ayudar, es aún más útil lidiar con la cosa directamente en persona. Las personas pueden tener miedo de todo tipo de cosas, desde arañas y serpientes, aseos o cuchillos, o eventos, lugares y situaciones. Incluso pueden tener miedo de experiencias internas, como recuerdos o emociones. Cuando estás expuesto repetidamente a algo que temes, la intensidad de la respuesta emocional a menudo disminuye.

Si tienes miedo a las arañas, por ejemplo, cuanto más ves arañas, menos miedo puedes llegar a tener. Especialmente si haces un esfuerzo consciente por relacionarte con las arañas y acercarte a ellas, podrás aumentar la gama de respuestas emocionales hacia la araña. En lugar de solo responder con miedo, eventualmente podrías llegar a responder con curiosidad o interés. Incluso podrías llegar a un punto en el que puedas quitar cuidadosamente la araña de la casa donde antes hubieras salido corriendo.

Una parte clave de la exposición es que realices comportamientos que sean los normales que son provocados por el miedo o la ansiedad. Si evitas los comportamientos típicos asociados con la emoción y haces cosas que son inconsistentes con tu emoción, eventualmente podrías reducir el poder que la emoción tiene sobre ti. Por ejemplo, si tienes miedo de hablar en público, podrías querer dar un discurso frente a un grupo pequeño de personas y exhibir conscientemente comportamientos que son opuestos a tus instintos. Aunque puedas querer apartar la mirada, en su lugar haz contacto visual. Aunque puedas querer encogerte, adopta una postura segura y expresa entusiasmo sobre el tema del discurso. No te permitas tener comportamientos que sean consistentes con la ansiedad, porque eso reforzará las emociones en tu mente.

Para hablar más en detalle sobre este proceso, comencemos con el primer paso: la evaluación. Para llevar a cabo la terapia de exposición, necesitas tener una idea clara de cuál es el problema. ¿Qué es específicamente aquello que temes? Caracterízalo con tanto detalle como puedas manejar.

Además de tener un sentido claro y específico de lo que temes, es importante tener una comprensión precisa de tu propia reacción emocional. ¿Con qué intensidad temes al objeto? ¿Con qué frecuencia sucede? ¿Cuánto tiempo dura? Además de analizar las emociones, también vale la pena tomarse el tiempo para analizar cualquier otra manifestación del miedo. ¿Cómo afecta a tu cuerpo? ¿Qué pensamientos tienes sobre el objeto de tu miedo?

Quizás lo más importante, debes aclarar qué tipos de comportamientos llevas a cabo para responder a este miedo. ¿Cómo evitas el miedo y cuáles son los comportamientos que utilizas para reconfortarte a ti mismo? ¿Cuáles son las implicaciones de estos comportamientos? ¿Qué efectos tienen en tu vida? Ten en cuenta comportamientos tanto grandes como pequeños. Podrían ser cosas como beber o literalmente huir. Podrían ser más sutiles, como juguetear o rascarte la piel. Incluso simplemente desviar la mirada es un comportamiento de evitación. Estos son los comportamientos que debes evitar conscientemente en el proceso de exposición.

Ser específico es realmente importante. Puede que tengas miedo de hablar en público frente a desconocidos, pero no frente a amigos y familiares. ¡Podría ser al revés! Puedes ser capaz de comer en público en algunos contextos, pero no en otros. Algunos tipos de trabajos escolares podrían causarte miedo, pero no otros. Necesitas saber exactamente a qué le tienes miedo para poder empezar a trabajar en ello. En general, el autoconocimiento es crucial en cualquier proceso de cambio personal.

Hay varios tipos de exposición y ahora los revisaremos uno por uno.

Imaginación

Este tipo de exposición utiliza el poder de tu imaginación para ayudarte a desarrollar asociaciones positivas con situaciones temidas. Este enfoque es mejor utilizado cuando es difícil o imposible recrear realmente la situación relevante o como un precursor para exponerse a la vida real. También puede ser un método para desarrollar habilidades de afrontamiento. Para alguien que teme a las entrevistas de trabajo, podría imaginar una entrevista de trabajo y usar eso para practicar diferentes preguntas o explicar partes difíciles de su currículum.

Una forma de exposición utilizando tu imaginación se llama exposición prolongada y se utiliza típicamente en los tratamientos para el TEPT. Si haces esto por tu cuenta, hazlo con cuidado y pensando en tu propia seguridad. Sería útil tener a una persona de confianza contigo mientras te involucras en este tipo de exposición. La forma en que funciona es imaginar y describir un evento traumático específico en detalle. Imagina las vistas, los sonidos, los olores y las cosas que tocaste. El objetivo de esto es demostrar que, aunque no es agradable recordar el trauma, en realidad no serás dañado por los recuerdos. El evento traumático pudo haber sido peligroso, pero los recuerdos no lo son. Al recordar el evento, aprenderás nuevas asociaciones. En lugar de sentirte en peligro, simplemente te sentirás incómodo.

Exposición en la vida

Cuando te expones a aquello que temes en la vida real, es una forma efectiva de exposición. Puede ser en tu propia casa o en el mundo exterior. Si le temes a las alturas, puedes subir a niveles altos de estacionamientos, comer en la terraza de un restaurante en el quinto piso y caminar por un puente alto. Si le temes a la contaminación como la suciedad o los gérmenes, podría implicar tocar picaportes, sentarse en el suelo, sentarse en un asiento de inodoro público u otros comportamientos sin recurrir a conductas de limpieza.

Si tienes ansiedad social, esto puede implicar participar en situaciones sociales como fiestas, hablar en público o participar en un grupo.

Exposición de Sensaciones

Esta forma de exposición se utiliza para personas que tienen miedo de las sensaciones corporales. Alguien podría tener miedo de los dolores leves en el pecho, interpretándolos como un ataque cardíaco grave. O podría tener miedo de tener el corazón latiendo rápidamente.

En estos casos, es útil provocar versiones de estas sensaciones que sean inofensivas. Si tienes miedo de que tu corazón lata rápidamente, puedes participar en breves períodos de ejercicio intenso. Si tienes miedo de marearte, puedes dar vueltas en círculos.

Algunas personas se encuentran con miedo a las emociones fuertes. En ese caso, puede ser útil concentrarse en las sensaciones corporales asociadas con la emoción y dirigir tu atención hacia eso. Si tienes miedo de sentir cosas intensas, prepárate físicamente y practica lidiar con eso de esa manera. Alternativamente, mira películas intensas o lee libros intensos. Aprende a manejar las emociones de forma saludable.

Acción opuesta

Esta habilidad es una de las más importantes en la terapia de exposición. La habilidad de la acción opuesta es aprender a hacer lo que es lo opuesto a lo que sientes ganas de hacer. El miedo está frecuentemente acompañado por el deseo de huir; la ira está acompañada por las ganas de gritar; la vergüenza está acompañada por las ganas de esconderse. En todos esos casos, la acción opuesta te pediría que hagas lo contrario a lo que sientes. En el caso del miedo, acude hacia aquello en lugar de alejarte de ello. Si tienes ansiedad social, es posible que tengas el deseo de evitar asistir a una fiesta en particular. Si sientes eso, la idea sería definitivamente asistir a la fiesta y hablar con tantas personas como sea posible. La acción opuesta es útil para muchos tipos de emociones, no solo miedo y ansiedad, pero es particularmente útil para combatirlas. Hay cosas que tememos justificadamente, pero la mayoría de las cosas que provocan ansiedad en la vida moderna no son tan aterradoras como creemos. La acción opuesta nos pide que abracemos eso y nos enfrentemos al miedo.

Exposición de avance

Una vez que hayas decidido hacer exposición, la siguiente pregunta es cómo hacerlo gradualmente. Una estrategia común es conocida como exposición graduada. Consiste en exponerte a cosas cada vez más difíciles y angustiantes. Si tienes miedo a las alturas, se trata de ir cada vez más alto. Tal vez empieces viendo videos de personas escalando rocas. Luego miras por la ventana de un segundo piso. Después, conduces sobre un puente alto. A continuación, caminas sobre ese puente. Por último, te paras en un nivel alto en un garaje y miras hacia abajo.

Un método diferente para realizar exposición sería mediante la técnica de inundación. Esto significa exponerte de inmediato a los niveles más altos, comenzando con los elementos más angustiantes. La inundación, de manera contraintuitiva, ha demostrado ser muy efectiva precisamente porque provoca más miedo. Niveles altos de miedo sin consecuencias negativas son parte del propósito de la terapia de exposición.

Puede que te sientas demasiado asustado/a para empezar con los tipos de exposición más difíciles. Eso está bien. Comienza poco a poco y ve subiendo. Si algo te parece demasiado aterrador, comprométete a empezar con la cosa más pequeña que provoque la respuesta de miedo. Piensa en todo el daño que tu miedo y ansiedad causan en tu vida. ¿No sería agradable no tenerlo? Concéntrate en el sueño de vivir sin ansiedad.

Eliminar las señales de seguridad

Las señales de seguridad son cosas en el entorno que indican que no hay nada de qué tener miedo. Estas, de manera contraintuitiva, reducen la efectividad de la exposición. Cosas que pueden ser señales de seguridad incluyen la presencia de alguien en quien confías, personas que te dan tranquilidad, o objetos inanimados que actúan para reducir el miedo, desde un amuleto mágico hasta un teléfono celular.

El problema con estas señales de seguridad es que puedes aprender que las cosas están bien si tienes las señales de seguridad. Si alguien te está diciendo una y otra vez que estás bien, eso mitiga la respuesta de miedo y evita que aprendas que en realidad estás bien.

A veces las personas que tienen ansiedad tienen rituales que utilizan para mantenerse seguras. Podrían ser cosas como revisar repetidamente la puerta, o verbalizar oraciones religiosas, o tocar cosas en una cierta secuencia. Si estás participando en una exposición, deberías intentar reducir estos comportamientos, ya que limitarán los beneficios de la exposición.

Conclusión

Gracias por llegar hasta el final de la Terapia Cognitivo-Conductual: Cambiando tu Propia Mente, esperemos que haya sido informativo y que pueda proporcionarte todas las herramientas que necesitas para alcanzar tus objetivos, sean cuales sean.

El siguiente paso es practicar las habilidades de las que hemos hablado en este libro y seguir trabajando en cambiar tu propia mente. Tienes el poder de hacer que te sientas mejor, a través del trabajo en intervenciones cognitivas y conductuales. Puedes aprender a lidiar con cualquier cosa que se te presente.

Si trabajas utilizando estas habilidades diligentemente y descubres que aún necesitas ayuda, busca a un terapeuta que esté entrenado en TCC para ayudarte. A veces una perspectiva externa o voz es necesaria para ayudarte a obtener la perspectiva que necesitas sobre lo que está sucediendo en tu propia mente.

Recuerda, si sientes que estás en peligro de hacerte daño, tienes que pedir ayuda. Hay muchas personas que pueden ayudarte. Busca la línea directa de prevención del suicidio en tu país o comunícate con los servicios de emergencia. Siempre hay una oportunidad para que tu vida mejore, recuerda eso.

¡Finalmente, si encontraste útil este libro de alguna manera, ¡una reseña siempre es apreciada!

Hackeo Mental y Memoria Fotográfica:

Cómo Cambiar tu Mente y Desarrollar una Memoria Fotográfica en 21 Días. Técnicas Secretas para Memorizar Rápidamente Todo

© Derechos de autor 2024 por Robert Clear - Todos los derechos reservados.

El contenido contenido dentro de este libro no puede ser reproducido, duplicado o transmitido sin permiso escrito directo del autor o el editor.

En ningún caso se ejercerá ninguna culpa o responsabilidad legal contra el editor o autor por cualquier daño, reparación o pérdida monetaria debido a la información contenida en este libro. Ya sea de forma directa o indirecta.

Aviso Legal:

Este libro está protegido por derechos de autor. Este libro es solo para uso personal. No puedes modificar, distribuir, vender, utilizar, citar o parafrasear ninguna parte, o el contenido dentro de este libro, sin el consentimiento del autor o editor.

Aviso legal:

Tenga en cuenta que la información contenida en este

documento es solo para fines educativos y de entretenimiento. Se han realizado todos los esfuerzos para presentar información precisa, actualizada y confiable. No se declaran ni se implican garantías de ningún tipo. Los lectores reconocen que el autor no está brindando asesoramiento legal, financiero, médico o profesional. El contenido de este libro ha sido derivado de varias fuentes. Por favor, consulte a un profesional con licencia antes de intentar cualquier técnica descrita en este libro.

Al leer este documento, el lector acepta que bajo ninguna circunstancia el autor es responsable de cualquier pérdida, directa o indirecta, que se incurra como resultado del uso de la información contenida en este documento, incluyendo, pero no limitado a, errores, omisiones o inexactitudes.

Introducción

¿Qué tan buena es tu memoria? ¿Eres capaz de recordar detalles mínimos, o olvidas los nombres y rostros de las personas que conoces inmediatamente? Muchas personas no tienen una buena memoria y son incapaces de recordar información básica después de apenas echar un vistazo a algo por un minuto. Muchos de nosotros deseamos tener una mejor memoria, pero no sabemos por dónde empezar. Estamos tan frustrados con lo que no podemos recordar, a pesar de que intentamos tanto recordar las cosas básicas de nuestras vidas. Esa es una de las razones por las que tenemos fotos, para capturar momentos en nuestras vidas y conmemorar las experiencias que tenemos.

Una de las cosas que la gente desea es tener una memoria fotográfica, la cual es capaz de recordar cosas con precisión vívida porque cuando intentas recordar algo, eres capaz de asociarlo con una imagen en tu mente automáticamente. Esta es la forma en que pensamos, y es la forma en que podemos recordar las cosas. Nuestras memorias se forman mediante imágenes en nuestra mente para que sea más fácil recordarlas. No podemos olvidar eventos, personas, lugares, números, etc., cuando los hemos codificado en nuestra mente utilizando imágenes que nos ayudan a producir un recuerdo de ellos al mandato. Tener una memoria fotográfica es un paso esencial para ayudar a una persona a recordar todos los diferentes detalles de sus vidas mejor. Y no requiere que seas un genio. Todo lo que necesitas es un poco de entrenamiento y disciplina, y también puedes perfeccionar tu memoria para tener una memoria fotográfica.

Este libro va a explicar el proceso de desarrollar tus habilidades para tener una memoria fotográfica utilizando diferentes métodos y trucos que te ayudarán para hacer tu memoria más aguda que nunca. Aunque puedas pensar que esto requiere mucho talento y dones innatos, te mostraremos que este no es el caso. En cambio, nuestras memorias son complejos repositorios de conocimiento e información que se desarrollan con el tiempo y continúan expandiéndose y creciendo, mientras eliminan algunas memorias. Nuestros cerebros siempre están desarrollando nuevas memorias que podemos llevar con nosotros por el resto de nuestras vidas. Algunas permanecen en nuestra memoria permanente, mientras que otras solo están en nuestra mente por un corto período y luego son desechadas con el viento.

A medida que leas este libro, descubrirás nueve formas en las que puedes hacer que tu memoria sea más aguda y más fotográfica que nunca. Este libro comienza presentándote planes de entrenamiento de memoria que te ayudarán significativamente con tu memoria y también un método militar que ha demostrado aumentar tu capacidad de recordar información textual. Luego, explicaremos cómo factores como el sueño, la alimentación, el ejercicio, la cafeína y otras cosas afectan el desarrollo de tu memoria y su bienestar general. Estos factores deben tenerse en cuenta al desarrollar un programa de bienestar, que mejorará tu memoria.

Agradecemos que nos acompañes en este viaje hacia la imaginación y la memoria. Esperamos que experimentes nuevas ideas sobre cómo recordar las cosas mejor y que te beneficies de cada paso del camino. Nuestros nueve pasos están garantizados para brindarte la mejor memoria fotográfica para recordar prácticamente cualquier cosa que puedas nombrar. Descubramos juntos los secretos de tener esta habilidad única y asombrosa.

Paso 1: Entrenar tu Memoria General

Todos quieren tener una buena memoria, pero demasiados de nosotros batallamos para tener habilidades básicas de memorización. La verdad es que el mundo en el que vivimos prospera en maneras que no nos hacen usar nuestras memorias. Confiamos en la comunicación y en Internet para almacenar la información en la Nube, en diferentes documentos y en otros dispositivos de almacenamiento que están a nuestro alcance con un clic, pero no están inmediatamente disponibles en nuestras mentes.

Pasamos una gran cantidad de tiempo usando dispositivos electrónicos que almacenan grandes cantidades de información, en los que confiamos todos los días. No podríamos funcionar sin Internet o la tecnología móvil, porque todo en nuestra vida depende del uso adecuado de esos dispositivos. Como resultado, pasamos muy poco tiempo entrenando nuestra memoria para recordar cosas básicas. Algunas personas son incapaces de recordar números básicos como números de teléfono o contraseñas. La era digital nos ha convertido en personas que dependen menos en la memoria y más en las computadoras y dispositivos que usamos todos los días para almacenar nuestros recuerdos.

Pero siempre estamos en constante necesidad de recordar momentos y cosas, y sin embargo, siempre parece que olvidamos los elementos esenciales en nuestras vidas. Los dispositivos que usamos todos los días no pueden almacenar completamente nuestras memorias de forma permanente.

Estos dispositivos eventualmente fallarán y no podrán hacer todas las cosas que queremos que hagan. Además, podríamos perder estos dispositivos, o podrían fallar permanentemente y romperse, de modo que no podríamos recuperar la información almacenada en ellos.

Esto nos lleva al punto de necesitar almacenar nuestros recuerdos en nuestras mentes. El cerebro humano es uno de los dispositivos más complejos y fascinantes del planeta. Tenemos el poder de ser cientos de computadoras dentro de nuestros cerebros. Nuestras mentes son espacios vacíos que almacenan vastas cantidades de información. Al olvidar ciertas cosas, podemos recordar cosas nuevas.

Crear una memoria visual

Una de las formas esenciales en las que podemos entrenar nuestra memoria para visualizar lo que podemos hacer es recordando a través de señales visuales y espaciales. Podrías intentar la memorización mecánica de diferentes cosas sin ninguna contextualización. La memorización mecánica es el acto consistente de repetir algo en tu mente para recordarlo mejor. Puedes ser capaz de recordar esas cosas por unos segundos, minutos u horas. Pero después de tomar un examen, no podrás recordar nada de lo que habías estudiado o mirado antes. Este es el caso de muchas personas que viven en Asia, donde la memorización mecánica es un concepto educativo crucial que millones de personas hacen todos los días para promover la adquisición de vocabulario. Sin embargo, los profesionales de la educación están activamente en contra de este enfoque y piensan que hace más daño que bien al depender solo de la memoria a corto plazo, que puede, de hecho, retener vastas cantidades de información. Pero lo que queremos lograr es una memoria a largo plazo, que retenga mucha información que podamos tener por mucho tiempo. Es ahí donde tenemos que entrenar nuestra memoria general.

Estudio de caso

Joshua Foer dio una charla TED en 2012, donde habló sobre su experiencia con el entrenamiento de la memoria, ya que participó en una competencia de memoria (Foer, 2012). Comenzó como periodista, entrevistando a diferentes participantes y viendo cómo les iba en la competencia. Sin embargo, quería realmente entrar en la mente de estos participantes. Su estudio sobre la memoria no era demasiado excitante, y quería llevar su investigación a un nivel más profundo. Además, decidió probar suerte en una competencia de memoria en la que pudiera entrenar su memoria audiovisual para recordar cualquier cosa que llegara a su memoria.

En sus entrevistas, Foer habló con diferentes hombres y mujeres que participaban en esta competencia. Estaban memorizando números de teléfono, nombres de personas y caras, entre otros fragmentos de información de memoria. Mientras hablaba con los participantes, reconoció que también tenían memorias promedio. No tenían ningún conocimiento o habilidad especializada. El entrenamiento de la mente no tiene por qué implicar ningún talento innato para la memoria. Estas personas, con una memoria promedio, fueron capaces de entrenarse para recordar mucha información en un corto período, y demostraron una habilidad que fue adquirida estudiando un método desarrollado por los Antiguos Griegos hace 2,500 años, del cual hablaré en los siguientes párrafos.

Hace mucho tiempo, durante la época de los antiguos griegos, las personas dependían de su memoria y cultivaban memorias a largo plazo. Hacían esto sin hacer referencia a otras cosas. Piense en los poetas griegos, que memorizaban historias para luego recitarlas en voz alta. Gran parte de la información y el conocimiento se impartían a las personas a través de la tradición oral, que era una forma de entrenar a las personas a recordar cosas que leían, lugares a los que iban y otras cosas. Foer da el ejemplo de Simónides, que era un poeta, y recitó un poema largo y épico a un grupo de personas en una reunión. Desafortunadamente, durante la reunión, ocurrió un desastre y el edificio se derrumbó, en el que todas las personas murieron, excepto el poeta, Simónides. Se esparcieron diferentes partes del cuerpo por la sala, pertenecientes a las personas que estaban allí. Gracias a su memoria audiovisual, Simónides pudo recordar dónde se había sentado cada persona en la sala. Para las personas que estaban lamentando la pérdida de sus seres queridos, Simónides pudo dirigirlos al área de la sala donde estaban sus seres queridos. Este es un testimonio fantástico de la memoria y de cómo puede ser beneficiosa para alguien. Simónides utilizó su memoria visual y espacial para recordar las ubicaciones de las personas en la sala.

Este antiguo método es uno que se utilizaba en la competencia con diferentes campeones de memoria. Foer habló sobre cómo los competidores eran sometidos a una resonancia magnética, y sus cerebros eran comparados con los de una persona promedio en el mundo. El estudio encontró que estos individuos no tienen cerebros que sean muy diferentes del resto de nosotros. Sin embargo, hubo una diferencia crucial que señaló. Ellos dependían más de habilidades espaciales y de navegación dentro de sus cerebros, lo que les permitía recordar más detalles.

Técnicas utilizadas para la memoria general: Asociación de palabras

Foer demostró diferentes métodos para ayudar con la memoria. Una de las técnicas de entrenamiento de memoria más críticas es la asociación de palabras, que es básica pero importante para desenvolver una memoria visual y espacial. Por ejemplo, darle a una persona un nombre para memorizar y ver qué persona puede hacer un mejor trabajo. Supongamos que tienes el nombre: Baker, y se te da la tarea de memorizar ese nombre. O, se te dice que memorices la palabra, panadero. ¿Qué persona crees que tendrá más facilidad con la memorización? ¿La que tiene que memorizar el nombre o la palabra? Si una persona tuviera que memorizar la palabra, "panadero," sin crear una imagen mental, no sería capaz de recordarla. Sin embargo, si puede pensar en una imagen de un panadero, entonces sin duda tendrá más facilidad para recordar la palabra. Panadero tiene muchas connotaciones con las que podemos conectar a nuestra memoria. Cuando escuchamos la palabra, "panadero," podemos asociarlo con el muñeco de masa Pillsbury con un sombrero blanco y harina por todas sus manos. Además, podríamos oler el pan de una panadería y cómo podemos visualizar una imagen de una panadería. Si usamos esta pista visual, entonces podríamos recordar fácilmente el nombre de una persona usando la asociación de palabra de panadero.

Aquí hay otro ejemplo de cómo podemos entrenar nuestros cerebros con asociación de palabras. Toma el nombre: Taylor. Eres el CEO de una empresa de consultoría y ves a cientos de personas todos los días. Y quizás, conoces a diferentes clientes todo el tiempo. Pero hay un problema: no recuerdas nombres y caras. Te cuesta recordar lo más básico de los nombres. Entonces, lo que haces es desarrollar una técnica para recordar los nombres y caras de las personas que conoces todos los días. Tu cliente se llama Michael Taylor. Michael es bastante fácil de recordar, pero, el apellido, Taylor, es un poco más difícil de retener. Michael

Taylor es un experto en moda, y viene a ti en busca de consejos sobre su negocio de ropa. Ahora puedes recordar su apellido porque Taylor podría deletrearse como "sastre," que también tiene que ver con ropa. En tu mente, puedes pintar la imagen de un "sastre" en una tienda con mucha ropa. Y luego, ¡voilá! La imagen está ahí, y ahora puedes recordar el nombre Michael Taylor porque has creado un espacio visual que puede recordar el nombre, y también puedes asociarlo con una cara. Esa es la proeza de la memoria visual y espacial.

Haciendo la información significativa

El arte de mejorar tu memoria consiste en encontrar formas de conectar ideas en tu cerebro para que coincidan significativamente. Las cosas sin un contexto deben ser unidas para que tu mente pueda visualizar fácilmente de lo que estás hablando. Nuestros cerebros están diseñados para pensar de manera contextual. Por lo tanto, es crucial que encontremos maneras de conectar ideas para formar un todo. Entonces, podemos visualizar de qué estamos hablando.

Ejemplo

Crear experiencias significativas es esencial para nuestro bienestar físico y espiritual. Cuanto más significado podamos encontrar en nuestras vidas, más experiencias podemos recordar. Recuerda un momento en el que fuiste de viaje con tus padres, y donde te dieron tiempo libre para hacer lo que quisieras. Piensa en la libertad que te dieron tus padres. ¿Qué hiciste con ella? ¿Cómo la usaste? Reflexionar sobre estas experiencias hará que sean más memorables. Cuando reflexionas sobre las experiencias que has tenido, puedes recordarlas con más claridad y vivacidad. Es importante crear momentos increíbles que nunca puedas olvidar.

Crear un Palacio de la Memoria

Usando la técnica de los antiguos griegos, te aconsejamos crear un palacio de la memoria, que es un edificio de tu memoria. Imagina que tu memoria es un gran edificio que contiene recuerdos de diferentes cosas. Visualiza el palacio de tu memoria y los diferentes espacios dentro de él que contienen información vital sobre tu vida. Esto te permite estar orientado espacial y visualmente para que puedas recordar mejor momentos de tu vida. Imagina que eres Cicerón y te invitan a dar una charla TED. Debes hacerlo todo de memoria y debes usar la técnica que usaban los griegos. Entonces, ¿cómo vas a hacer eso? Creando ese palacio visual. Veamos un ejemplo a continuación.

Cierra los ojos. Imagina que estás en la puerta de tu casa. Luego, entra adentro. Ves a la galleta de la fortuna bailando con sus amigos en tu sala. Gira a la derecha, y ves a Britney Spears, escasamente vestida, bailando y cantando, "Hit Me Baby One More Time" en tu mesa de café. También ves a Dorothy, Toto, el Hombre de Hojalata, el León y el Espantapájaros que caminan por el Camino de Baldosas Amarillas que sale de la pared. Juntos, están cantando, "Estamos en camino a ver al Mago". Luego, vas a la cocina donde ves a Martha Stewart cocinando su famosa cena de pavo. Puedes oler el pavo asándose en el horno. Ella está sofriendo el ajo y las cebollas para hacer su cacerola de vegetales. Luego, vas a tu habitación, donde ves a Snoop Dogg, que está rapeando con fuerza en tu cama. Finalmente, sales afuera y ves a Katy Perry, que está cantando su éxito, "Firework", con fuegos artificiales disparando en el fondo.

Ahora abre tus ojos. Puede que no hayas podido recordar todas esas imágenes en orden, pero puedes unir las distintas ideas en tu mente. Con diferentes trozos de información, eres capaz de recordar diferentes momentos en los que pensaste basándote en las diversas imágenes que estás armando en tu mente, según tu conocimiento previo de la información presentada. Esta es una forma crucial en la que funciona el entrenamiento de la memoria. Implica entrenar activamente tu mente para crear imágenes utilizando tu memoria existente y la asociación de esos pensamientos. Solo entonces podrás recordar la historia mejor que antes.

Recuerda usar imágenes

Esencialmente, todo esto nos está diciendo que podemos recordar mejor las cosas si les ponemos una imagen. Aprendemos mejor cuando podemos visualizar de qué estamos hablando. Esta es la forma principal en la que podemos avanzar con nuestras vidas porque necesitamos un medio esencial para relacionarnos con la información que recibimos cada día.

¿Cómo te va a ayudar esto con tu vida? Recordar usando imágenes te ayudará a recordar todo. Han quedado atrás los días en que olvidarás tus llaves del coche. También puedes encontrar formas de recordarlo. Podrás recordar todo tipo de información, desde números de teléfono hasta mazos de cartas, entre otras cosas. Todo esto te ayudará a lograr un mayor éxito profesional. Serás la persona a la que todos acudan para obtener información crucial porque tu memoria te proporcionará un vasto depósito de la información vital para progresar. También serás muy respetado por todos en tu empresa o lugar de trabajo.

Si aplicas este método de entrenamiento de tu memoria, serás capaz de recordar muchos tipos diferentes de cosas. Revolucionarás tu vida, porque finalmente podrás recordar todas las cosas que pensabas haber olvidado, y será un momento increíble. Desarrollarás habilidades para la vida que podrás usar por el resto de tu vida. Piensa en cómo quieres almacenar información crítica en tu mente que nunca quieras olvidar. Piensa en el día de graduación de tu hijo o en tu boda. Estas son experiencias inolvidables que no quieres olvidar. Pero también quieres retener detalles clave de cada uno de estos eventos importantes para poder almacenar los tesoros en tu mente. Demasiada información se mezcla en una masa que puede olvidar fácilmente las cosas. Podemos ser personas increíblemente olvidadizas. Pero si podemos aplicar los principios del desarrollo de la memoria, entonces podemos cambiar cómo desarrollamos nuestra memoria y entrenarnos para recordar todos los eventos importantes de la vida.

Paso 2: Utiliza el Método Militar

Nuestros cerebros no pueden capturar completamente cada detalle de nuestras vidas. No son cámaras. Algunas personas nacen con mejores memorias que otras. Aquellos que tienen un talento de memoria extraordinario se llaman "eidetikers," pero incluso estas personas pueden tener problemas para recordar información necesaria porque sus cerebros no son completamente fotográficos ("Memoria eidética," s.f.). Puede que pienses, "Oh, soy tan olvidadizo y ni siquiera puedo recordar el camino a mi casa." La buena noticia es que puedes entrenar tu cerebro para recordar los detalles de cualquier cosa. En el capítulo anterior, vimos cómo puedes preparar tu cerebro para pensar en diferentes imágenes y asociaciones de palabras. Esa es una de las mejores formas de entrenamiento general. En este capítulo, vamos a ver cómo utilizar el método militar para producir buenos resultados.

El ejército está continuamente realizando investigaciones avanzadas e impresionantes sobre diferentes cosas, incluyendo espías psíquicos, visualización objetivo y memorias fotográficas (Boureston, s.f.). El ejército ha entrenado a millones de soldados en cómo recordar coordenadas, mapas, etc. Entonces, ¿por qué no lo intentamos? Vamos a usar algunas técnicas militares probadas para recordar algunos detalles y ver cómo afecta nuestras habilidades.

Este método te enseñará cómo entrenar tu cerebro para tener una memoria fotográfica pero también una buena memoria que recuerda muchos detalles útiles. Es un entrenamiento que puedes hacer en casa. Aquí están los pasos que puedes tomar para hacer eso.

Descargo de responsabilidad

Antes de entrar en cómo utilizar el método militar, es vital que sepas que este método tomará un tiempo prolongado para desarrollarse; no sucederá de la noche a la mañana. Date al menos un mes para hacer este experimento. Debe practicarse todos los días. Si te saltas un día, entonces puede que tengas que empezar de nuevo. Por lo tanto, es crucial que encuentres tiempo para hacer esto todos los días, así que haz tiempo para ello en tu horario.

Pasos para Implementar el Método Militar

Los siguientes pasos describen cómo entrenar con éxito tu memoria utilizando el método militar (Boureston, s.f.).

Paso 1: Encuentra una habitación oscura que no tenga ventanas y donde puedas apagar todas las luces. Necesitas estar en un lugar donde no tengas distracciones. Pero debes tener una lámpara brillante que cuelgue sobre la habitación. Un baño sería un lugar ideal para hacer esto.

Paso 2: Siéntese en una posición donde pueda encender y apagar la luz rápidamente sin tener que levantarse de su asiento. Luego, busque una hoja de papel y corte un agujero rectangular a través de él que sea del tamaño de un párrafo en un libro.

Paso 3: Toma tu libro o el artículo que estás intentando

memorizar y cúbrelo con una hoja de papel que solo te permita ver un párrafo.

Crea una distancia razonable entre tú y el libro para que cuando abras y cierres los ojos, puedas ver y concentrarte en las palabras de inmediato.

Paso 4: Apaga las luces y permite que tus ojos se acostumbren al entorno oscuro. Luego, enciende la luz por una fracción de segundo y luego apágala de nuevo. En este punto, tendrás una imagen impresa en tu memoria del material que estaba colocado frente a tus ojos.

Paso 5: Si la memoria de este texto se está desvaneciendo, entonces enciende la luz de nuevo por una nanosegundo y luego vuelve a mirar el texto.

Paso 6: Continúa haciendo esto hasta que puedas recordar todas las palabras del párrafo en la secuencia correcta.

Si estás siguiendo este paso de la manera correcta, podrás visualizar el texto en tu mente y leer todas las imágenes del texto, como si estuvieran justo frente a ti, porque tu memoria ha impreso visualmente estas imágenes en tu mente, al igual que una fotografía.

Practica esto una vez al día durante 15 minutos durante un mes.

Debes ser capaz de comprometerte con esta práctica una vez al día durante un mes. Intenta hacerlo durante 15 minutos al día, y serás capaz de recordar la información de cualquier texto. Será asombroso.

A medida que entrenas tu mente, podrás visualizar diferentes fragmentos de texto y aplicar este principio a tu vida diaria. Te ayudará mucho más en tu capacidad para hacer todas las cosas de manera efectiva.

Usando el Método Militar para Ayudar con la Memoria—Ejemplo Práctico: Ron White, Dos Veces Campeón de Memoria de EE.UU.

En un video de YouTube, Ron White, Campeón de Memoria en Dos Ocasiones, explicó cómo fue entrenado por un ex Navy SEAL llamado TC Cummings para ayudarlo a alcanzar la meta que quería lograr (Ron White Memory Expert, 2016). Utilizando cinco técnicas militares diferentes, White logró alcanzar su objetivo y siguió adelante para ganar el campeonato, pero lo logró a través de mucho trabajo duro y dedicación para desarrollar su memoria.

Aunque White no era un Navy SEAL, podía aprender mucho de lo que hacían los militares en su entrenamiento, porque le ayudaron a ganar confianza en sí mismo y en sus habilidades para hacer grandes cosas. Aquí hay algunos puntos destacados que quería recalcar mientras entrenas tu estilo de memoria militar.

"Cuanto más se suda en tiempos de paz, menos se sangra en tiempos de guerra."

Este fue un principio que aplicó a su vida mientras se preparaba para entrenar su memoria porque sabía que tenía que enfrentarse a circunstancias adversas para lograr su objetivo. Cuando te estás preparando para competencias de memoria u otras cosas, es esencial que prepares tu memoria para la guerra, en lugar de para tiempos de paz, porque es probable que tengas que atravesar experiencias traumáticas en tu vida. Nuestras vidas no son fáciles como un algodón de azúcar. Debemos enfrentar algunas realidades duras que impactan quiénes somos como personas. Por lo tanto, es crucial que encontremos formas de entrenarnos en condiciones menos que ideales porque nunca se sabe cuándo tu salud empeorará o cuándo te encontrarás con una situación traumática que altere tu vida.

White ilustró este punto al decir que iba a entrenar bajo el agua en clima frío en enero con una baraja de cartas y equipo de buceo. Se aprendió las barajas de cartas mientras nadaba bajo el agua. Era una tarea difícil, pero pudo hacerlo porque estaba enfrentando los elementos, incluso cuando no era durante un "tiempo de guerra". Por lo tanto, pudo entrenar mucho mejor que si hubiera entrenado bajo condiciones normales.

2. Desarrollar una Mentalidad Positiva: Marco Mental Ganador

En segundo lugar, si quieres ser bueno memorizando algo, ya sea para un examen o una competencia de memoria, debes tener una mentalidad positiva y adoptar una mentalidad de "ganador" que pueda recordar todas las experiencias que has tenido. Piensa en la competencia de debate del equipo de la escuela secundaria que ganaste, el premio al mejor delegado de modelo ONU que recibiste, u otros logros que tuviste durante tu infancia y juventud. Y luego, ¡motívate para que puedas lograr todas las cosas que te propongas hacer!

3. Establece metas pequeñas para tu memorización

Si quieres memorizar 20 barajas de cartas al día, hazlo. Comienza por aprender un texto corto un poco cada día, y verás resultados. Por ejemplo, un hombre podría memorizar un capítulo completo de Moby Dick cada día creando un palacio de la memoria y logró hacerlo muy rápidamente con el tiempo. Pero le llevó entrenamiento y trabajo lograrlo (Vox, 2016).

Poco a poco, podrás alcanzar el objetivo que te hayas propuesto. Pero tendrás que dedicar tiempo y energía porque nada sucede instantáneamente. Todo requiere cierta cantidad de paciencia y perseverancia para que funcione.

En círculos cristianos o religiosos, memorizar textos sagrados es una práctica importante. Regálate unos cuantos fragmentos o versículos para recordar cada día, y verás cuánto puedes aprender y crecer de esta experiencia. Será fantástico.

4. Siempre enfrenta las consecuencias de no alcanzar una meta.

Aunque podamos establecer metas que queremos alcanzar, no siempre las logramos, y cada vez debemos establecer alguna forma de consecuencia para nosotros mismos, ya que eso será una parte esencial de nuestro entrenamiento. Perder es una consecuencia que puede ocurrir, pero tenemos que darnos algún tipo de pequeño castigo, como estar debajo de agua fría durante dos minutos, especialmente si no nos gusta que nos tiren agua fría.

Puede ser fácil ignorarlo y no hacer nada al respecto, pero necesitamos encontrar formas de enfrentar las consecuencias de nuestras acciones porque cada paso que damos tendrá algún resultado tarde o temprano. Por lo tanto, cuanto antes nos acostumbremos a las consecuencias de no alcanzar nuestro objetivo, mejor estaremos.

5. Entrena tu memoria todos los días, incluso cuando no tengas ganas.

El aspecto crítico del entrenamiento es hacerlo todos los días en preparación para un evento, como una gran prueba o una competencia. No puedes dejar de entrenar simplemente porque estás cansado o no te apetece. Así no funciona. Debes entrenar incluso en los días en los que no tienes ganas de continuar con ello. Es vital desarrollar la disciplina para hacer las cosas militarmente porque lo harás independientemente de si te sientes bien o no. White tuvo que pasar por esto con su entrenador. Se sentía enfermo y le dijo a su entrenador, Cummings, "TC, estoy enfermo. No puedo venir a entrenar". TC le dijo que tenía que entrenar y que de todos modos iba a enseñar. Incluso enfermo, White tuvo que completar su entrenamiento. Solo porque estés enfermo o no te sientas bien no significa que puedas saltarte el entrenamiento. Como mencioné en el punto #1, debes "enfrentar la música", incluso cuando no te sientes al nivel en algo.

El día de la competencia, White tuvo otro obstáculo aparentemente imposible. No estaba enfermo, pero no estaba en las condiciones adecuadas para tener éxito en la competencia de memoria. En lugar de estar enfermo esta vez, solo había dormido 45 minutos la noche anterior, así que había pasado toda la noche despierto. La falta de sueño puede ser un gran problema para algunas personas, y claramente, era algo con lo que White luchaba, dado que no había recibido un descanso adecuado la noche anterior. Pero aquí está la cosa: él se había preparado para esto. Había pasado meses preparándose para este momento, y no iba a permitir que la falta de sueño le impidiera alcanzar sus metas. Por lo tanto, se lanzó a por ello con todo lo que tenía. Y fue increíble ver el resultado final.

Paso 3: Mejorar tu dieta de memoria fotográfica

Tal vez quieras sumergirte en ese gran filete con papas fritas. Pero antes de hacerlo, tienes que examinar el hecho: la dieta puede influir en nuestro bienestar mental y psicológico en general. Cuanto más alimentos no saludables comamos, más probabilidades tenemos de desarrollar enfermedades como la demencia a medida que envejecemos ("Mejora tu memoria," 2012).

La carne que quieres morder es rica en grasas saturadas, que pueden elevar tus niveles de colesterol en la sangre y darte niveles de colesterol poco saludables. Este colesterol dañino no solo se sabe que daña tu corazón y otros órganos vitales, sino que también puede dañar tu cerebro ("Mejora tu memoria", 2012).

¿Cómo está conectada la memoria a la dieta?

La dieta es un aspecto esencial de lo que consumimos todos los días. Hay algo de verdad en el dicho: "eres lo que comes", porque somos la suma de las cosas que consumimos de un día a otro. Por lo tanto, es crucial que alimentemos nuestras mentes con ideas que sean útiles y beneficiosas para nuestro bienestar general. De lo contrario, terminaremos sintiéndonos débiles y cansados, lo cual no es útil para nuestra salud en general. Las cosas que necesitamos limitar en nuestra dieta incluyen el colesterol, el azúcar en la sangre y los niveles de presión arterial porque son necesarios para proteger nuestra memoria ("Mejora tu memoria", 2012).

También debemos ser conscientes de abastecernos de grasas saludables, que nos ayudarán a preservar la memoria. Esto incluye grasas mono y poliinsaturadas, que se encuentran en alimentos como aceite de oliva, pescado y frutos secos. Estos alimentos también se sabe que previenen la demencia de la enfermedad de Alzheimer y el deterioro cognitivo leve (MCI), que es un tipo de pérdida de memoria que aparece justo antes de la demencia ("Mejora tu memoria", 2012).

Los alimentos de la dieta mediterránea son particularmente útiles para ayudar con la memoria. Aquí hay algunos ejemplos de ellos: frutas, verduras, granos enteros y aceite de oliva. Los pescados también son buenos alimentos para la memoria. Además, el consumo moderado de alcohol puede ayudar a aumentar los niveles de colesterol saludable de lipoproteínas de alta densidad (HDL) y disminuir la resistencia a la insulina de una persona. La resistencia a la insulina puede llevar a la demencia ("Mejora tu memoria", 2012.).

Dieta de memoria de muestra

Desayuno

● Tostadas de grano entero con bayas frescas y almendras; o

● 8 oz. Yogur griego con bayas esparcidas por encima.

Almuerzo

Ensalada griega mediterránea con tiras de pollo a la parrilla; o

Pasta integral con hummus y tomates cherry.

Cena

• Salmón al horno con tomates y aceitunas, espinacas, pasas y peras; o

• Pechuga de pollo a la parrilla con ajo y limón, espárragos.

Aunque se ha demostrado que algunos alimentos protegen la memoria, la investigación aún no ha probado qué alimentos pueden potenciar nuestra memoria. Sabemos cómo es una dieta saludable para el corazón, pero no sabemos exactamente cómo es una dieta saludable para el cerebro. Sin embargo, los médicos están tratando de encontrar la correlación entre los alimentos para el cerebro y los alimentos saludables para el corazón ("Aumenta tu memoria," 2012). Comer dietas saludables para el corazón bajas en grasas saturadas puede ayudar a disminuir el riesgo de diabetes y obesidad, condiciones que se han relacionado con la pérdida de memoria.

Una dieta saludable para el corazón puede ser una dieta saludable para el cerebro.

Aquí hay algunos alimentos que deberías considerar agregar a tu dieta para que puedas obtener los beneficios de una dieta saludable para el corazón, lo cual también puede ayudar al desarrollo de tu cerebro.

Frutas y verduras.

• Alimentos integrales y pasta

◯ Frijoles y nueces

Aceite de oliva virgen extra (AOVE)

◯ Cantidades limitadas de carne roja

• Consumo moderado de alcohol (cerveza o vino)

Las dietas han demostrado tener un impacto significativo en nuestra capacidad para realizar diferentes tareas cognitivas. Por lo tanto, es crucial que encontremos maneras de mejorar nuestra dieta, ya que eso afectará cómo comemos, cómo vivimos nuestras vidas y cómo obtenemos la nutrición adecuada necesaria para llevar un estilo de vida más saludable. Ir a McDonald's todas las semanas puede parecer una tentación con la que muchos de nosotros nos enfrentamos, y es posible que no pensemos mucho en las consecuencias de nuestras acciones. Sin embargo, es cierto que una dieta rica en grasas y aceites insaturados poco saludables no va a ayudar a que nuestros pensamientos sean más claros o eficientes. En consecuencia, nuestro pensamiento puede verse afectado por ello. Pero cuando comemos de manera saludable, todo nuestro cuerpo puede sentir una diferencia, incluido nuestro cerebro. Más sangre puede fluir hacia el cerebro, dándole más energía y sustento, lo cual es necesario para sentirnos en nuestro mejor momento. Ya no más intentar encubrirlo todo con cafeína y subidas de azúcar, lo cual puede hacernos colapsar. Si adoptamos una dieta saludable, podremos hacer mucho mejor y obtener los resultados que deseamos en nuestra vida. Y nuestra memoria mejorará porque estamos cuidando nuestros cuerpos al obtener la nutrición adecuada. Sé que es tentador intentar simplemente agarrar una comida por conveniencia, especialmente cuando estamos superocupados con cosas por hacer. Pero debemos tener en cuenta que nuestras vidas dependen de un cierto nivel de autocuidado que nos permita hacer todas las cosas que queremos hacer para nosotros mismos y mantener nuestros cuerpos en óptima forma.

Los alimentos y bebidas que recomendamos que pruebes para tener una mejor memoria

Puede que te estés preguntando, "¿qué tipos de cosas puedo comer para poner mi memoria al día con las diversas cosas que debo hacer?" Tenemos algunas ideas para ti aquí.

Café

Muchos de nosotros dependemos de nuestro café matutino para pasar el día. Si eres una de esas personas, debes saber que el café es muy bueno para ti. Los dos aspectos principales del café, la cafeína y los antioxidantes, son beneficiosos para tu cerebro. Además, la cafeína en el café puede ayudarnos de varias maneras, incluyendo hacernos más alerta al bloquear la adenosina, que es una sustancia química que nos adormece. Además, el café libera sustancias químicas que nos hacen sentir bien, como la serotonina. También permite a una persona concentrarse más en lo que están haciendo en ese momento. Además, si bebes café durante mucho tiempo, reduces tu riesgo de enfermedad de Parkinson y Alzheimer (Jennings, 2017). ¿Suena como un gran plan tomar tu próxima taza de café, verdad?

El café es una de las mejores creaciones en el planeta. Beber café también ayuda a tu sistema digestivo a procesar diversos alimentos. Puede ayudarnos a recordar las cosas más claramente, porque podemos enfocarnos en lo que es importante para nosotros. Por otro lado, también es importante vigilar que nuestro consumo de él no se salga de control. La moderación siempre es la mejor manera de avanzar.

Cúrcuma

La especia amarilla que se encuentra en el curry en polvo tiene muchos beneficios para el cerebro. La cúrcuma puede entrar al cerebro directamente y hacer cosas buenas para nuestras células cerebrales. Tiene un fuerte poder antioxidante, del cual se pueden beneficiar los pacientes de Alzheimer. Además, ayuda con la depresión, para que no te sientas demasiado deprimido durante el día. También fomenta el crecimiento celular, lo cual ayuda con la memoria en las personas mayores. Si quieres beneficiarte del uso de la cúrcuma, debes agregarla a diferentes platillos o hacer té de cúrcuma (Jennings, 2017).

Brócoli

¿Alguna vez has pensado que el brócoli podría ser muy bueno para ti? Bueno, lo es. Está lleno de antioxidantes. El brócoli tiene un alto contenido de vitamina K, que se ha relacionado con tener una mejor memoria. También tiene compuestos que pueden ayudar a proteger el cerebro de daños con el tiempo (Jennings, 2017).

Chocolate Negro

El chocolate negro y el cacao en polvo contienen una gran cantidad de compuestos, incluidos antioxidantes y cafeína, que mejoran la función de tu memoria. Contiene flavonoides, que ayudan al cerebro a aprender y memorizar diferentes piezas de información. En un estudio, los investigadores demostraron que estos compuestos pueden ayudar con el deterioro mental en las personas mayores. El chocolate también estimula nuestro estado de ánimo, porque nos brinda sensaciones positivas. No está claro por qué hace feliz a las personas, pero tal vez tenga que ver con su delicioso sabor (Jennings, 2017).

Naranjas

Las naranjas tienen mucho vitamina C, que ofrece muchos beneficios para la salud, incluida la prevención del deterioro mental en la vejez. Cuando comemos suficientes alimentos que contienen vitamina C, también podemos protegernos contra la enfermedad de Alzheimer. La vitamina C ayuda en la mejora de la salud general de nuestro cerebro (Jennings, 2017).

Huevos

Los huevos contienen varios nutrientes que ayudan a fortalecer nuestro cerebro, incluido la colina, que ayuda con la regulación del estado de ánimo y la memoria. Dos estudios han demostrado que las personas que consumen más colina tienen una memoria mejorada y un funcionamiento cognitivo (Jennings, 2017). Obtener tu dosis de colina puede provenir simplemente de comer la yema del huevo, donde se encuentran la mayoría de las sustancias saludables.

Té verde

Similar al café, el té verde también tiene cafeína, la cual mejora la alerta, la función cognitiva y la memoria de las personas. Además, permite a las personas concentrarse mejor en las tareas que tienen que hacer. Uno de los químicos que se encuentra en el té verde es la L-teanina, la cual te hace sentir menos ansioso y más relajado (Jennings, 2017).

Prueba dietas que incluyan más grasa y menos carbohidratos

Hay muchos planes de dieta disponibles, y no todos son útiles, pero si quieres, puedes probar un plan de dieta que te ayude a alcanzar tus objetivos de pérdida de peso. Por ejemplo, podrías probar la dieta Keto, que es rica en grasa y proteínas pero baja en carbohidratos y azúcar. Los carbohidratos y el azúcar pueden proporcionarnos energía durante períodos cortos, pero luego nos agotan de energía y nos hacen caer en una profunda somnolencia, lo que dificulta que nos concentremos. Cuanto más comamos estos alimentos, más probable será que experimentemos aumento de peso y otros efectos no deseados. Además, queremos consumir alimentos que nos brinden energía durante todo el día y que no nos hagan caer en picado. Además, cuando puedes proporcionarle a tu cuerpo más grasa, puedes almacenar esa energía y hacer del ayuno intermitente parte de tu rutina.

Jejum intermitente

Integrar el ayuno en tu dieta es una forma de mejorar tu rendimiento cognitivo, ya que puedes concentrarte más en tus estudios y es fácil de implementar en tu estilo de vida. Si adoptas una dieta que pueda mantenerte durante horas, te ayudará a comenzar el ayuno intermitente, que ha demostrado tener beneficios para la salud. Pruébalo. Verás que puedes desarrollar energía y resistencia al hacer ayuno intermitente, y también puedes mejorar tu rendimiento cognitivo.

Consumo moderado de alcohol, para que puedas recordar más.

El alcohol ha demostrado ayudarnos a olvidar los momentos difíciles y recordar más de los buenos tiempos. Afecta a un gen llamado receptor D2-like, que registra la memoria y la codifica como agradable o desagradable. El alcohol puede hacernos olvidar los momentos incómodos en nuestras vidas y produce un mecanismo de recompensa que podemos experimentar cada vez que bebemos. Sin embargo, también puede hacer que se nos olviden las cosas fácilmente (Kekatos, 2018).

Muchas personas, especialmente jóvenes y adultos jóvenes, son propensos a abusar del alcohol de maneras que son bastante destructivas para su salud y memoria. No solo el consumo excesivo de alcohol causa problemas para controlar el comportamiento y pasar un mal rato en el pub, sino que también causa problemas para la retención de la memoria, lo que hace cada vez más difícil recordar cosas de nuestro pasado. Puede hacer que una persona sea especialmente olvidadiza y pierda su memoria. Piénsalo. Cuando una persona bebe en exceso, es poco probable que pueda recordar lo que sucedió la noche anterior, porque el efecto del alcohol causa problemas para recordar los eventos. El consumo excesivo de alcohol es probable que afecte el funcionamiento cognitivo por un tiempo después de beber en exceso, lo que puede dificultar la función al día siguiente y poder realizar todas las actividades que te propones.

Estudio de caso

John se dio cuenta de que su dieta no estaba ayudando a su salud en general. Comía fuera todo el tiempo y no vigilaba las calorías que consumía. En consecuencia, sentía que estaba subiendo de peso todo el tiempo y no podía controlarlo. John sabía que sus hábitos no eran saludables, pero no quería hacer nada al respecto. Entonces, un día, recibió el diagnóstico: diabetes. Se sorprendió por este descubrimiento y sintió que tenía que hacer algo al respecto. Su médico y nutricionista le dieron herramientas para volver al buen camino. Optó por una dieta constante de frutas y verduras y proteínas, lo que le ayudaría a mantener un peso saludable. Además, consumiría más grasas y menos carbohidratos. Después de unas semanas, John notó que sus niveles de energía eran más altos. Además, podía recordar mejor detalles sobre su vida. No sentía que estaba perdiendo la cabeza. Tenía una mejor memoria, lo que le sirvió bien en su trabajo como asistente de ventas.

Paso 4: Durmiendo por el bien de la memoria

El estadounidense promedio está viviendo su vida en privación crónica de sueño. Estamos viviendo una vida de exceso de trabajo. Nuestras vidas van realmente rápido. Estamos trabajando más duro que nunca, tomando menos tiempo de vacaciones que antes, y tratando de ganar más dinero que antes. Y aparentemente todo esto es un esfuerzo que queremos para llegar a ser más próspero. Pero ¿qué pasaría si te dijera que el secreto para vivir una vida más feliz radica en dormir más y consumir menos cafeína y café que mantiene tu mente y cuerpo despiertos a todas horas de la noche? En este capítulo, vamos a entrar en las formas en que dormir bien te ayudará a desarrollar una mejor memoria, una memoria fotográfica.

Por qué es importante dormir bien

Pasamos más de un tercio de nuestras vidas durmiendo. Es posible que no pensemos a menudo en por qué dormimos, pero vemos la manifestación externa de los beneficios de dormir. Nos sentimos más enérgicos y alerta, y podemos concentrarnos mejor en las tareas que estamos realizando. Sin dormir, nuestras funciones cognitivas se ven afectadas y rendimos peor ("¿Por qué dormimos?" s.f.).

Para que podamos apreciar completamente el sueño, debemos reconocer que el dormir es una función vital de nuestros cuerpos. Deberíamos considerarlo tan importante como comer. Sabemos que necesitamos alimentos y nutrientes para sobrevivir. No hay forma de que podamos vivir nuestras vidas sin ello. Nos ayuda a crecer, desarrollarnos, reparar tejidos rotos y funcionar bien. Es un proceso físico que requiere que ingiramos las cosas que necesitamos para seguir adelante cada día. Pero es posible que estés pensando, "dormir no es tan importante como comer". Sin embargo, es una parte vital de nuestros procesos corporales.

Un buen sueño nos lleva a un lugar de restauración física y mental de todas las cosas que están dañando nuestro cerebro y causando que se fatigue, se sobrecargue, entre otras cosas. El sueño permite que nuestras funciones internas se ralenticen, mientras nuestro cuerpo descansa y se recupera de diferentes factores estresantes y situaciones que pueden causar estragos en él. En nuestro mundo moderno, ponemos tanta presión en nuestro cuerpo para hacer cosas que solo puede hacer bien si duerme bien por la noche. Seguimos sin dormir y tratamos de funcionar sin demasiado de él, lo que causa ansiedad, depresión y otras condiciones de salud mental. También nos lleva a estar más cansados y no poder realizar cognitivamente las tareas que debemos hacer durante el día.

Las teorías detrás del sueño

Aunque se sabe mucho sobre los beneficios inherentes para la salud del sueño, se ha comprendido poco sobre por qué dormimos, pero existen algunas teorías. Una postura es la teoría de la inactividad, la cual proviene de un instinto evolutivo donde los animales dormirían para permanecer quietos en la naturaleza y protegerse de los depredadores durante el día ("¿Por qué dormimos?", s.f.).

Otra teoría habla de cómo las personas pueden conservar energía y reducir el consumo de energía para que puedan ser guardados para otro día. Sin embargo, también se habla de cómo nuestro cuerpo necesita restaurar ciertos aspectos de lo que se pierde durante el día. Cuando estamos despiertos, las neuronas en el cerebro pueden producir adenosina, lo que puede llevar a sentimientos de fatiga. Este sentimiento se bloquea cuando consumimos cafeína y nos mantenemos alerta. Cuando estamos despiertos, esta hormona sigue acumulándose en nuestro cerebro y permanece alta hasta que se elimina durante el sueño. Cuando dormimos, nuestros cuerpos pueden sacudir la adenosina de la mente. Esto nos permite sentirnos mucho mejor al día siguiente cuando nos despertamos por la mañana. Nuestra mente y cuerpo se sienten renovados por los efectos del sueño ("¿Por qué dormimos," s.f.).

Dormir es vital para nuestro bienestar porque no podríamos funcionar sin ello. Si dejáramos de dormir y no descansáramos adecuadamente cada noche, entonces dejaríamos de trabajar bien con el tiempo. Con el paso del tiempo, nos sentiremos más fatigados y eventualmente nos desgastaremos y agotaremos. Los escenarios más graves de la privación del sueño incluyen enfermedades y agotamiento. Estos requieren una recuperación continua de los períodos intensivos que causan la privación del sueño, y puede ser extremadamente perjudicial para nuestro bienestar general no dormir lo suficiente.

¿Qué hace el sueño por la memoria?

Además de su necesidad para que nuestros cuerpos funcionen adecuadamente, el sueño funciona de manera significativa para ayudar a nuestras memorias mientras descansamos nuestros cerebros por la noche. Investigaciones han demostrado que el sueño puede ayudar a una persona a aprender y retener cosas en su memoria. Cuando una persona tiene privación del sueño, no podrá aprender eficientemente y será propensa a olvidar cosas. Asimismo, el sueño es responsable de la consolidación de la memoria, lo que permite a una persona aprender nueva información ("¿Por qué dormimos?", s.f.).

Para que la memoria de una persona funcione correctamente, se deben seguir diferentes pasos. Primero, el cerebro debe adquirir nueva información. Luego, debe consolidar los datos durante los cuales la memoria puede volverse estable. Finalmente, el cerebro debe poder recordar los datos una vez que hayan sido almacenados dentro del cerebro de una persona. Podemos adquirir y recordar las diferentes partes de las cosas en nuestra vigilia. Pero los estudios han demostrado que el sueño es el estado en el que ocurre la consolidación de la memoria ("¿Por qué dormimos?", s.f.).

Lo que debemos entender es que nuestros recuerdos se afianzan en nosotros mientras dormimos. Cuando estudiamos para una prueba, confiamos en el almacenamiento de esos recuerdos en nuestro cerebro para que podamos acceder fácilmente a la información cuando estamos despiertos y tomando la prueba. Esto se hace principalmente de manera inconsciente sin que seamos conscientes de ello. Hay mucha sabiduría en descansar adecuadamente antes de hacer algo importante como una presentación, una prueba o una competencia. Si no descansamos bien, no podremos rendir bien en esos eventos. Eso no significa que sea imposible rendir bien si no descansamos lo suficiente antes del evento. Pero simplemente dificulta cognitivamente a nuestros cerebros en su capacidad para hacer las cosas bien. Cualquiera puede atiborrarse de información en su cerebro la noche antes de una gran prueba y esperar obtener un buen resultado en la prueba. La memoria a corto plazo es más fácil de acceder, ya que podemos recordar cosas que acabamos de ver, pero es muy probable que olvidemos por completo la información que hemos memorizado justo después de la prueba. Por lo tanto, el método de memorización es muy ineficiente y no permite a las personas obtener los resultados adecuados para su memoria. En cambio, divide nuestro conocimiento en fragmentos y hace que sea mucho más fácil olvidar.

Ejemplo de Corea: Escuelas de Cramming, Memorización Mecánica y la Falta de Sueño

Eres transportado a la moderna ciudad de Seúl, Corea. Es una hermosa ciudad y metrópolis que se asemeja a la ciudad de Nueva York. Muchas personas residen en esta área, al menos 10 millones de personas. Ve a un lugar llamado Gangnam, donde podrías ver un montón de BMW o autos Rolls Royce pasando. Una noche aquí puede costarte 100,000 won (100 dólares estadounidenses) porque estás en la zona elegante de Seúl. Ahora, ve a un lugar llamado Daechi-dong en Seúl, donde hay cientos de escuelas de inglés en la zona llenas de estudiantes, que están estudiando para los exámenes coreanos de SAT, TOEFL y TOEIC. Bienvenido a la cultura educativa de inglés en Corea, un lugar donde muchas personas están estudiando inglés de manera intensiva, pero espera, ¿realmente están aprendiendo inglés, o solo están memorizando?

Si vas a una academia de inglés (o en coreano: hagwon), encontrarás a miles de estudiantes amontonándose para sus exámenes y memorizando listas de cientos de palabras de vocabulario. Los maestros de inglés coreanos les dan a sus estudiantes 50 palabras por día para estudiar. En otros días, estudian 100 palabras al día o incluso 500 palabras a la semana. Estudian duro y memorizan palabras en inglés y coreano. Abundan los exámenes diarios de palabras, y los estudiantes continúan amontonándose e intentando meter la información en sus cabezas, sin mucho éxito porque sus cerebros adolescentes aún están en desarrollo y solamente están afianzando un conocimiento fragmentado. La verdad es que este método es ineficiente para ayudar al desarrollo cognitivo de los adolescentes, ya que atraviesan el período de la adolescencia y la adultez temprana. Los niños y adolescentes están marcados por un período de angustia intensiva al estudiar inglés porque están utilizando un método de memorización mecánica.

Además, los estudiantes en Corea no están durmiendo lo suficiente. Están durmiendo mucho menos cada noche. Están durmiendo 4-5 horas. Van a la escuela desde la mañana temprano hasta las 3 o 4 de la tarde. Luego, típicamente van a una academia de inglés separada de 4 pm a 10 pm y continúan estudiando hasta la 1 o 2 de la mañana, momento en el cual finalmente van a dormir por la noche. Esta es la vida típica de un adolescente coreano, "estudiando" inglés todo el tiempo, y sin dormir. Hay consecuencias graves para la salud mental de los adolescentes coreanos, ya que sufren y duermen poco o nada. Las repercusiones son importantes. Incluso después de estudiar tanto, cerca de 14 horas al día, los estudiantes no son capaces de retener la información dada. Olvidan todo después del examen. Después de todo el estudio, les queda poco más que un resultado de examen para mostrar por su estudio durante cientos de horas cada mes. La industria de las escuelas de reforzamiento es un negocio lucrativo debido a la naturaleza explotadora tanto de profesores como de estudiantes.

¿Qué nos enseña Corea sobre el sueño? Las enormes cantidades de privación de sueño en Corea deberían insinuar que el sueño es crucial para el éxito académico. Sin embargo, también muestra que aunque los estudiantes están intensamente enfocados en los exámenes y pueden tener éxito en obtener resultados para el examen estudiando incansablemente a todas horas, su desarrollo cognitivo se ve severamente afectado, ya que están atragantando grandes cantidades de información en un corto período de tiempo. En realidad, no están aprendiendo la información, aunque están constantemente bombardeados con ella. En consecuencia, no pueden procesar por completo todo lo que están estudiando porque su cerebro no tiene tiempo para procesar la información que tienen a la vista. Pero una de las razones clave es que no están durmiendo en el proceso, por lo que sus cuerpos se están desgastando y se vuelven muy poco saludables. No tienen un cerebro correctamente desarrollado, lo que hace que les resulte mucho más difícil aprender cualquier cosa, mucho menos inglés.

La privación de sueño tiene consecuencias graves para nuestra memoria.

Ahora, debemos ser conscientes de que la privación del sueño tendrá consecuencias graves en el desarrollo de nuestra memoria. Si pasamos sin dormir diariamente, perderemos nuestras memorias y puede ser difícil recuperarnos completamente de estos períodos de nuestras vidas. El descanso tiene un poder restaurador que nos permite funcionar plenamente y recuperarnos de diferentes situaciones en nuestras vidas que causan pérdida de energía. Sin embargo, debemos encontrar maneras de recuperar nuestro sueño porque nuestros cuerpos lo necesitan. Nuestra memoria también lo necesita, ya que, para recuperar los recuerdos almacenados en lo más profundo de nosotros, debemos dormir y descansar nuestras mentes. Nuestros sueños demuestran mucho de lo que nuestra conciencia puede consolidar, por lo que cuanto más soñamos, más podemos ver que nuestros cuerpos se están restaurando y llenando nuestras memorias con información que puede ser almacenada por el resto de nuestras vidas.

¡Cómo mejorar tu memoria y permitirte recordar: Dormir!

Entonces, ¿cuál es nuestra recomendación para cómo puedes recuperar tu memoria? ¡Dormir! En serio, ve a dormir ahora. Si te quedas despierto hasta tarde, no lo hagas. Trata de irte a la cama más temprano. No te permitas consumir cafeína y mantenerte despierto a todas horas sin parar. Descansa tu mente y no hagas nada que requiera demasiado esfuerzo. El descanso está subestimado en esta economía. Todo parece ser sobre productividad y cuánto trabajo puedes producir para tu empleador. Pero tenemos que tener en cuenta que no podemos funcionar de esta manera. Nuestros cerebros no están diseñados para funcionar así. Necesitan dormir para funcionar correctamente, así que asegurarte de dormir lo suficiente por la noche te ayudará a recordar las cosas. Si constantemente dependes de la cafeína para pasar el día, te saltas tus horas de sueño cada noche y duermes solo 4-5 horas, y entras a la oficina con un galón de café con un disparo adicional de espresso. Pero esta no es la forma de vivir tu vida. Deberías obtener tu dosis diaria de sueño porque eso marcará la diferencia en cómo puedes vivir una vida mejor y con un mejor equilibrio entre trabajo y vida personal. Pero también es la clave para desbloquear tu memoria, porque cuánto más descanses, más podrá tu cerebro consolidar y almacenar el conocimiento que recoge diariamente, lo que nos hace soñar por la noche. ¿No quieres tener más sueños por la noche? Te ayudará mucho en tu vida.

Estudio de caso

Jane era una estudiante conscienciosa, aunque no siempre sabía cómo estudiar. Su vida estaba llena de estudiar para los exámenes, y a menudo, se quedaba despierta hasta las 3 de la madrugada para hacer su trabajo. Lamentablemente, no sabía cómo gestionar bien su tiempo, así que terminó teniendo muchos problemas de concentración en la escuela. Cuando llegaba a clase, estaba exhausta y no podía escuchar al profesor. Intentaba tomar notas sin pensar, pero lo único que quería era apoyar la cabeza y dormir. Sus profesores notaron que estaba teniendo problemas, y querían ayudarla. Un profesor le dijo, "Jane, necesitas dormir lo suficiente por la noche. Puedo ver que no estás durmiendo mucho, y eso está afectando tu capacidad para concentrarte en mi clase. Necesitas adoptar una hora de dormir normal y seguirla religiosamente." Jane no se había dado cuenta de que lo que había estado haciendo estaba afectando cómo podía hacer sus tareas. Aunque Jane intentaba estudiar mucho por las noches, terminaba desmayándose por el estrés de todo. Empezó a hacer lo que su profesor le dijo y, después de uno o dos meses, pudo concentrarse en clase. Ya no se quedaba dormida en clase como antes. Además, pudo obtener notas más altas en sus exámenes, porque podía recordar lo que había estudiado la noche anterior. Esto le ayudó mucho.

Paso 5: Utiliza dispositivos mnemotécnicos para recordar casi cualquier cosa

En este capítulo, discutiré cómo podemos recordar casi cualquier cosa usando dispositivos mnemotécnicos, que pueden facilitar una mejor memoria.

Nuestros recuerdos están destinados a ser moldeados por las asociaciones de palabras que formamos con ellos. Debemos desarrollar significado mediante la construcción de imágenes que estén conectadas por alguna idea. Una forma en la que podemos hacer esto es a través del uso de dispositivos mnemotécnicos para recordar cosas en nuestras vidas. A menudo, no recordamos las cosas, porque no entendemos cómo entrenar nuestras mentes para recordar. En consecuencia, olvidamos cosas e intentamos depender de la memorización mecánica. Pero como hemos aprendido, este método es ineficaz e infructuoso. Lo que necesitamos enfocarnos es en cómo podemos aplicar conceptos de memoria a nuestras vidas y poner en práctica nuevas ideas.

Los dispositivos mnemotécnicos son algo que se ha utilizado desde hace mucho tiempo. Mnemónico proviene de la palabra griega, mnemonikos, que significa "ser consciente" ("Mnemonic", s.f.). Los dispositivos mnemotécnicos permiten a una persona recordar algo mejor. Te permite codificar algo dentro de tu memoria para que puedas recordar cosas cuando lo necesites. Los dispositivos mnemotécnicos se han utilizado desde la antigua Grecia, y han permitido a las personas tener mejores memorias.

Aquí hay algunos ejemplos de dispositivos mnemónicos:

El Método de los Lugares.

El Método de la Loci es una técnica en la que te imaginas en un lugar familiar, como tu casa o un parque. Es similar a la idea del palacio de la memoria. Luego utilizas los sitios habituales para almacenar tus recuerdos. Lees una lista de palabras o conceptos que requieren memorización y luego colocas cada una de estas palabras en las ubicaciones de tu lugar familiar. Te ayudará a memorizar casi cualquier cosa. Luego, podrás volver a través de esta información en el futuro ("Memory and Mnemonic Devices," s.f.). Es una idea fantástica.

Acrónimos

Las personas han estado utilizando acrónimos durante mucho tiempo para recordar diferentes conceptos. Piensa en tu clase de álgebra de la escuela secundaria, donde tenías que recordar PEMDAS para el orden de las operaciones. Luego, cada vez, tenías que pasar por ello y decir que el orden de las operaciones en un problema matemático era: Paréntesis, Exponentes, Multiplicación, División, Suma y Resta. Estoy seguro de que después de esa clase de álgebra de la escuela secundaria, nunca has olvidado cómo hacer esas operaciones. Es probable que puedas resolver un problema aritmético simple basado en esta estrategia también. A veces, puedes recordar el nombre de una persona simplemente escribiendo diferentes palabras para describir a esa persona. Por ejemplo, toma el nombre de una persona llamada Daniel, podrías construir un significado para el nombre de esa persona simplemente escribiendo un poema acróstico sobre esa persona.

- Atrevido

- Increíble

- Navegacional

- Inteligente

- Expresivo

- Orientado al lenguaje

Cada una de estas cualidades describe a una persona específica en mi mente, que también es un buen amigo mío llamado Daniel. Si uso este mismo acrónimo, podré recordar su nombre sin ningún problema. Es mejor que la memorización mecánica y también me permite recordar aspectos de las personas de una manera que me ayuda a conocerlas mejor.

Creando una Clase de Memoria (Para Maestros)

Para los maestros, siempre hay una ansiedad constante en torno a los nombres de los estudiantes en un aula. Los maestros que trabajan en entornos multiculturales también pueden encontrar que aprender los nombres es bastante complicado e inmanejable. Sin embargo, ¡no te preocupes! ¡Puedes hacerlo! Recordar los nombres en un aula puede ser divertido y emocionante. Una manera es visualizar dónde está cada estudiante en el aula e identificar dónde se encuentran en la habitación. Usar un diagrama de asientos puede ayudar con este proceso, ya que podemos visualizar dónde están sentados los estudiantes en un aula en cualquier momento dado. El dispositivo de un diagrama de asientos puede ayudar a las personas a recordar los nombres muy rápido y puede aportar una dimensión espacial específica a la tarea de aprender y memorizar los nombres de diferentes estudiantes.

En diferentes culturas: Usa nombres en inglés

Los profesores de inglés en Corea son conocidos por darles a sus estudiantes nombres en inglés porque no pueden pronunciar correctamente los nombres coreanos debido a lo increíblemente complicados que son. Este método es particularmente útil para los profesores de inglés que trabajan en universidades coreanas, donde normalmente enseñas entre 100 y 150 estudiantes por semana en clases y tienes muchas formas diferentes de recordar los nombres. Esta es una de las maneras de ayudar a una persona a recordar cien nombres de memoria. O mejor aún, también podrías usar un mapa de asientos y utilizar nombres en inglés para algunas de las clases, mientras mantienes los nombres coreanos para los otros cursos. Eso también ayuda. De cualquier manera, te permite desarrollar un fuerte sentido de cómo hacer las asociaciones. Otra cosa que un profesor puede hacer es permitir a los estudiantes escribir sus acrósticos, lo que te permitirá entender los diferentes aspectos de las personalidades de los estudiantes.

Rimas

Otro dispositivo mnemotécnico que las personas pueden usar es el concepto de una rima, que ayuda a los estudiantes a memorizar largas listas. Es ampliamente conocido que Shakespeare utilizaba verso blanco y pentámetro yámbico con rima para hacer sus versos más fáciles de recordar. Por lo tanto, citar a Shakespeare debería ser factible para la mayoría de las personas en diferentes capacidades. Hay varias formas de rimas que usamos todo el tiempo para tratar de recordar cosas. Veamos varios ejemplos comunes de esto.

En mil cuatrocientos noventa y dos, Colón navegó el mar Océano Azul.

Todo está bien cuando termina bien.

Cielo rojo por la mañana, aviso de pastor.

La poesía, que se supone que debe ser leída en voz alta, a menudo incluye un componente de rimas, ya que el sonido de rimas finales similares permite a las personas recordar las palabras del verso de manera más clara y eficiente. Esto también hace que recitar poesía de memoria sea una forma particularmente útil de memorización.

¿Cómo memorizas ese poema largo? Crea una imagen de él en tu mente.

¿Alguna vez te has preguntado cómo la gente memoriza poemas largos que tienen tantas palabras? Bueno, no sucede simplemente mirando una página por mucho tiempo. No, recordar requiere una forma única de visualizar cómo suceden las cosas en la página. Cuando aprendes un poema de memoria, memorizas las vistas y sonidos que vienen de la página. Tomas en cuenta los cinco sentidos y luego eres capaz de hacerlo bien. Una forma de hacer esto es imaginar la imagen que deseas estudiar utilizando los cinco sentidos. Por ejemplo, si estás estudiando un poema sobre la nieve, por ejemplo, entonces puedes visualizar cómo sabe la nieve, cómo se ve, cómo huele, cómo se siente y cómo suena. Piensa en todas esas cosas y construye la imagen en tu mente.

Una vez que hayas estudiado las imágenes y las hayas hecho reales en tu mente, entonces puedes empezar a memorizar el poema. Una vez más, la estrategia no es la memorización mecánica; en cambio, es crear la imagen, para que sea una imagen real para ti. Si no puedes visualizarla en tu mente, entonces no habrá manera de que puedas recordarla. Simplemente la olvidarás. Desafortunadamente, esta es la forma en que opera la mayoría de las personas. Miran un texto durante mucho tiempo y luego intentan reproducirlo en un examen. Pero después, lo olvidan todo. Es como si el recuerdo nunca se hubiera formado en sus mentes, y todo porque nunca hubo una imagen tangible en primer lugar.

Estudio de caso

Jeremy disfrutaba leyendo poesía en casa. Quería aprender a memorizar varios poemas, porque quería actuar en el próximo slam de poesía de la escuela. Así que trabajó con todas sus fuerzas en memorizar "El bandolero" de Alfred Noyes. Este era uno de sus poemas favoritos de la secundaria y quería desafiarse a sí mismo a recordar el poema completo mientras participaba en la competencia. Fue capaz de recordar mucho del poema simplemente recordando los sonidos de las palabras onomatopéyicas que decía en voz alta mientras practicaba. Aquí hay un ejemplo de una sección que pudo memorizar perfectamente:

El bandolero llegó cabalgando, cabalgando, cabalgando. ¡Los guardias miraron a su preparación! Ella se puso de pie, recta y quieta.

Mientras memorizaba estas líneas, comenzó a visualizar todo desde esta escena y recorrió todo el poema. Luego, pudo recrear gráficamente la imagen, mientras leía el poema. Finalmente, pudo recitar todo el poema sin mirar las palabras. Durante el recital de poesía, recitó todo el poema de memoria y recibió un aplauso atronador.

Cómo memorizar líneas para la próxima obra de teatro en la ciudad

¿Alguna vez te has preguntado cómo los actores pueden memorizar líneas eficientemente? Recuerda a Linus en A Charlie Brown Christmas: "No puedo memorizar estas líneas tan rápido. ¡¿Por qué tengo que pasar por tanta agonía?!" ("Tracy Stratford," s.f.). Puede parecer perturbador en ese momento intentar memorizar líneas para una obra de teatro o una película, pero la verdad es que es bastante simple y fácil de hacer. Aprenderse las líneas es algo que se puede hacer rápidamente y fluidamente, dependiendo de cómo lo hagas. Pero necesitas crear algunas técnicas mnemotécnicas para ello, y luego estarás listo para empezar. A menudo, los actores visualizan el papel que están a punto de encarnar, y luego lo hacen. Es bastante sorprendente cómo pueden lograrlo tan bien. Ayuda el hecho de que los actores pueden realmente "convertirse" en los roles que están leyendo de un guion. Todo comienza con la lectura, pero luego, al actuar en el escenario o en la pantalla, creas al personaje, lo que ayuda a los actores a recordar. Es una experiencia de cuerpo completo, en la que todo es mnemotécnico en diseño para que los actores puedan recordar fácilmente las líneas del guion e incorporar a los personajes que nacieron para interpretar.

Estudio de caso: Jemima

Jemima era una fanática del teatro. Le encantaba absolutamente poner un espectáculo para la gente. Pero su memoria estaba llena de agujeros, por lo que le resultaba difícil memorizar sus líneas en las obras de teatro. Ella se esforzaba, y se esforzaba, y se esforzaba todo el día para estar en el espectáculo. Debido a que su memoria era bastante irregular, los directores no querían darle partes críticas de una obra.

Por lo tanto, siempre recibía los papeles de apoyo y a veces incluso los papeles extra. Fue bastante terrible. Se sentía mal. Jemima quería mejorar su memoria, así que necesitaba entrenarse para desarrollar su memoria para poder conseguir un papel principal en una obra local. Después de un tiempo, Jemima comenzó a memorizar dispositivos mnemotécnicos, lo que le permitió recordar la información bien. Incorporó los mnemotécnicos en su rutina diaria para recordar fácilmente sus líneas en la obra. Cuando llegó a la siguiente audición, lo hizo muy bien. Podía recordar completamente todas sus líneas con éxito. Fue un día fantástico, ya que se sentía lo suficientemente segura como para decir las líneas al revés debido a sus estudios intensivos la semana previa a la audición. Fue una historia fantástica.

División en trozos y Organización

Otra forma de recordar información, como números de teléfono, es mediante la agrupación y ordenación de los datos en "trozos," lo que facilita su memorización. Hacemos esto todo el tiempo para poder recordar nuestro número de teléfono. Decimos las cosas en grupos de tres o cuatro para recordarlo mejor. Los diez dígitos se dividen en tres partes, lo que permite a las personas reconocer la información rápidamente. Nuestros cerebros están diseñados para recordar cosas en pequeños fragmentos, no en grandes cantidades. Además, cuanto más alimentamos nuestras mentes con información en fragmentos, más probable es que podamos retener cosas en la parte superior de nuestra mente. Nuestra memoria a corto plazo está limitada a siete elementos de información, y al poner todo en diferentes grupos, nuestro cerebro tendrá una recuperación más rápida y efectiva de los datos ("Memoria y Dispositivos Mnemotécnicos," 2018).

Otra forma de recordar es usar el método de organización para clasificar toda la información en categorías individuales, lo cual nos permite recordar todos los detalles. Esta es una forma particularmente útil de hacerlo. Cuando puedes categorizar los datos, entonces puedes colocarlos en diferentes lugares para que puedas hacer todas las cosas que deseas hacer con los datos. Luego, puedes dividirlo en listas que te harán más fácil recordar todo.

Estudio de caso: Jason

A Jason le encantaba usar su imaginación. Tenía una habilidad única para hacer las cosas creativas, incluyendo memorizar historias. Cuando era niño, le encantaba memorizar historias de libros como la Biblia y el Corán. Tenía una orientación espiritual y quería hacer todo lo posible por descubrir diferentes religiones. La técnica que utilizaba para ayudarse a memorizar era agrupar varios textos juntos y luego memorizar cada parte de la historia. En lugar de mirar fijamente un texto durante cierto tiempo, elegía memorizarlo por partes. Lo que hacía era tomar una historia y dividirla en secciones que pudiera memorizar rápidamente. Escribía una de las historias religiosas y después cortaba el papel en pedazos para luego tratar de unir todo en orden. Al hacer esto mediante repetición, eventualmente lograba recordar toda la historia. Fue una hazaña asombrosa de la imaginación, todo debido a su diligencia y talento.

Haz un canto o un baile para recordar las cosas bien.

¿Por qué no intentar hacer un jingle o una danza para recordar las cosas? Podrías intentar hacer el "Bone Dance" de Hannah Montana para recordar la anatomía de tus huesos (Robinson, 2008). Es una experiencia de cuerpo entero, en la que memorizas las diferentes partes de la anatomía y luego cantas las palabras. Es bastante sorprendente recordarlo. Mientras veía este video, podía recordar vívidamente haberlo visto cuando era más joven, y mi corazón se alegraba porque conocía el "Bone Dance". El jingle está atrapado en mi memoria, aunque tal vez esté enterrado en las cavernas del tiempo.

Hacer una canción o un baile te proporciona una experiencia cinestésica y audiovisual de la memoria que tenías de algo. Se vuelve mucho más real porque recuerdas exactamente cómo sonaba, cómo se veía, etc. Y cuando aplicas esto para memorizar, digamos, la Tabla Periódica de los Elementos, entonces puedes hacerlo bien para recordar todo lo que necesitas. Muchas personas han estado haciendo esto durante siglos. Todavía es una forma útil de recordar cosas. Es increíble cuánto puedes recordar porque tu memoria muscular y audiovisual puede darte un fantástico recuerdo. Te hace sentir como si fueras un superhumano.

Estudio de caso

Henry siempre quiso mejorar en recordar las cosas, y trató de memorizar las fórmulas matemáticas. No era muy bueno en matemáticas, porque tenía problemas con los cálculos. Como resultado, intentó con todas sus fuerzas encontrar maneras de recordar sus tablas de multiplicar. Su madre lo ayudó un poco en el camino, pero aún le costaba recordar cómo multiplicar y dividir números. Pero luego, una idea llegó a él. Pensó, "¿por qué no invento una canción que pueda usarse para ayudarme a recordar todas las tablas de multiplicar?" Henry tenía talento en la música y sabía mucho sobre componer, incluso a una edad muy temprana (tenía unos nueve años en ese momento). Como un pequeño Mozart, fue a su teclado y comenzó a componer una canción, y pudo producir un sorprendente trabajo que luego combinó con sus tablas de multiplicar. Después, comenzó a cantar la canción y sintió que podía disfrutar más de la vida. Para cuando tuvo otra prueba de multiplicación en la escuela, pudo obtener un puntaje del 100%. Fue una hazaña increíble de la imaginación y su memoria fotográfica y musical.

Paso 6: Técnicas cotidianas: Usa los sentidos

En este capítulo, vamos a hablar sobre cómo puedes utilizar técnicas comunes para tener éxito en crear una imagen mental de casi cualquier cosa bajo el sol. Comencemos usando los cinco sentidos y viendo cómo eso nos puede ayudar.

Cómo hacer que las cosas sean reales: crear imágenes absurdas para recordar

Uno de los aspectos críticos de aprender algo es hacer asociaciones que sean extrañas y escandalosas para recordar los detalles al respecto. Piensa en algo a lo largo de estas líneas: bebés llorando y gritando, chapoteando a través de la nieve, charcos de lluvia, cubos de mantequilla. Estas son asociaciones que utilizan aliteración y los cinco sentidos para despertar tu imaginación. Cuanto más puedas usar tu imaginación, mejor serás en recordar. Por lo tanto, necesitas pensar en formas de recordar y usar tu imaginación para empezar.

La imaginación humana es una de las cosas más grandes en el planeta, y nos proporciona profundidad de visión, conocimiento y comprensión de todo lo que nos rodea. Si podemos formar imágenes mentales en nuestras mentes, el cielo es el límite cuando se trata de producir modelos mentales que pueden ayudarnos a tener imaginaciones creativas. Hemos sido bendecidos con una visión que pinta el mundo con posibilidades y nos ilumina con las mejores ideas del futuro. Al mismo tiempo, nuestras imaginaciones pueden llevarnos demasiado lejos a lugares donde no queremos ir, y a áreas que son poco saludables o innecesarias. Sin embargo, la imaginación humana puede generar más ideas de las que podemos pensar, y es porque hemos creado un concepto que nos mantiene avanzando y nos permite encontrar soluciones a los problemas del mundo.

Tener una buena imaginación va a ayudar a tu memoria, especialmente si quieres desarrollar una memoria fotográfica. Leer buenos libros, ver películas y otros medios te permitirán cultivar tu imaginación y convertirla en una herramienta útil que producirá buenos resultados. Ahí es donde necesitas entrenar tu imaginación en desarrollar pensamientos que puedan ser beneficiosos y productivos.

Estudio de caso

Emily quería leer de manera más amplia. Buscaba en los clásicos como su fuente de inspiración. Mientras tanto, quería hacer lo mejor en sus estudios. Por un tiempo, pintaba y usaba su imaginación. Se dio cuenta de que necesitaba pintar las imágenes de las historias en su mente porque no podía recordar todos los pequeños detalles de las cosas que leía en las historias. Así que usaba su imaginación cada vez más, y así creaba más. También recurrió a escribir sus pensamientos mientras pintaba. Como resultado, concluyó que podía recordar más detalles de las historias que estaba leyendo porque escribía todo y también pintaba imágenes de pasajes de las lecturas. Esto le ayudó a recordar las cosas más claramente. Fue a través de estas experiencias que pudo recordar las cosas que le venían a la mente de los diversos libros que estaba leyendo. Emily pudo entonces mejorar su memoria en general. Las cosas fueron bien a partir de ese punto en adelante.

Convertir los sonidos de los nombres que aprendemos en imágenes.

Quizás estás aprendiendo nombres en un grupo, y te presentas a un hombre llamado Jacob, y piensas para ti mismo, "¡He olvidado por completo el nombre! ¿Cómo pude hacer eso?" Luego, tal vez podrías relacionar a Jacob con un personaje bíblico o con una persona que ya hayas conocido con ese nombre. Una vez que haces estas conexiones, es más fácil recordar cosas, como en este caso, el nombre de alguien. O quizás te presentas a una mujer llamada Melanie. Podrías pensar en su nombre y también pensar en las palabras "melon" y "rodilla". A veces, también es útil pensar en imágenes visuales que se relacionen con los nombres de las personas que estás tratando de recordar. Por ejemplo, si conoces a un hombre llamado Charlie, puedes recordar su nombre haciendo referencia a Charlie Chaplin, Charlie y la Fábrica de Chocolate, o Charlie Brown. Pronto serás un profesional de la asociación de memoria.

Estudio de caso

El Sr. Park era un maestro de escuela primaria. Trabajaba en una escuela privada en Seúl, Corea del Sur, donde enseñaba inglés a niños de primaria durante dos horas a la semana. El Sr. Park luchaba por recordar la mayoría de los nombres de sus estudiantes. Tenía una mala memoria. Pero pudo inventar algunos dispositivos que le permitieron recordar la mayoría de los nombres que tenía en las listas de sus clases. Primero, desarrolló nombres en inglés para todos sus niños para que pudiera recordar una lista de veinte estudiantes en una clase. Luego, retuvo los nombres de algunos de ellos en coreano. Fue capaz de recordar mucho más rápido con este método. Memorizaba los nombres de diferentes estudiantes. Por ejemplo, podía recordar a los estudiantes llamados David basado en los Davids que había enseñado anteriormente. Pero también pensaba en algunas personas famosas que se llamaban David. También aprendió los nombres de los estudiantes con los meses del año. Fue capaz de aprender esos nombres y aplicarlos a la memoria rápidamente. El nombre de otro niño era Ellie, así que cuando la miraba, pensaba para sí mismo, "Ellie Goulding". Fue haciendo estas asociaciones que el Sr. Park pudo aprender los nombres de todos los estudiantes en sus clases. Eso le ayudó mucho.

Utiliza tantos de tus sentidos como sea posible

En tus esfuerzos por memorizar, debes usar tantos sentidos como sea posible, porque esto te permitirá lograr casi cualquier hazaña. Por ejemplo, si quieres memorizar el nombre de un hombre llamado Mike, puedes visualizar a Mike con un micrófono cantando una canción de karaoke por la noche. O mejor aún, podrías imaginar a Michael Jordan encestando un balón en un partido de los Chicago Bulls en 1998. Esto puede crear un recuerdo histórico que puedes consagrar en tu banco de memoria. Si quieres recordar el nombre de una chica llamada Melanie, puedes recordar a Melanie Hamilton, esa "niña buena" de "Lo que el viento se llevó," que era la rival de Scarlett O'hara y una mujer de corazón puro.

Otro ejemplo: piensa en el nombre, Harry. ¿Cómo recuerdas a un hombre llamado Harry? Piensa en Harry Potter, un mago volando por el espacio con una varita mágica.

En cuanto a una mujer, piensa en el nombre, Eva. ¿A quién piensas cuando escuchas el nombre, Eva? Tal vez a Eva en el Jardín del Edén, quien fue tentada por la serpiente y pecó junto a Adán. O quizás piensas en Eva con el homónimo Yves Saint Laurent. Entonces, inmediatamente piensas en moda y pasarelas, y en modelos hermosos que desfilan con la última tendencia de moda.

Cuando se trata de números, usa el mismo método.

Los números a menudo nos intimidan, porque pensamos, "no puedo memorizar tantos números. Mi memoria es tan mala." Pero podemos aplicar los mismos principios a los números que a los nombres. Por ejemplo, podrías pensar en el 0 como un agujero de donut. O podrías recordar 007 para James Bond o 00 para Ozzy Osbourne. Muchas personas recuerdan fechas importantes como 9/11 para el 11 de septiembre o el 4 de mayo, ¡Que la fuerza te acompañe, Día de Star Wars! Puedes usar mucha creatividad para lograr recordar diferentes números. No es tan complicado, así que inténtalo.

Estudio de caso

Jericho no era bueno en matemáticas ni en números, para el caso. Olvidaba su número de teléfono y código de acceso para entrar a su casa todos los días. Aunque guardaba la información en su teléfono, aún así lograba olvidar toda la información. Mientras estudiaba para sus exámenes, inmediatamente olvidaba todo lo que había estudiado después porque confiaba en sus habilidades limitadas y defectuosas de memorización mecánica. Pero luego, comenzó a pensar en los patrones que podía formar con los números y en las diferentes formas en las que podía recordar diferentes cifras. Al principio fue difícil, pero pronto empezó a darse cuenta de que podía asignar valores a los diferentes números. Por ejemplo, podía pensar en el 7 como el número ideal en distintos contextos. Jericho también podía recordar diferentes cifras con el 6 porque representa el ideal griego de perfección.

Otro ejemplo es 747. Si alguna vez veía esta cifra, podía recordarla al instante, porque podía imaginar la imagen de un avión 747 en su mente volando hacia Nueva Zelanda.

Utiliza tu memoria sensorial para recrear experiencias.

La memoria sensorial es algo que muchos actores utilizan para recrear experiencias que han tenido en el escenario y en la pantalla. Este método se conoce como el uso de la memoria afectiva, que es cómo se manipula la experiencia para recrear una experiencia emocional en un personaje. Cuando los actores recuerdan sus experiencias, pueden demostrarlas en el personaje que crean en la pantalla. Aquí tienes un ejemplo de una situación que podrías utilizar con la memoria afectiva:

En esta escena, se te ha pedido que recuerdes un momento en el que rompiste con tu novia o novio. Dado que la experiencia está fresca en tu mente, tienes un buen desencadenante emocional que ayudará a recordar y luego recrear la experiencia.

Tan pronto como pienses en un recuerdo específico, puedes revivir la experiencia en tu mente y recordar los lugares, sonidos y olores que experimentaste en ese momento. Por ejemplo, puedes recordar el olor del pan de ajo en el restaurante que visitaste hace unos meses, donde de repente sentiste dolor en el estómago. El doloroso recuerdo te permite recordar esa experiencia. Más tarde, cuando te pidan que interpretes una escena, simplemente puedes recordar el olor del pan de ajo, y entonces todas las sensaciones te traerán de vuelta el recuerdo.

Aunque podamos no ser conscientes de ello, cada recuerdo que tenemos utiliza uno de los cinco sentidos. Cuando recordamos un evento, a menudo solo recordamos la vista y el sonido. Pero, si involucramos todos los sentidos, entonces podemos recordar vívidamente cada aspecto de la experiencia.

Estudio de caso

Estás invitado a recordar un recuerdo en el que estabas en una relación a larga distancia con alguien. Habías estado saliendo por mucho tiempo. De vez en cuando te reunías con tu pareja en la ciudad natal del otro. Digamos que tu nombre es Kelsey y el nombre de tu novio es Taylor. Encuentras a Taylor en su casa en Tulsa, Oklahoma. Vuelas desde California para encontrarte con él. Taylor está preparado para cenar contigo y está listo para sacar un anillo de compromiso que no esperabas. No sentías tanto por Taylor y no querías lastimar sus sentimientos, así que simplemente te quedaste con el anillo, por lo que tampoco le dijiste "sí". En su lugar, le dijiste, "Déjame pensarlo primero". El momento ha sido perfectamente capturado en tu mente. Recuerdas el restaurante, el vino tinto, el pan, la ensalada con aderezo balsámico y la milanesa de pollo, que sabía exquisita. Luego abordaste un avión rumbo a San Francisco, y pensaste para ti misma, "Vaya, no tengo ni idea de qué decir. Me siento como una persona terrible. ¿Por qué hice esto alguna vez? Pensé que amaba a Taylor, pero siento este lugar frío en mi corazón que no puedo explicar. Simplemente no puedo casarme con él. No es posible." Te pusiste realmente emocional en el vuelo de regreso, recordando cada momento de esa cena con él y la imagen de tu novio dándote el anillo se repetía constantemente en tu mente. Cuando llegaste a California, lo llamaste y le dijiste, "Hemos terminado. Lo siento, Taylor. No te lo dije antes, pero no podemos seguir así. No quiero lastimarte, pero no puedo casarme contigo. No eres la persona adecuada para mí." Lloraste durante unas semanas después de eso, recordando constantemente ese momento con tu ahora exnovio.

Este recuerdo fue gráfico, porque recordaste todas las vistas, olores y sabores de la experiencia. Te resultaba fácil volver continuamente al recuerdo, porque fue un momento auténtico. Te sentiste un poco traumatizada por ello, porque no podías creer lo que estaba sucediendo. La propuesta de tu exnovio fue tan abrumadora que se quedó permanentemente incrustada en tu memoria. Ya no serás la misma persona. A través de tus cinco sentidos, eres capaz de recordar exactamente lo que sucedió ese día y puedes volver a este recuerdo en cualquier momento.

Por qué funciona la memoria sensorial

Podemos recrear una emoción utilizando nuestra experiencia pasada y luego expresarla de manera auténtica. Cuando usamos los cinco sentidos, podemos obtener la imagen completa de la experiencia. También puede ayudarnos a acceder a un objeto de liberación emocional. Esto podría ser el sonido de un reloj, el olor a cigarrillos en una casa, o la vista de una puesta de sol. Para cada recuerdo, existe un objeto sensorial subconsciente que desbloquea todas las demás partes del recuerdo. Una vez que has accedido al objeto sensorial, entonces cada detalle de ese momento vuelve a tu mente.

La memoria sensorial nos permite recordar experiencias pasadas, pero también puede ser traumática, porque si nos perdemos demasiado en el recuerdo, entonces nos perdemos en él. Si la memoria se apodera de nuestra mente, podría ser mejor depender de un recurso menos potente, nuestra imaginación.

Tan pronto como hayas pasado por los cinco sentidos y hayas encontrado algo con lo que conectar emocionalmente en tu memoria, entonces tu recuerdo del momento en particular vendrá fácilmente a ti y sin mucha vacilación.

Cómo usar tu memoria sensorial.

A medida que entrenas tu memoria para recordar experiencias, piensa en ello como un ejercicio que te permite liberar una emoción cuando quieras. Puede ayudarte a pensar como un actor y sacar los sentimientos, porque sabes cómo acceder a tu objeto de liberación emocional. Ahora hagamos algunos ejercicios para ayudarte a lograr eso.

Siéntate en una silla sin brazos e intenta tensar tu cuerpo y luego relájalo, de manera que parezcas un cadáver que está tendido en la silla. Si sientes algún estrés, entonces intenta gritar en voz alta.

El momento en que te sientas relajado, piensa en tu recuerdo elegido. Pasa por cada sentido, uno a la vez. Continúa revisando el recuerdo e intenta encontrar la emoción que sentiste. Tómate tu tiempo, porque puede ser un proceso prolongado. Una vez que hayas descubierto la emoción, permítela que te invada para que puedas recordar cada parte de la reacción emocional.

Para entrenarte a ti mismo, es importante que integres práctica regular a lo largo de tu día. Intenta hacer esto todos los días. Cuando hayas dominado tu memoria sensorial, podrás hacer surgir cualquier emoción en cualquier momento dado. Entonces, podrás deshacerte de la incomodidad de crear drama durante la vida cotidiana, o si eres actor, para una audición. Si puedes empatizar con los demás, es probable que seas un buen candidato para obtener roles más destacados y expandir tu red.

Por qué esta técnica es para actores y para todos.

Esta técnica es útil para los actores, ya que les permite producir respuestas emocionales a pedido, siempre que estén realizando una filmación o proyección. Sin embargo, es posible que te estés preguntando, "¿cómo me sirve esta información si no soy actor?" Utilizar la memoria sensorial y afectiva te ayudará a relacionarte con las emociones de los demás. Siempre que puedas traer de vuelta los recuerdos del pasado, te conviertes en un mejor empático, que puede identificarse con las luchas de las personas que atraviesan momentos difíciles. Por ejemplo, cuando ves que un amigo está pasando por la pérdida de un abuelo, puedes recordar el momento en que perdiste a tu abuelo y cómo sentiste tener a tu madre llorando en tu hombro en ese momento. Es un recuerdo vívido que no se borra, pero te permite ponerte en el lugar de otra persona que está pasando por una experiencia similar.

En una nota más positiva, el uso de la memoria sensorial y afectiva te ayuda a sentir las emociones de alguien que está experimentando una victoria en su vida. Cuando escuchas sobre uno de tus amigos, que se ha graduado summa cum laude de su universidad, puedes recordar el día en que recibiste un premio por obtener todas A en la escuela, y eso te hizo sentir genial. Cuando has experimentado la victoria en tu vida, entonces puedes celebrar los éxitos de los demás también. Esto te ayuda a relacionarte con los demás.

Paso 7: Utiliza técnicas que aumenten la actividad cognitiva y mejoren tu memoria.

En este capítulo, vamos a adentrarnos en las técnicas que puedes utilizar para desarrollar el poder de tu cerebro para retener información esencial. Explicaremos los métodos que se utilizan para aumentar la actividad cognitiva. Permite que tu mente absorba esta información vital que te ayudará en tu vida.

1. Actividad física: haciendo ejercicio

En diciembre de 2013, los investigadores de la Escuela de Medicina de la Universidad de Boston descubrieron que la actividad física proporciona beneficios para la salud del cerebro y la cognición. El estudio de 2013 encontró que las hormonas liberadas durante el ejercicio pueden ayudar a mejorar la memoria de una persona. Los investigadores encontraron similitudes entre los niveles de hormonas y el nivel de aptitud aeróbica de una persona, que estaba relacionado con el nivel de aptitud física general de una persona. En octubre de 2013, investigadores de la Facultad de Medicina de Harvard realizaron un estudio que vinculaba el ejercicio con la actividad cerebral general. El ejercicio te permitirá hacer cosas asombrosas y obtener los resultados deseados para tu mente. El ejercicio puede aumentar tu cognición general, lo que ayuda en la memoria general y la retención de información. Esto también ha sido comprobado en niños en sus habilidades escolares. El ejercicio aumentará significativamente la capacidad de una persona para pensar con claridad y racionalidad (Bergland, 2014).

Puedes estar pensando, "¿por qué debería ir al gimnasio? ¿Qué va a hacer eso por mi memoria?" Bueno, escúchame en esto: hacer ejercicio va a impulsar tu memoria de diferentes formas. Primero, es una actividad cinestésica que activa la memoria muscular y otras cosas que te permiten recordar varios aspectos de tu vida. Cuantas más actividades hagas, más tu cerebro debe participar en el ejercicio. Además, el ejercicio es útil tanto para la mente como para el cuerpo, porque estás realizando un entrenamiento de cuerpo entero. Y cuanto más ejercicio hagas, mejores resultados verás en esta área.

Pero la verdad es que no deberías limitarte solo a ir al gimnasio como la única cosa que puedes hacer. La realidad es que hay tantas opciones disponibles para ti, en cuanto al tipo de ejercicio que puedes hacer. Puedes caminar por la calle y hacer ejercicio durante el día. Mejor aún, usa tu teléfono como podómetro y mira cuánto puedes caminar cada día. Un día promedio puede ser de alrededor de 10,000 pasos, y una vez que hayas alcanzado ese umbral, lo estarás haciendo bien. Pero cómo uses esos pasos depende de ti. Sin embargo, si haces un esfuerzo para dar al menos 10,000 pasos al día, entonces estás listo. Verás resultados, sin importar si eliges correr, caminar o hacer algún otro ejercicio aeróbico. De cualquier manera que lo hagas, puedes beneficiarte de la actividad extra. Nuestros cuerpos nos pueden llevar a muchos lugares, así que deberíamos usarlos para llegar a ellos. No solo corras hacia tu coche y hagas de eso tu transporte principal. Usa tus piernas y pies; fuiste hecho para el movimiento, ¡así que hazlo!

Estudio de caso

La mayoría de los días, Tim era un teleadicto. Prefería pasar el tiempo jugando a World of Warcraft en su computadora, y no podía dormir por las noches porque se quedaba despierto hasta las 4 am en su dispositivo. Estaba un poco adicto, por decir lo menos. Además, se estaba convirtiendo en Joe, el irresponsable de la casa, porque vivía con sus padres. Ya se había graduado de la universidad y tenía que pagar sus préstamos estudiantiles. Pero estaba desempleado. No podía conseguir un trabajo en su campo de comunicaciones masivas, aunque había estudiado mucho para eso. Tenía una deuda de préstamo estudiantil de $30,000 que estaba lentamente pagando en el plan mínimo, pero sentía que su vida se estaba estancando. El peso de Tim también aumentaba cada día. Había llegado a ser obeso y frecuentemente visitaba al doctor. El doctor le dijo: "Tim, necesitas controlar tu dieta. Tienes 28 años. También quiero que hagas algo de ejercicio. ¡Entrena! Eso es lo que necesitas hacer". Sintiéndose golpeado por esas palabras, Tim se dio cuenta de que tenía que ponerse en forma lo más rápido posible. Necesitaba hacer algunos cambios en su vida rápidamente porque estaba volviéndose obeso y se sentía realmente mal consigo mismo. Su autoestima estaba por los suelos. Pensó para sí mismo: "¿Qué estoy haciendo con mi vida? Ojalá pudiera salir de esto".

Un día, Tim fue al gimnasio. Era la primera vez en más de seis años que iba a un gimnasio. Conoció a unos cuantos hombres más, que estaban luchando con su peso, que estaban entrenando duro y lo estaban animando. Tim dijo, "Estoy buscando perder algunos kilos porque tengo sobrepeso. ¿Sabes de alguna manera en la que pueda hacerlo?" Jason, que trabajaba en el gimnasio, le dijo, "Claro, amigo. Puedes hacerlo aquí. Podemos darte un plan sobre cómo puedes encaminarte en la dirección correcta. ¿Quieres inscribirte hoy?" Aceptó hacerlo, y en menos de seis meses, pudo llegar a un peso saludable. Tim perdió 20 kilos, y se sintió genial con su cuerpo. Al final, logró bajar de peso y se sintió mejor.

2. Mantente abierto a nuevas experiencias.

Un estudio de octubre de 2013 descubrió que aprender habilidades nuevas y exigentes es una forma esencial de aumentar la memoria (Bergland, 2014). Actividades menos mentalmente exigentes como escuchar música clásica o hacer crucigramas y sopas de letras no van a proporcionar los beneficios importantes que necesitas. Lo que necesitas para mejorar tu memoria y función cognitiva en general es estar abierto a nuevas experiencias. Cuando haces cosas que están fuera de tu zona de confort, puedes lograr todo lo que te propongas, y es increíble. Salir de tu pequeña caja, donde quizás te sientas muy cómodo, es un paso esencial para el crecimiento y la madurez, no solo en términos de tu vida personal, sino también para tu vida mental. Necesitamos experimentar desafíos; es la única forma en que podemos avanzar.

Desafiar tu cerebro es una de las cosas más importantes que puedes hacer por ti mismo. Necesitas darle a tu cerebro formas de pensar más profundamente sobre ciertas cosas. Cambiar tu rutina y tomar una ruta diferente a casa es una manera en que puedes desafiar a tu mente a pensar de manera diferente. El cambio es algo que tu cerebro necesita para volver a trabajar cómo puedes hacer ciertas cosas. Como criaturas de costumbre, a menudo queremos hacer las cosas de la misma manera a la que estamos acostumbrados. Ya sea que nos demos cuenta o no, siempre estamos haciendo esto. Podemos estar haciendo inconscientemente la carrera de ratas de la vida, solo notando un pequeño detalle al mirar hacia arriba desde nuestro teléfono en el metro o en el auto.

El cambio va a ayudar a desarrollar tu cerebro más. ¿Has estado sentado en el mismo trabajo desde hace años? ¿No quieres cambiar las cosas un poco? ¿Te sientes demasiado cómodo con lo que haces? Entonces, deberías abrir tu mente para recibir nuevas experiencias. Esto hará mucho para mejorar tu cognición general y tu capacidad de pensar y razonar bien. Cambiar de trabajo o de ciudad te ayudará a llegar a donde quieres estar, no solo porque quieras estar en una posición diferente, sino también porque quieras tener una mentalidad diferente, y esto solo se puede lograr a través de cambios en tu vida que hagan una diferencia en cómo haces las cosas. Tu cerebro pensará con más claridad, y podrás encontrar soluciones a nuevos problemas que puedas tener que enfrentar en el camino. Al usar tus habilidades de creatividad, realmente puedes encontrar formas que abrirán tu mente a nuevas posibilidades.

Estudio de caso

Victoria vivía una vida normal como una milenial. Se graduó de la universidad en 2011 con una licenciatura en enfermería. Luego, pasó tres años en la industria de la salud, pero descubrió que era agotador, absorbente y muy estresante, por lo que sintió que necesitaba salir de allí. Descubrió que su vida se estaba estancando y le resultaba difícil funcionar. Déjenme añadir, Victoria había vivido en la misma ciudad toda su vida, por lo que no tenía experiencias en otros lugares porque no había decidido mudarse a otros lugares, o viajado mucho. Por lo tanto, se sentía estancada. Victoria tenía todos sus amigos; su vida social estaba prosperando. Y tenía una gran comunidad con su trabajo de enseñanza de ESL que hacía como un extra. Aparte de eso, las cosas eran bastante cómodas. Un día, Victoria se dijo a sí misma: "Sabes qué, necesito hacer algo atrevido y aventurero. No sé qué estoy haciendo con mi vida. ¡Necesito salir y experimentar el mundo!" Así que, Victoria buscó en línea diferentes programas donde podría enseñar inglés en China. Nunca había estado en China y no hablaba el idioma, pero sabía en su corazón, "¡Tengo que ir!" Además, se inscribió en el tablón de empleos de ESL y realizó una docena de entrevistas para encontrar el puesto adecuado. Consiguió un puesto en una universidad en Shanghai para comenzar en el semestre de otoño.

En agosto, se embarcó en un avión y voló hacia China. Era un mundo nuevo de experiencias para ella. Sentía que estaba saliendo de su zona de confort. Esto estaba causando un gran impacto en su vida en general. Su memoria y cognición se mejoraron, porque estaba absorbiendo todas las vistas, sonidos, olores y sabores de un lugar nuevo. Era abrumadoramente hermoso y aterrador al mismo tiempo. Pero Victoria sabía que valía la pena correr ese riesgo y aventurarse a enseñar inglés donde no conocía el idioma. Victoria tuvo dificultades al principio. Se sentía nostálgica y no podía hablar el idioma con nadie. Ella era la única que podía hablar inglés en su comunidad. Pero se sentía revitalizada por la riqueza de nuevas experiencias, las cuales creaban una memoria visual que llevaría consigo por el resto de su vida.

3. Utiliza tus habilidades artísticas y creativas.

A continuación, necesitas utilizar tus habilidades artísticas y creativas que ayudarán a tu cognición y memoria en general. A menudo, recordamos una canción o una pieza de música y podemos recordar instantáneamente cómo era. Bueno, nuestra capacidad musical puede mejorar nuestra memoria también, ya que podemos hacer cosas que nos permitirán tener una cognición mejor y más eficiente. Piénsalo. Muchas personas están tocando instrumentos musicales en estos días, y ayuda mucho a pensar con claridad sobre otras cosas en la vida. La formación musical mejora nuestra cognición general de formas profundas, ya que permitirá que nuestras mentes se expandan y crezcan.

Tocar un instrumento musical influye en cómo el cerebro puede interpretar y asimilar varias informaciones sensoriales, especialmente en niños menores de siete años. En un estudio de 2013, neurocientíficos demostraron cómo la formación musical promueve el desarrollo y crecimiento del cerebro en los jóvenes (Bergland, 2014).

Estudio de caso

Jamie amaba la música clásica. Lo había estudiado desde que era un niño pequeño. Jamie conocía a todos los famosos compositores y podía citar la música clásica que escuchaba en cualquier cafetería en un día dado. Era un joven increíblemente talentoso, pero durante su infancia, luchaba con el desarrollo de la memoria. Había desarrollado epilepsia desde temprana edad y tenía convulsiones que lo hacían temblar incontrolablemente. Se sometió a una resonancia magnética cuando tenía alrededor de nueve años, y fue en ese momento cuando los médicos determinaron que estaba sufriendo de epilepsia y rápidamente encontraron una cura para ello: tratamiento musical.

Además, Jamie comenzó a tomar lecciones de violín a los 9 años, lo cual pensaba que mejoraría su memoria. Tomaba clases de violín con su maestra, la Dra. Emily Carter, quien lo ayudaba a construir coraje y resistencia para ser un mejor violinista. Con el tiempo, Jamie aprendió el método Suzuki, que te permite estudiar piezas musicales y memorizar cada movimiento de los libros 1-6.

Debido a que Jamie tocaba el violín, su memoria muscular se mejoró. El violín es una actividad cinestésica agradable que implica movimiento, cognición y emoción al mismo tiempo. Es una forma fantástica de ejercicio. Practicaba una y otra vez hasta que podía tocar los pasajes en los que había trabajado. Con el tiempo, Jamie tocaba piezas musicales en recitales de memoria, porque había trabajado tan duro, pero también, el violín le permitía recordar todas las cosas que había aprendido. Tocar el violín creó recuerdos que lo seguirán por el resto de su vida. Y hasta el día de hoy, aún puede visualizar y recordar las piezas que aprendió, porque todas estaban guardadas en su banco de memoria a largo plazo permanente.

4. Conexiones Sociales

Un estudio de febrero de 2014 encontró que hay consecuencias al estar solo por un tiempo (Bergland, 2014). La soledad puede llevar a un deterioro psicológico y cognitivo, lo que puede causar muchos problemas de salud diferentes. Por lo tanto, es crucial que encuentres formas de conectarte con otras personas. Esto mejorará tu salud mental y cognitiva en general. Sentirte aislado de los demás puede llevar a una serie de problemas, incluida la interrupción del sueño, la presión arterial alta, el estrés y la depresión. En general, si te sientes solo, es probable que no estés disfrutando de tu vida y es mejor que salgas de ese estado lo antes posible. Estar solo puede tener algunos de los efectos adversos que fumar o beber pueden tener en tu cuerpo. No estamos destinados a vivir aislados unos de otros. En cambio, estamos destinados a formar conexiones duraderas con los demás. Por lo tanto, es crucial que encontremos formas de relacionarnos con los demás y construir relaciones duraderas que puedan ser un antídoto contra nuestra soledad.

Las conexiones sociales son buenas para nuestro cerebro porque pensamos mucho cuando hablamos con otras personas. Formamos relaciones duraderas con la gente porque hay un aspecto visual en ello, lo cual influye en cómo nos sentimos, pensamos y reaccionamos en diferentes situaciones. A medida que seguimos hablando con la gente y pasando tiempo con ellos, mejoramos nuestros recuerdos en general, porque podemos disfrutar de los momentos que compartimos con ellos, y podemos recordar los buenos momentos y olvidar los malos.

Estudio de caso: Frank

Frank era un introvertido duro. Cuando era adolescente, nunca hablaba con otros niños. Prefería pasar tiempo solo en lugar de involucrarse en relaciones significativas con sus compañeros. Tenía una timidez dolorosa. No quería admitir su debilidad, porque tenía un orgullo secreto en sus habilidades. Pero lo que Frank no se daba cuenta era de lo profundamente deprimido que estaba. No tenía amigos y se sentía muy solo. La gente notaba que no estaba comiendo y solo bebía agua día tras día. También evitaba cualquier interacción social. Luego, un día, Peter se acercó a Frank y le preguntó: "¡Oye, Frank! ¿Cómo estás? ¿Quieres juntarnos a cenar y luego ir a ver una película?" Frank estaba muy nervioso cuando respondió: "Ssssss... hmm... claro, sin problema. Me encantaría." A partir de ese momento, Frank comenzó una amistad con Peter. Pasaban tiempo juntos cada fin de semana. A veces Frank todavía luchaba con la soledad, porque pensaba que no podía relacionarse con sus compañeros. Pero a medida que crecía en su amistad con Peter, se volvía más seguro. Pronto podía conversar con sus compañeros e invitarlos a su casa, donde les preparaba la cena. Su primera fiesta fue una especie de rito de iniciación para Frank, ya que finalmente entró en la esfera de la vida social y también se benefició enormemente de ello.

A lo largo de este tiempo, Frank notó una mejora notable en sus calificaciones. Comenzó a estudiar con sus compañeros. Formaron un grupo de estudio y solían ir a la biblioteca los miércoles por la noche para estudiar. Debido a esto, Frank pasaba mucho tiempo con sus amigos. Juntos, memorizaron todas las fórmulas de química para su examen de química. ¡Fue un gran trabajo en equipo! Se divirtieron mucho juntos; fue fantástico. Y luego llegó el momento de los exámenes finales. Todos estudiaron muchísimo y se esforzaron al máximo. Frank aprobó el examen con un 95 (es decir, una A). Estaba muy feliz, porque había memorizado todas las fórmulas de química y lo había logrado con la ayuda de sus amigos.

5. Atención plena y meditación

En un estudio de 2013 en el hospital de Harvard Beth Israel, los investigadores pudieron descubrir que los cambios cerebrales que vienen con la meditación y el alivio del estrés juegan un papel esencial en la prevención de trastornos como la enfermedad de Alzheimer y la demencia más adelante en la vida (Bergland, 2014). La atención plena puede ayudarte a combatir todas estas cosas porque ayuda a que tu memoria se desarrolle más con el tiempo.

La atención plena es una práctica en la que puedes enfocarte en la meditación y permitirte mantenerte sereno en el momento presente durante un tiempo determinado. Con la meditación, descansas en la circunstancia actual, sabiendo que estás consciente de tu entorno. Es una forma de relajarse y salir del ajetreo de la vida diaria. Practicar la atención plena es una de las formas más importantes en las que puedes mejorar tu memoria, ya que puedes recordar mucho más cuando no estás estresado o lleno de ansiedad.

Al salir de tu estrés, eres capaz de experimentar una mayor libertad y autonomía para hacer lo que te gusta. Entonces, no tienes que pensar tanto en tu futuro. Estás tan enfocado en el aquí y ahora que puedes concentrarte mucho mejor, y no te sientes agobiado por el peso de las cosas en tu vida. Es vital que encuentres formas de practicar la atención plena todos los días para que puedas alcanzar tus metas en la vida y decir no al estrés.

Ha habido una conexión entre el estrés y los trastornos mentales crónicos y el declive, por lo que si podemos evitar más de eso, nos sentiremos y estaremos mejor. Es crucial que encontremos formas de reducir nuestro estrés. Aunque es una realidad siempre presente que debemos enfrentar, tenemos que mantenernos alerta o de lo contrario caeremos en la ansiedad y la desesperación, lo cual puede causar un deterioro mental crónico que puede afectarnos por el resto de nuestra vida. Por lo tanto, si deseas mejorar tu memoria y prevenir el deterioro mental más adelante en la vida, es mejor que combatas el estrés ahora en este momento de tu vida.

Estudio de caso

Kelly estaba crónicamente estresada. Siempre olvidaba sus llaves y a veces sus citas. Su agenda estaba tan ocupada que se volvía cada vez más olvidadiza. Kelly estaba muriendo bajo la ola de estrés que la estaba infectando por completo. No sabía qué hacer consigo misma. Cuando llegaba al trabajo, a menudo experimentaba sudoración y jadeo (con falta de aire). También estaba fuera de forma y con sobrepeso. Además, luchaba contra sentimientos de baja autoestima. Como Kelly estaba lidiando con su peso, también experimentaba episodios depresivos. No sabía qué hacer con su problema de memoria debido a sus frecuentes olvidos. Por lo tanto, fue a ver a su médico para ver qué podía hacer para ayudarla. Él recomendó que fuera a ver a un terapeuta que pudiera ocuparse de su situación. Así que fue a ver al Dr. Fitzgerald, que era consejero. El consejero inmediatamente recomendó que hiciera meditación guiada todos los días para aumentar su memoria y reducir su estrés. Kelly comenzó a meditar durante una hora todos los días. Fue increíble. Pudo sentir los resultados en su mente de inmediato. Practicaba en su habitación todos los días y podía ver que las cosas iban mejorando. Cada día se sentía más optimista, viendo la luz del día surgir de la oscuridad. Era asombroso. Luego, muy pronto, Kelly comenzó a practicar ejercicios mentales recomendados por su médico para aumentar su memoria fotográfica. Poco después, nunca más olvidaba sus citas. Siempre recordaba dónde había puesto sus llaves. Muy pronto, dejó de ser Kelly olvidadiza y se convirtió en Kelly consciente, que estaba continuamente al tanto de sus circunstancias actuales. En el trabajo, comenzó a sentirse menos estresada y más calmada. A veces se sentía bajo presión, pero aun así pensaba que era capaz de manejar cualquier cosa que se le presentara porque crecía en confianza y fuerza. Fue un gran testimonio de su sanación.

6. Reducir la ansiedad y el estrés

Finalmente, una de las cosas más importantes que puedes hacer por ti mismo para aumentar tu memoria es reducir el estrés que hay en tu vida. Nuestro estrés afecta nuestra capacidad para funcionar y hacer las cosas de manera efectiva. Cuanto más estresados estamos, más propensos somos a enfermar y sentirnos generalmente mal. Ahora bien, concedido, no puedes deshacerte de la mayoría del estrés en tu vida. Continuamente tenemos que luchar contra él en nuestras vidas. Pero lo que podemos hacer es decir "no" a situaciones estresantes que nos están dañando y causándonos sentir miserable acerca de nosotros mismos. Necesitamos encontrar formas de deshacernos de la ansiedad general que impregna nuestra sociedad moderna actual. Demasiado de nuestro mundo está gobernado por el caos y el desorden. El miedo al otro, que se utiliza en la filosofía moderna, nos hace pensar como Sartre en que "el infierno son los otros", por lo tanto, queremos volverte reclusivos y escondernos en nuestras cavernas.

Sin embargo, lo que debemos hacer es deshacernos del estrés innecesario que carga nuestras vidas. Nuestras vidas están gobernadas por la ocupación, de manera que no podemos hacer todas las cosas que queremos hacer. Llenamos nuestros horarios hasta el tope con actividades, eventos, trabajo, entre muchas otras cosas. Es una lástima que siempre estemos experimentando el dolor y la ansiedad de nuestra vida; sin embargo, no es suficiente seguir pasando por ello. Entonces, sufrimos y sufrimos aún más.

Lo que me gustaría recomendar a todos los que quieren mejorar su memoria fotográfica es que se detengan. ¡Detente! ¡Espera un momento! No sigas adelante. Nuestra sociedad nos exige "¡Ve! ¡Ve! ¡Ve!" Pero quiero que te detengas, mantengas ese pensamiento y respires profundamente. Aguanta y luego exhala. Permítete relajarte y desintoxicarte. Es vital para tu bienestar general. Tienes que ser amable contigo mismo e intentar hacer cosas que te traigan mayor felicidad. Sé amable contigo mismo y permítete estar lleno de alegría.

A medida que te relajas, te darás cuenta de que estás tomando el control de la situación actual y puedes respirar con más facilidad. No estarás cargado por las dificultades y desafíos de tu vida. En cambio, estarás motivado y empoderado para hacer cosas grandiosas. Y tu memoria será más precisa que nunca porque no tendrás todo ese estrés nublando tu juicio. Finalmente, descubrirás que reducir el estrés será el mejor paso para ti en tu lucha por salvar tu memoria del deterioro y la disfunción cognitiva.

Estudio de caso

María tenía ataques de pánico con frecuencia. Se sentaba en el borde todos los días. Como resultado, estaba esperando que algo malo le sucediera. Vivía con miedo de cometer errores la mayoría de los días. Y efectivamente, empezó a cometer un montón de errores en su trabajo, porque se estaba excediendo con la cafeína y no dormía lo suficiente por la noche. Su trabajo le estaba causando mucha ansiedad. En consecuencia, no podía recordar la mayoría de las cosas en su agenda. Su memoria a corto plazo experimentaba lagunas, por lo que no podía usar nada más que su memoria de trabajo, que caducaba todos los días. Afortunadamente, María estaba trabajando en proyectos secundarios que pensaba podrían sacarla adelante. Pero pronto se dio cuenta de que su trabajo la estaba matando. Le estaba causando tanto estrés y ansiedad. Tampoco le gustaban sus compañeros de trabajo. Eran negativos y le causaban mucha tristeza.

Un día, María tuvo una epifanía. Se dió cuenta de algo y se dijo a sí misma, "¿Qué estoy haciendo con mi vida? Parece que todo se está cayendo a pedazos. No puedo seguir así en mi trabajo. Necesito perseguir mi sueño, abrir mi propio negocio. Eso es lo que quería hacer antes. Ya he ahorrado suficiente dinero. ¿Por qué no renuncio a mi trabajo y comienzo mi negocio? Me ayudará mucho. Me sentiré mucho mejor y me quitaré ese estrés de encima." Eso es exactamente lo que María hizo. Renunció a su trabajo y abrió su propio negocio. Fue una de las experiencias más aterradoras e inolvidables de su vida, pero María sabía que iba a disminuir enormemente su nivel de estrés, por lo que no tendría que preocuparse por los demás y sus opiniones sobre ella.

Abrir su propio negocio fue una gran decisión para María, porque podía pensar con más claridad sobre sus metas y estaba menos ansiosa por el futuro. Además, tenía una mejor memoria en general de las cosas, lo cual era una gran ventaja. Dado que ya no luchaba con la ansiedad, podía hacer todas las cosas que planeaba hacer sin preocuparse. Bastante pronto, sus habilidades cognitivas en general se vieron afectadas de manera positiva para que pudiera completar sus tareas y trabajar en su negocio en la comodidad de su hogar. Trabajar desde la oficina en casa le permitió concentrarse y hacer más cosas, y podía tener más tiempo flexible para pasar consigo misma. Al final, estaba feliz y sentía que su memoria estaba más clara que antes.

7. Escucha música clásica o toca un instrumento.

Una de las formas de aumentar la capacidad de nuestra mente para recordar es escuchando música. El género que parece aumentar la actividad cognitiva de nuestro cerebro es la música clásica. Por lo tanto, si estás buscando algo para escuchar, mantén un oído atento a Beethoven, Mozart o Schumann. Permítete empaparte de los sonidos de los instrumentos, incluyendo cuerdas, metales y percusión. Enfócate en las diferentes secciones de la pieza musical, y serás capaz de recordar diferentes partes. La música clásica aumenta la concentración de nuestra mente para que podamos completar las tareas que tenemos frente a nosotros. Cuanto más llenemos nuestra mente de pensamientos positivos y actividad cerebral aumentada, más claro podemos pensar en las cosas. Y eso nos permite tener una mejor memoria que puede recordar detalles.

Si pensamos en "Los Planetas" de Gustav Holst, podemos imaginarnos transportados a otra época, a una era pasada. Mientras escuchamos "Júpiter", experimentamos una teleportación a una zona donde somos conscientes de las cosas que nos rodean y pensamos en los anillos de Júpiter y la emoción del espacio exterior. También escuchamos un famoso himno en el medio, que nos recuerda a la vieja Inglaterra. Hay muchas imágenes que podemos tener mientras escuchamos "Los Planetas" de Holst, lo que nos brinda un recuerdo aún más brillante de las cosas.

Cada vez que escuches música clásica, permítete pintar imágenes de una escena o un concierto en la mente, y piénsalo. Luego, cuando la escuches de nuevo, podrás imaginarte en esa situación. El efecto de la música clásica mejorará significativamente tu imaginación y memoria para que puedas recordar cosas.

Estudio de caso

Durante años, Whitney tocó el violín. Pasó años mejorando su técnica de interpretación. Además, pasó por la Escuela de Violín Suzuki, lo que le permitió aprender de manera más efectiva y memorizar todos los pasajes que tenía que tocar. Al memorizar los pasajes, su memoria aumentó significativamente y pudo imaginar diferentes cosas ocurriendo en su interior.

En su propio tiempo, Whitney escuchaba las "Cuatro Estaciones", y memorizaba diferentes pasajes del concierto "Primavera". Escuchaba constantemente la música y la tenía grabada en su mente. Después de un tiempo, pudo tocar la pieza de memoria. La memorizó para una audición en la Escuela de Música Juilliard. Whitney audicionó con el concierto "Primavera", y fue aceptada en la escuela de música con una beca completa, para que pudiera asistir sin pagar matrícula. Fue una experiencia fantástica.

Paso 8: Toma medidas para aumentar la alerta mental.

En este octavo paso, hablaremos sobre cómo puedes tomar medidas adicionales para aumentar tu alerta mental y tener más poder de memoria para apoyar tu memoria fotográfica (Alban, 2019).

Para tener una mente activa y positiva, necesitamos aumentar nuestra alerta mental, lo que nos permite estar despiertos todo el tiempo. A menudo, estamos somnolientos porque no dormimos lo suficiente, o nos sentimos aturdidos por haber dormido demasiado. Algunas personas no pueden abrir los ojos por la mañana porque bebieron demasiado la noche anterior. En cualquier caso, es esencial que encontremos formas de aumentar nuestra alerta mental, que disminuye a medida que envejecemos. Cuando envejecemos, perdemos la energía vital que teníamos en nuestra juventud y necesitamos más sueño para restaurar nuestros sistemas. Ahora veamos algunas maneras en que podemos aumentar nuestra fuerza y resistencia mental para poder sobrellevar cualquier situación que enfrentemos.

1. Hidratación

Porque nuestros cuerpos están compuestos principalmente de agua, necesitamos alimentarlo continuamente con líquidos durante el día. Es crucial que le proporcionemos suficiente agua para mantener un estado de equilibrio y sentirnos en nuestro nivel óptimo. Si no bebemos suficiente agua, nos deshidrataremos, lo que afecta no solo a nuestro cuerpo físico sino también a nuestra capacidad cognitiva para funcionar. De hecho, podemos perder concentración cuando estamos deshidratados y experimentar síntomas que imitan la demencia. Puede ser muy peligroso para tu cuerpo cuando no bebes lo suficiente. Podemos pasar largos períodos sin comida y no hay problema. Pero no podemos sobrevivir más de tres días sin agua. Por lo tanto, debemos mantenernos hidratados en todo momento si queremos estar en el lugar correcto. Esto es especialmente cierto si estamos haciendo ejercicio y necesitamos utilizar aproximadamente el 10% de los líquidos de nuestro cuerpo a través de entrenamientos intensivos. Intenta beber lo más posible.

Sé que a la mayoría de las personas no les gusta beber agua pura porque es aburrida y no proporciona un sabor refrescante que a la mayoría de las personas les gusta. En cambio, no tiene sabor pero se siente fresca. Si no quieres beber demasiada agua, entonces prueba un jugo de frutas, una bebida deportiva o té en su lugar. Hay muchas opciones de líquidos que podrían calificar para reponer tu cuerpo con el líquido necesario que puedes consumir cada día. No necesariamente tiene que ser agua. Aunque el café puede deshidratarte, también puede ser utilizado como un líquido en tu dieta para ayudarte, mientras te refrescas cada día.

Estudio de caso

Leo era corredor. Le encantaba salir al exterior y correr. Pero desafortunadamente, no consumía suficiente agua, por lo que experimentó deshidratación. Un día, casi colapsó. Tenía moretones rojos que aparecían en su piel en áreas deshidratadas. Casi tuvo que ir a la sala de emergencias para reponer los fluidos de su cuerpo. Fue una vista aterradora. Leo reconoció después de ese incidente que tenía que reponer su cuerpo cada día y beber más agua porque de lo contrario, no sería capaz de funcionar cognitivamente. Leo también tuvo problemas para concentrarse en la escuela en ese momento, porque no había bebido suficiente agua. En consecuencia, no podía estudiar bien y tenía calificaciones terribles. Después de empezar a beber más agua, Leo sintió que podía concentrarse mucho mejor y sus calificaciones mejoraron. Fue un buen resultado de la hidratación.

2. Observa la cafeína

Todos podemos consumir cafeína en un día dado. Es una maravillosa creación de la que nos beneficiamos porque ayuda a mitigar los efectos de una noche sin dormir. La mayoría de las personas en América aman tomarse un par de tazas de café cada mañana. Se ha demostrado que el café puede mejorar nuestro rendimiento cognitivo, así que si bebemos más, veremos mejores resultados. Por otro lado, si bebemos demasiado, experimentaremos más deshidratación, nos sentiremos somnolientos y nos desplomaremos a mitad del día. Además, es vital que tengamos cuidado con la cantidad de cafeína que ingerimos cada día. Puede causar problemas con el sueño y hacer que sea más difícil conciliar el sueño por la noche.

La cafeína también puede ponernos nerviosos y mantenernos despiertos por la noche. Piense cuánta cafeína podría consumir antes de una presentación en una conferencia. Puede ponerse tan nervioso que comience a temblar y sudar. La cafeína también puede causar falta de aire, en cuyo caso no podemos mantener nuestra concentración en situaciones de alto rendimiento. Por lo tanto, deberías quedarte con una botella de agua, para que no te sientas nervioso y no tengas que correr al baño cada cinco minutos (Alban, 2019).

Además, los efectos cognitivos de la cafeína se desvanecen con el tiempo, lo que hace que tengas un bajón a mitad del día. En consecuencia, no puedes concentrarte y sientes la necesidad de tomar una larga siesta para sentirte mejor. Dormir será una de las cosas más importantes que puedes hacer para que tu memoria se encuentre en su mejor momento.

Estudio de caso

En un día determinado, Sharon solía beber de 5 a 8 tazas de café. Iba a Starbucks por lo menos tres veces al día y continuaba bebiendo más café en la oficina a lo largo del día. Ella era una "cafeinómana". Solía decir: "¡Despierta y huele el café, gente! ¡Es un día nuevo! ¡Estoy lista para enfrentar al mundo!" Sharon lograba hacer mucho en el trabajo, porque continuamente se tomaba su taza de café, y era evidente que estaba haciendo mucho. Pero en su interior, siempre estaba temblando, porque no había dormido lo suficiente la noche anterior. Su adicción estaba afectándola cada vez más, porque se desplomaba en casa después de cada día de trabajo. La cafeína se desvanecía y la hacia quedarse dormida profundamente. Y luego se despertaba de la siesta y permanecía despierta hasta las 3 de la madrugada. Esto continuó intermitentemente durante mucho tiempo. Al principio, no causaba problemas, pero bastante pronto, la hacía llegar tarde al trabajo porque posponía la alarma y se despertaba tarde, y se estaba enfermando porque su cuerpo estaba en sobrecarga, sin embargo, no podía detenerse. Eventualmente, su cuerpo no pudo soportarlo más.

Después de enfermarse, Sharon fue a ver a su médico, quien le dijo que necesitaba dejar de beber cafeína durante dos meses. Quería que su cuerpo se desacostumbrara de toda esa cafeína que controlaba su mente y cuerpo. Le dijo a Sharon, "Creo que la cafeína se ha apoderado de ti, y ya no eres tú quien habla, sino la cafeína. Debes tener cuidado la próxima vez y no excederte. Esto también ayudará a que tu memoria esté en su mejor momento." Así que Sharon lo intentó. El régimen fue agotador para ella. Cada día era una lucha que tenía que librar, pero lo logró. Luego, después de dos meses, pudo volver a tomar café y limitarse a solo dos tazas al día. Al final, pudo restaurar su concentración y productividad en el trabajo.

3. Pierde el GPS y Encuentra Otras Formas de Regresar a Casa

Debido a que tenemos un sistema GPS en nuestros dispositivos móviles, nos hemos vuelto más perezosos porque todo lo que tenemos que hacer es buscar nuestro destino en nuestros dispositivos y nos guiará hacia él. Por supuesto, esto nos ha facilitado ir a cualquier parte del mundo. Nos volvemos menos propensos a perdernos porque utilizamos el sistema de navegación en nuestro teléfono para ayudarnos a movernos. Al mismo tiempo, hemos perdido nuestro sentido de una brújula humana personal, que puede determinar en qué dirección ir. Han desaparecido los días en los que dependíamos de un mapa para llegar a cualquier parte. No es necesario memorizar nada porque toda la información está disponible para nosotros a través de Internet. Sin embargo, con esta constante dependencia de la tecnología GPS, nuestras mentes se vuelven más embotadas y menos propensas a recordar cosas. Nuestra memoria espacial-visual se ve afectada, y puede llevar a la disminución de nuestro cerebro, como resultado de no utilizar los poderes de la imaginación que son responsables de ayudarnos a recordar dónde están las cosas (Alban, 2019).

Si quieres mejorar tu memoria, apaga el GPS y trata de mirar un mapa o señales en la carretera para determinar cómo llegar a tu destino. Intenta encontrar una forma alternativa de regresar a casa desde un lugar desconocido. Si haces esto, harás cosas increíbles para tu cerebro, porque estarás utilizando las capacidades cognitivas de concentración que se enfocan intensamente en los diferentes marcadores que tu mente ha trazado para navegar hacia tu destino. Es muy beneficioso para ti. Así que, ayuda a tu cerebro y apágalo.

Estudio de caso

A Mark le encantaban los viajes por carretera con sus amigos. Muchas veces, recorría el país para conocer diferentes lugares y destinos. Un verano, él y sus amigos condujeron desde Cleveland, Ohio hasta Seattle, Washington. Les llevó alrededor de 36 horas hacer todo el viaje con paradas en el camino y algunas noches en hoteles. Pero Mark tenía una debilidad. Tenía dificultades con la navegación. Como resultado, no podía leer mapas y tenía que depender mucho de su GPS para llevarlo a donde necesitaba estar. En lugar de disfrutar del paisaje de a donde iba en estos viajes por carretera, se enfocaba en su GPS todo el tiempo.

Los amigos de Mark le dijeron: "¡Colega! Necesitas deshacerte del GPS. No te está ayudando a conducir de manera más efectiva. Solo te quedas mirando el GPS. ¿Por qué no usas un mapa o miras las señales?" Mark decidió escuchar tercamente su consejo y se deshizo de su GPS. Al principio, le costó encontrar su camino hacia los lugares, porque se había vuelto dependiente de la tecnología para llevarlo a todas partes. Pero muy pronto, Mark estaba usando su cerebro en lugar de la tecnología. Reconoció que podía encontrar soluciones creativas a sus problemas en lugar de confiar en que el GPS pudiera hacerlo todo por él. Al final, llegó a los lugares a donde necesitaba ir.

Hasta el día de hoy, Mark no utiliza un GPS. En su lugar, memoriza un mapa y crea un palacio de la memoria en su mente, lo que le permite recordar detalles mientras conduce. Utiliza visuales como señales en la carretera para ayudarlo a llegar a su destino. Esto ha marcado una enorme diferencia en su vida.

4. Seguir un hobby

Además de perder el GPS, debes buscar algo que te brinde alegría y pasión. Encuentra algo que te motive. ¿Qué es lo que te levanta por la mañana y te mantiene en marcha en la vida? Encuentra algo que puedas seguir haciendo por un período prolongado. La socialización puede estar incluida en eso. Tal vez te gusta pintar. Únete a una clase de pintura. O tal vez quieras cantar. Únete a un coro. Quizás te guste leer y escribir, entonces podrías intentar unirte a un club de lectura o un club de escritores. Haz cosas que te ayuden a mejorar en lo que quieras hacer con tu vida (Alban, 2019).

Encontrar tu pasión te va a ayudar con tu memoria, también, porque cuando amas lo que haces, recordarás las cosas mucho más fácilmente. Si estás haciendo cosas que no te interesan o que no te dan alegría, pensarás para ti mismo, "Bueno, olvídalo. Es basura total." Hacer el mismo trabajo de siempre que no trae beneficios, excepto un cheque de pago, puede drenar la energía de ti y dejarte agotado. Por lo tanto, es vital que encuentres formas de liberar tu creatividad y hacer cosas que te hagan más feliz.

Estudio de caso

Annelies trabajaba en una organización de turismo en París. Le encantaba ir en bicicleta al trabajo, algo que muchos holandeses hacían en los Países Bajos. Annelies era muy aficionada a viajar y disfrutaba visitando nuevos lugares y conociendo gente nueva. Annelies ama las nuevas experiencias y tomar riesgos. Había viajado a casi todos los países de Europa. Su objetivo era visitar todos para el 2020, así que actualmente está trabajando en este objetivo. Aún no ha visitado los países bálticos, que a menudo son poco visitados por muchas personas. A pesar de estar soltera y no tener novio, le encanta socializar con otros y a veces va a los bares de expatriados.

Lo que le ha dado una memoria colectiva de su experiencia es el viaje que ha hecho a lo largo de los años. Vivir en el extranjero como expatriada le ha dado un lugar para vivir lleno de aventuras. Ningún día es igual. Annelies siempre está aprendiendo y creciendo. Ser residente de otro país es difícil, especialmente para una persona que lo está haciendo sola, por lo que la hace una mujer valiente. Ha soportado muchas dificultades en los últimos años, habiendo perdido a su novio por cáncer y el divorcio de sus padres. Pero Annelies sigue siendo fuerte y centrada. No se dejará llevar por el viento cuando los tiempos se pongan difíciles. Sabe que ha pasado por momentos difíciles, pero puede superar todo lo que la vida le presente porque es resiliente y trabajadora.

Annelies es muy perspicaz y recuerda detalles vívidos. Haber viajado y hablado diferentes idiomas, le hace pensar mucho y su cerebro está constantemente trabajando, lo que le permite mejorar sus habilidades. También le ayuda con sus habilidades motoras finas. Esto le ayuda a andar en bicicleta de manera efectiva y a estar atenta a los vehículos en la carretera.

Annelies ha desarrollado su pasión por viajar. Su hobby la ha llevado a muchos lugares. Está encantada con su vida porque ha descubierto nuevos lugares y personas, y le ha ayudado a recordar todas las experiencias que ha tenido. Aunque su memoria no es perfecta, todavía puede recordar muchas cosas, lo que le ayuda a vivir una vida significativa, llena de relaciones duraderas. Su vida está llena de un hermoso edificio de conocimiento y educación que perdurará toda la vida.

Paso 9: Habilidades de estudio: en qué puedes trabajar ahora para aumentar tu memoria fotográfica

En este capítulo, vamos a discutir varias habilidades de estudio diferentes que puedes aplicar a tu vida para poder aumentar tu memoria fotográfica (Leyden, 2019). Estas técnicas te ayudarán mientras estudias para un examen, haces trabajos escolares o completas varias tareas que requieren el uso de tu cerebro. Vamos a sumergirnos.

1. Repetición Espaciada

La mayoría de las personas saben que la memorización mecánica no es la forma de estudiar para tu próximo examen. Muchas personas intentan memorizar palabras en una página simplemente mirando fijamente el papel y luego, cinco minutos después, son incapaces de recordar lo que ya habían aprendido. En lugar de depender únicamente de la memorización mecánica para llegar a donde necesitamos estar, hay otras formas que permiten a los estudiantes recordar las cosas que necesitan saber. Una de estas formas es la repetición espaciada.

La repetición espaciada requiere que el estudiante estudie

continuamente el vocabulario y otro contenido durante un período prolongado utilizando tarjetas de estudio, aplicaciones y otras herramientas para ayudar con el aprendizaje. La repetición espaciada ayuda al estudiante a repasar el material que aprendió en clase y hacer un seguimiento de cada lección. La gente utiliza este método todo el tiempo al revisar palabras cuando están memorizando. Es un método útil porque puedes actualizar tus conocimientos y seguir estudiando hasta que recuerdes lo que has aprendido en clase. La repetición espaciada se realiza de tal manera que puedes reconocer el vocabulario paso a paso y no todo de una vez, como suele ocurrir con la memorización intensiva.

¿Por qué es perjudicial el atiborramiento para tu cerebro? Los adolescentes coreanos son conocidos por estudiar y memorizar material que se les presenta delante de ellos. Estudian, estudian, estudian, luego toman la prueba, y una vez que está hecha, olvidan todo lo que aprendieron. Es casi como si no hubieran aprendido nada en el proceso. Es triste que muchas personas olviden todo lo que aprendieron después de la prueba, como si nunca hubieran aprendido el material en primer lugar. Piensa en las personas que estudian para el GRE, TOEFL, SAT u otros exámenes estandarizados y después de la prueba olvidan cientos o incluso miles de palabras que "adquirieron" en sus sesiones de atiborramiento. Desafortunadamente, ese es el caso para muchas personas en los Estados Unidos también.

En lugar de atiborrar toda esa información en tu cerebro, es útil dar un poco de espacio a las cosas, para poder gestionar cómo estudias y hacer un poco cada noche. Nuestras mentes solo pueden consolidar tanta información a la vez antes de sobrecargarse. Como resultado, no pueden procesar información en muy poco tiempo. Nuestra memoria a corto plazo solo puede retener una cierta cantidad de datos antes de que sea imposible retenerlos. Por lo tanto, es vital darte un respiro a veces, para contrarrestar la sobrecarga de información que siempre experimentamos cuando estamos estresados.

Estudio de caso

Adam estaba estudiando para el GRE, y compró un libro de revisión que le permitió ver todos los materiales que necesitaba repasar. Se dio cuenta de que sus conceptos matemáticos eran deficientes y que necesitaba compensarlo memorizando diferentes fórmulas y problemas. Adam había escuchado sobre la repetición espaciada en un taller en su escuela, donde pudo obtener algunas ideas para mejorar sus habilidades de estudio. Estudió durante tres meses para el GRE, y todos los días practicaba problemas de matemáticas que aparecerían en el examen. Pasó una semana mirando problemas de geometría, y los practicaba todos los días. Luego, iba en línea y tomaba exámenes, que se calificaban instantáneamente para que pudiera recibir retroalimentación de inmediato. Utilizaba tarjetas de memoria y aplicaciones para ayudarle a recordar los conceptos clave que estaba usando para resolver los problemas. Aunque era difícil para él, aun así lograba resolver todos los problemas cada día. Además, contrató a un tutor para que le ayudara a llenar los vacíos de su conocimiento. Su tutor le ayudó a practicar con frecuencia para que pudiera recibir más retroalimentación y una mayor asistencia en el estudio para el examen. Después de tres meses, Adam se sintió más seguro, porque podía recordar los temas matemáticos que había estudiado con facilidad. Estaban grabados, no solo en su memoria de trabajo, sino también en su memoria permanente, así que fue una forma efectiva de estudiar para el examen. Adam utilizó una variedad de métodos para recordar palabras y fórmulas.

Cuando llegó al examen, pudo resolver los problemas fácilmente en el tiempo dado y aprobó el examen.

2. Utilice sus aplicaciones para Smartphone, incluyendo Study Blue y Memrise.

La segunda cosa que debes hacer es usar aplicaciones en tus teléfonos inteligentes, como Study Blue y Memrise. Estas aplicaciones permiten a una persona utilizar la tecnología de repetición espaciada para estudiar en cualquier momento y en cualquier lugar, donde haya internet. Puedes descargar las aplicaciones en tu teléfono inteligente o computadora. Las aplicaciones son particularmente útiles si eres profesor y quieres usar tecnología en tu clase. Para muchos cursos, los profesores pueden utilizar la tecnología de repetición espaciada para crear juegos de memorización, en los que los estudiantes individuales y grupos pueden practicar memorizando vocabulario. Usando aplicaciones como Study Blue, los estudiantes pueden divertirse conociendo las diferentes palabras que adquieren con el tiempo.

Study Blue y Memrise también se pueden compartir con toda una clase. El maestro o profesor puede hacer una lista de palabras y luego compartirla con toda la clase a través de sus teléfonos inteligentes, para que los estudiantes puedan estudiar en casa y hacer toda la memorización en la comodidad de sus habitaciones. Ayudará a los estudiantes a afianzar la información en sus mentes, a medida que practican la repetición espaciada en sus dispositivos.

Estudio de caso

William tenía dificultad para memorizar información. No era bueno en la memorización mecánica, porque cuando tomaba exámenes de vocabulario durante su clase de inglés, siempre fallaba. Quería estudiar justo antes, pero inmediatamente al mirar un papel, olvidaba la información presentada, como si nunca hubiera mirado las palabras. William habló con su profesor de inglés sobre encontrar maneras de aumentar su vocabulario y desempeñarse bien en los exámenes. Su profesor, el Sr. Kyle, le dijo que necesitaba utilizar ejercicios de repetición espaciada para mejorar en la memorización de vocabulario. Así que, Kyle lo invitó a Studyblue para usar las tarjetas que se estaban utilizando en clase. El Sr. Kyle se dio cuenta de que los estudiantes como William necesitaban herramientas de autoestudio en casa, así que las puso a disposición de todos los estudiantes y las repartió gratuitamente. Ayudó mucho con la confianza de los estudiantes. Se lanzaron a estudiar y se divirtieron mucho. Toda la clase estaba obteniendo calificaciones superiores al 90% en los exámenes de vocabulario porque practicaban lo suficiente mientras estudiaban en casa.

3. Para clases de idiomas, toma pruebas de vocabulario en línea para autoestudio.

Normalmente, encontrarás que muchas personas estudian vocabulario en clases de idiomas extranjeros, donde es necesario memorizar muchas palabras. El vocabulario necesita ser evaluado continuamente en el aula para asegurar que los estudiantes estén aprendiendo correctamente los textos que están estudiando. Hacerlo en línea es una excelente manera de motivar a los estudiantes a estudiar duro porque pueden verificar su progreso y ver sus resultados inmediatamente. Encontrar los recursos en línea adecuados permitirá que tu clase tenga un buen rendimiento en poco tiempo.

Además de las pruebas en línea, deberías intentar usar las palabras o conceptos de tus listas en una oración o en un contexto específico para afianzar todo en tu mente. No es suficiente depender únicamente de tu memorización de la palabra sin algo de contexto. Rápidamente lo olvidarás si no lo utilizas en una oración. Por lo tanto, es crucial que encuentres maneras de integrar el estudio del vocabulario de manera práctica para que puedas verlo en acción todo el tiempo.

Estudio de caso

Joyce tuvo dificultades para recordar todo el contenido de vocabulario que había adquirido en su clase de francés, así que quiso encontrar una forma de recordarlo mejor. Sabía que estudiar de manera intensiva no era la forma correcta, pero le costaba encontrar algo que funcionara para ella. Le pidió a su profesor que la ayudara a encontrar una forma de mejorar su vocabulario. El profesor le dijo que buscara en línea y encontrara cuestionarios de vocabulario que ella misma pudiera diseñar y resolver. Joyce buscó en línea y descubrió una forma de preparar un examen de vocabulario y luego tomarlo. Esto la ayudó mucho. También mejoró su rendimiento general en clase; así que fue un éxito.

4. Dibuja imágenes de historias y los conceptos que estás estudiando.

Una cosa que quizás creas que es infantil es dibujar una

imagen de las diversas historias y conceptos que estudiamos en la escuela. En la escuela primaria, probablemente hacíamos esto a menudo. Sin embargo, cuando dibujamos una imagen, podemos echar un vistazo a nuestras imaginaciones. Cuando imaginamos lo que aprendemos, entonces podemos recordar las cosas mucho mejor. ¡No te sientas avergonzado si disfrutas dibujando imágenes! ¡Hazlo por tu memoria! Puedes recordar las historias que aprendes en la clase de literatura si juntas un storyboard. Te ayudará a visualizar todo. Y luego, tal vez un mes, un año, o tres años después, tendrás el recuerdo de esa imagen por el resto de tu vida. Eso no sucede de la misma manera cada vez, pero podría resultar útil para tu memoria en general.

Estudio de caso

Una artista de profesión, a Colleen le encantaba dibujar imágenes. En la escuela, se aburría fácilmente, así que a menudo dibujaba en su cuaderno. A veces, hacia garabatos de su maestra. Otras veces, dibujaba las diferentes experiencias en su vida. Tenía habilidad para esto y siempre le gustaba dibujar imágenes únicas de las diversas cosas que estaba estudiando. Cuando llegaba el momento de trabajar en grupo, Colleen siempre quería sentarse sola y dibujar por su cuenta. Era bastante introvertida, por lo que el trabajo individual nunca fue un problema para ella. Un día, su maestra le dijo, "Colleen, quiero que compartas tus dibujos con tus amigos. Pueden interpretar tu imagen y ver si corresponde con lo que estamos leyendo. ¿Qué te parece?" Colleen respondió: "Está bien, haré lo que dice la maestra." Colleen nunca se arrepintió de ese momento después de que empezó a hablar con sus amigos. Inmediatamente se emocionó con ello. Sus amigos comenzaron a escuchar lo que ella decía acerca de las historias de la clase. Describió cada detalle de la historia, tal como la había dibujado, lo cual coincidía con lo que los estudiantes habían estado leyendo. Fue increíble. Colleen estaba orgullosa de sí misma. Sabía que tenía grandes ideas para compartir sobre los textos que la clase estaba viendo y quería compartirlos con los demás. Esto la hizo crecer como estudiante, y también ayudó a otros estudiantes.

5. Recitar un texto para recitales de poesía y otras competencias.

Para entrenar tu memoria como un profesional, convierte la memorización en algo que puedas disfrutar con competencias, como competencias de poesía y concursos de memorización. La recitación puede ser una forma divertida de memorizar con tu clase, grupo de amigos u otro círculo. Mejor aún, puedes ofrecer algún premio o incentivo para que sea más motivador y menos temido por todos.

Cuando lees algo en voz alta, involucra tu corazón y mente en el texto que estás leyendo. Puedes memorizar incluso mejor cuando conoces el libro de memoria. Recordar tanto la versión escrita como la hablada del texto va a ayudar mucho a tu memoria para que puedas compartir tus ideas con los demás. Te va a dar mucha más confianza para lograr tus metas. Además, te instamos a probar esta técnica mientras estás memorizando un guion o poema. Te ayudará a ser más asertivo y apto para enfrentar cualquier desafío que se presente.

6. Usa un gancho mnemotécnico para recordar cosas por lo que rimen con ellas

Si quieres mejorar en memorizar cosas para un examen, intenta hacer que cada palabra rime con un número. Puedes asignar estos números como una especie de código secreto con el que trabajar diariamente. Veamos algunos ejemplos.

1 = hijo

2 = a través

3 = ver

4 = más

5 = prosperecer

6 = palitos

7 = Kevin

8 = estado

9 = bien

10 = cuándo

Pero ¿cómo harías conexiones al hacer una lista de compras, por ejemplo? Si estuvieras creando una lista para ir a la tienda pero la olvidaste, ¿cómo podrías recordar? Piensa en formas de enlazar tu lista utilizando imágenes como estas:

Huevos: Imagina el amanecer sobre un lugar nevado o huevos que se están cocinando al estilo "sunny side up".

Cebollas: Piensa en animales teniendo una guerra entre ellos y usando granadas de cebolla.

Zanahoria: Imagina un rifle disparando balas de zanahoria.

Bacon: Piensa en frutas de tocino en un árbol.

Al visualizar las imágenes en tu lista, entonces puedes recordar lo que pensaste que habías olvidado. Usa estos enlaces para retener la mayor cantidad de información posible.

7. Bajar el ritmo de estudio

Cuando estás estudiando para diferentes pruebas, es mejor ralentizar lo más posible y aprender menos cosas. Puede ser tentador tratar de memorizar tantas palabras como sea posible en un momento dado, pero los estudios han demostrado que menos es más cuando se trata de estudiar. Cuando puedes repasar y aprender más en ese corto período, te ayudará en tu retención general. ¿Quién quiere estudiar tanto cuando pueden estudiar solo un poco a la vez? Entonces, pueden recordarlo todo. Veamos un estudio de caso de esta técnica.

Estudio de caso

Kane siempre pensó que tenía que estudiar duro para ingresar a la universidad. Solía estudiar de forma intensiva para cada examen. Falló cinco veces de cada diez porque no podía repasar el material y retenerlo. Su cerebro no podía manejar la memorización del contenido. No se dio cuenta de que tenía que hacer un poco cada día para que se quedara en su mente. Kane contrató a un tutor para que lo ayudara a memorizar la información. El tutor le dio todo lo que necesitaba saber al respecto. Kane luego comenzó a tomar 10 palabras cada día y a utilizar varias técnicas de estudio para ayudarlo a memorizar para sus exámenes. Luego, agregaba unas cuantas palabras más cada día. Poco a poco, aprendió el contenido. Para el momento en que tenía que tomar el examen, sabía todo y comenzó a obtener un 100% en todas las tareas. Fue fantástico, todo gracias a su tutor, que lo ayudó fielmente.

8. Mira un documental sobre el tema que estás estudiando.

Una excelente forma de aprender sobre algo es ver un documental sobre el tema. Los documentales te permitirán ver toda la historia si se trata de historia. Entonces, puedes recordar los detalles clave de la historia y podrás ver la recreación real de la misma. Esta técnica es especialmente útil para los estudiantes que no pueden visualizar situaciones por sí mismos. Cuando puedes depender de la imaginación de otra persona, entonces puedes tener una mejor idea de las cosas que estudias. Cuando tengas dudas, o cuando tengas dificultades para formar una imagen mental de lo que estás estudiando, ingresa a Youtube y mira un documental al respecto. Puede darte más motivación para estudiar más y de manera más efectiva. Luego, podrás aprobar ese examen. Puedes mejorar tu memoria de esta manera.

9. Tómate descansos para estudiar.

Cuando estés estudiando, recuerda que necesitas darte descansos, porque no podrás retener la información en la que estás leyendo después de estudiarla por 1 hora y 30 minutos. Por lo tanto, es crucial que te des un descanso después de 45-50 minutos. Hazte un favor, tómate un descanso para tomar café, y aléjate del trabajo por un rato. Te despejará la mente y te hará sentir más renovado y listo para conquistar más que nunca. Hazlo por el bien de tu memoria.

Estudio de caso: Tracy

Tracy era una estudiante intensa. Estudiaba mucho en la biblioteca. A veces, no podía parar de repasar para distintas clases. De cierta manera, estaba adicta a sus estudios, y era porque era apasionada sobre el tema. Pero a menudo, estudiaría durante 10 horas seguidas sin tomar descansos en el medio. Pronto después de eso, empezó a experimentar fatiga, lo cual le causaba quedarse dormida durante clase. Su agudeza mental no estaba del todo presente; tenía que cambiar. Su mentor recomendó que tomara más descansos y saliera afuera a jugar con sus amigos. Tracy se dio cuenta de que estaba estudiando demasiado duro, así que intentó segmentar su tiempo, para que pudiera encontrar periodos de descanso con momentos de estudio intensivo. Sabiendo que solo puedes concentrarte en algo por aproximadamente 30 minutos a la vez, Tracy comenzó a tomar descansos después de cada hora. Iría al baño, tomaría un trago de agua, o caminaría por el pasillo de su biblioteca, para que pudiera activar su circulación sanguínea.

Después de tomar descansos, Tracy notó que no solo podía estudiar mejor, sino que también podía recordar mucho mejor lo que estaba revisando. Las pausas programadas le daban tiempo para relajarse y experimentar más libertad. Tracy pudo recuperar su concentración, lo que le permitió estudiar más. Gradualmente, Tracy también desarrolló un equilibrio entre el trabajo y la vida, lo que le permitió llevar un estilo de vida más saludable.

10. Encuentra nuevos espacios de estudio.

A menudo, cuando estudiamos o trabajamos, pensamos que permanecer en el mismo lugar cómodo es donde podemos hacer más. Sin embargo, la retención de información puede mejorar cuando cambias la ubicación de donde estás estudiando de vez en cuando. La mayoría de las veces, a los estudiantes les gusta estudiar en casa o en la biblioteca, pero encontrar nuevos espacios de estudio puede ayudar a tu cerebro a adaptarse a nuevas situaciones y aprender nuevo material más rápidamente y fácilmente. Esto te ayuda a experimentar nuevos avances en tus estudios. Puedes creer que encontrar ese lugar perfecto para estudiar es lo principal que buscas. Sin embargo, lo que deberías darte cuenta es que tu cerebro está diseñado para tomar un descanso de los lugares familiares, y deberías seguir ese ritmo. Darle a tu mente un descanso de lo cotidiano puede mejorar tu memoria general y tu capacidad para retener el material que estás estudiando.

Estudio de caso

Dexter estaba buscando continuamente el mejor lugar para estudiar, pero quería quedarse en la misma área cada vez. Desafortunadamente, se dio cuenta de que se estancaba cada vez que encontraba un buen lugar para estudiar. Entonces, sentía que ya no podía estudiar allí. Como resultado, le costaba concentrarse en su trabajo. Dexter no era un estudiante brillante. Tenía calificaciones decentes, pero nunca recibía A en sus tareas. Pronto, sintió que su vida académica se volvía más aburrida y menos interesante.

Después de hablar con sus amigos, Dexter se dio cuenta de que tenía que cambiar la rutina. No podía simplemente quedarse en el mismo espacio de estudio cada vez. Tenía que levantarse y moverse a un lugar nuevo. A veces, podía estudiar en una cafetería o biblioteca, y a veces, podía simplemente quedarse en su dormitorio y relajarse con la música de Maroon 5 de fondo. Dexter notó que estudiar se hacía más intrigante cada vez que hacía esto, porque podía adaptar su mente a un nuevo lugar de estudio, lo que afectaba su retención de memoria general de los conceptos que estaba estudiando. Por lo tanto, Dexter dedicó su tiempo a cambiar su entorno de estudio cada semana. Visitaba al menos tres lugares diferentes. Después de completar este experimento, Dexter notó que recordaba muchos más detalles de sus tareas y cosas que tenía que memorizar. Sus calificaciones mejoraron, y fue un éxito, gracias a su dedicación y trabajo duro.

11. Nunca te quedes despierto toda la noche. Nunca.

Se ha demostrado que las noches en vela son una de las peores cosas que puedes hacer para tu cuerpo y mente ("¿Qué tan malo es pasar la noche en vela?", s.f.). En la universidad, es común pasar una noche en vela antes de los exámenes finales, estudiando de última hora. Sin embargo, lo que sucede es que si haces esto, es probable que pongas todo en tu mente temporaria y luego olvides todo el día del examen. Pero además, como hemos demostrado, el sueño es esencial para tu memoria, y si te privas de sueño la noche anterior a un examen importante, es probable que no recuerdes nada y potencialmente fracases gravemente. Sin embargo, existen excepciones a esta regla. Algunos estudiantes son expertos en noches en vela y pueden estar despiertos toda la noche durante una semana entera y luego dormir la siguiente semana. Esta es una práctica abominable. Por lo tanto, deberías tratar de alejarte de esta opción, porque no te ayudará a aprender nada. Te hará olvidar muchas cosas. Y tu cuerpo no te lo agradecerá. Te rogara por sueño. Consejo de experto: nunca pases la noche en vela. Nunca es buena idea. Siempre el sueño es la mejor opción. Divertirse al máximo es para estudiantes de primer año en su primer semestre universitario. Para un estudiante de posgrado o profesional trabajando, eso nunca es una opción. Además, mi mejor consejo es que madures y dejes de hacer cosas juveniles que no te ayudarán a largo plazo.

Estudio de caso

Daniel K. era un estudiante de ingeniería en una escuela sin nombre en Tennessee. Vivía con un estudiante de humanidades. Daniel era muy desordenado y descuidado, y su compañero de cuarto era ordenado y mantenía sus cosas organizadas. Daniel solía ser un estudiante muy desorganizado, pero aún así lograba obtener calificaciones decentes en sus clases de ingeniería. Durante la temporada de exámenes finales, solía pasar noches enteras estudiando. Esto molestaba a su compañero de cuarto, que trataba de dormir. Daniel no se dio cuenta hasta más tarde de que esta práctica era inútil y no lo llevaba a ninguna parte. Seguía consumiendo grandes cantidades de cafeína y a veces bebía café hasta las 5 de la mañana. Además, no se duchaba y a veces olía bastante mal, debido a su falta de higiene. Su compañero de cuarto, Jason, le dijo: "Daniel, ¿por qué no te vas a dormir? Yo me voy a dormir. Así que te sugiero que hagas lo mismo. Estoy seguro de que no necesitas quedarte despierto toda la noche estudiando para este examen. Entonces, ¿por qué no te echas una siesta ahora y ves qué pasa?" Daniel le respondió a Jason: "Esa es una idea. Lo intentaré y veré qué resulta de ello". Daniel dejó de estudiar y se dio cuenta de la importancia del sueño. Poco a poco mejoró su capacidad para estudiar, y sus calificaciones aumentaron. Fue una historia de éxito, probada por los métodos comprobados de Jason. Al final, Daniel logró terminar fuerte en la universidad.

Y eso es todo

Imagina que tu vida es una película y está capturando cada momento vivido. Piensa en una cámara de seguridad que está encendida todo el tiempo y te observa mientras te mueves en tu día a día. Eso puede asustarte, pero también puede hacerte darte cuenta de que tu vida está llena de momentos interminables. Tenemos momentos Kodak a diario, y siempre queremos recordarlos. Pero a menudo, nos consumimos en aplicaciones como Instagram, donde nos encanta compartir fotos de esos momentos en nuestras vidas. Te pierdes en el proceso de intentar recordar algo. Lo que tenemos que hacer es aprender a disfrutar de nuestras vidas y crear recuerdos con nuestra imaginación, usando nuestros cerebros y no los dispositivos que contribuyen a nuestras funciones diarias.

Este libro ha demostrado nueve formas diferentes de mejorar tu memoria fotográfica. En primer lugar, hablamos de cómo mejorar tu memoria general. Enfocarte en tu memoria general te permite pensar en todas las formas en que creas un recuerdo fotográfico de las cosas en tu vida. Esto incluye cosas como el Palacio de la Memoria, que es una forma comprobada de recordar casi cualquier cosa. Usar el Palacio de la Memoria te ayudará a localizar cosas espacialmente en la mente. El segundo paso que demostramos fue cómo usar el Método Militar para entrenarte a recordar mejor. Este fue un método probado por un Navy SEAL que permitió a un hombre lograr lo imposible en una competencia de memoria. Definitivamente no es la única forma de hacerlo, pero es algo que puedes hacer para ejercitar tu mente y realizar tareas increíbles. En el tercer capítulo, hablamos sobre la dieta y cómo impacta en tus habilidades cognitivas. La dieta es uno de los factores más importantes que contribuyen al desarrollo o declive de nuestra memoria. Alimentando tu mente con alimentos saludables, puedes aumentar la actividad cerebral y la retención de memoria. Por otro lado, los alimentos poco saludables causarán un declive de la memoria, lo que lleva a trastornos como el Alzheimer y la demencia. Estamos seguros de que te gustaría evitar tales casos tanto como sea posible. El cuarto capítulo trató sobre el tema del sueño y cómo muchas personas no obtienen el descanso que merecen. Dormir es el momento de consolidación de la memoria en el cual el cerebro juntará los recuerdos que ha reunido a lo largo del día y coloca algunos de ellos en un centro de almacenamiento permanente. Este acto permite al cerebro retener mucha información y realizar todas las cosas maravillosas para mejorar tu vida.

En el quinto capítulo, hablamos sobre dispositivos mnemotécnicos y cómo te pueden ayudar a recordar muchas cosas basadas en los diferentes patrones que formas en tu mente. Por ejemplo, podrías utilizar acrónimos u otros consejos útiles que te entrenen para recordar varios conceptos. Los dispositivos mnemotécnicos son especialmente útiles cuando quieres recordar fechas y otros hechos históricos. Luego, en el sexto capítulo, examinamos la memoria sensorial y cómo esto le permite a una persona recordar utilizando todos los sentidos. Este tipo de memoria es utilizada por actores, quienes se preparan emocionalmente para los roles, donde deben empatizar y sentir las emociones del personaje para actuar en el escenario o en la pantalla. Aunque este método es útil para los actores, también es una herramienta ingeniosa para ayudarte a apoyar a otros que están luchando con sus emociones y que están de duelo o celebrando su éxito. En el séptimo capítulo, hablamos sobre todas las formas de aumentar cognitivamente tus habilidades. Analizamos diferentes ejercicios que podrían aumentar la actividad cognitiva y ayudarte a llegar a donde necesitas estar con tu memoria. El octavo capítulo trató sobre cómo te hacer más alerta mentalmente para enfrentar diferentes desafíos, incluida la hidratación. Debes seguir estos pasos para sentirte en tu mejor estado todos los días. Por último, el último capítulo abordó varios trucos de estudio que te ayudarán a recordar todas las cosas que necesitas para exámenes, presentaciones y otras tareas que encontrarías en una escuela secundaria, universidad u otro programa académico.

Poniéndolo todo junto, podemos concluir que crear una memoria fotográfica no es una tarea fácil. Requiere una gran inversión de tu tiempo y recursos. Tienes que darlo todo, porque no va a venir fácilmente para ti. Hay una razón por la cual se llama entrenamiento de memoria, porque, al igual que hacer ejercicio en un gimnasio, tu mente necesita tener actividades que le ayudarán a recordar las cosas que continuamente suceden. Nuestros cuerpos y mentes están continuamente en un estado de sobrecarga informativa. Experimentamos muchas sensaciones y emociones cada día, lo que nos hace vulnerables al olvido. Debido a que somos seres finitos, no hay forma de que toda esa información se almacene en nuestros cerebros. Afortunadamente, para nuestra salvación, podemos olvidar muchas cosas, especialmente los recuerdos dañinos y difíciles que tenemos. Hay una bendición en el olvido, pero también hace más difícil para nosotros recordar los buenos momentos. Es por eso que confiamos en las cámaras, tomar notas y grabaciones de audio para ayudarnos a retener la información en un lugar seguro.

Si quieres tener una memoria fotográfica, necesitarás tomar tiempo para seguir los pasos que hemos delineado en este libro. Paso a paso puedes llegar a donde necesitas estar. El entrenamiento de la memoria es un proceso, no un destino. Requiere de tu paciencia, pero también requiere de repetición espaciada. Como sabes ahora, estudiar de golpe no te lleva a ningún lado, cuando se trata del desarrollo de la memoria permanente. Si deseas retener todas esas palabras de vocabulario para ese examen, requiere memorizar un poco a la vez. Además, para todo lo que estudies, debes memorizar utilizando imágenes. Debido a que nuestras mentes están cableadas para la memoria espacial y visual, tenemos que hacer todo lo posible para poner la imagen en nuestra mente. De lo contrario, olvidaremos. Permite que todas las sensaciones de la experiencia vengan a tu mente. Y luego, recordarás mejor. No permitas depender de la memorización mecánica. Nunca funciona. En su lugar, intenta memorizar la información utilizando una variedad de técnicas que te ayuden a asimilar los datos en tu mente, para que puedas aprobar el examen o simplemente recordar las experiencias cotidianas que tengas.

Gracias por acompañarnos en este viaje. Tu aventura personal continúa por el resto de tu vida, pero esperamos haber podido guiarte por los caminos que te llevarán a tu desarrollo y realización personal. Tómate tiempo hoy para apreciar las cosas en tu mente. Apaga tu teléfono o computadora, contempla la vista, y permite que tu cerebro procese cada experiencia que tengas. No te apoyes demasiado en la tecnología que forma parte de tu vida. En cambio, vive tu vida de forma menos tecnológica, más lenta y espaciada, para que puedas vivir momento a momento con más vigor y emoción que nunca antes.

www.ingramcontent.com/pod-product-compliance
Lightning Source LLC
Chambersburg PA
CBHW051524020426
42333CB00016B/1762